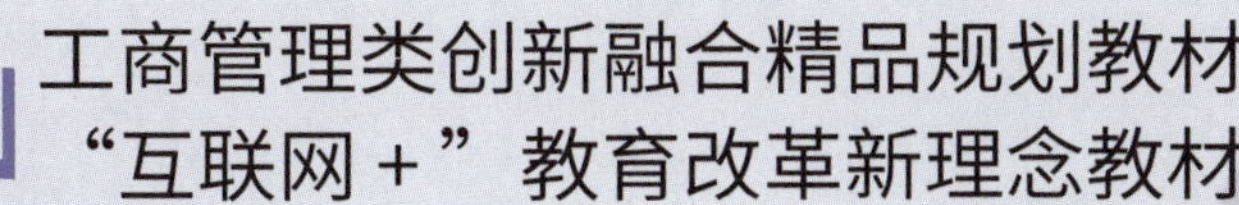

工商管理类创新融合精品规划教材
“互联网+”教育改革新理念教材

消费者行为学

主　编◎毛　瑞
副主编◎常向鹏

中国商业出版社

图书在版编目(CIP)数据

消费者行为学 / 毛瑞主编. --北京:中国商业出版社,2023.8

ISBN 978-7-5208-2572-6

Ⅰ. ①消… Ⅱ. ①毛… Ⅲ. ①消费者行为论 Ⅳ. ①F713.55

中国国家版本馆 CIP 数据核字(2023)第 146449 号

责任编辑:管明林

中国商业出版社出版发行

(www.zgsycb.com 100053 北京广安门内报国寺 1 号)

总编室:010-63180647 编辑室:010-83114579

发行部:010-83120835/8286

新华书店经销

唐山唐文印刷有限公司印刷

*

880 毫米×1230 毫米 16 开 12.5 印张 317 千字

2023 年 8 月第 1 版 2023 年 8 月第 1 次印刷

定价:49.80 元

* * * *

(如有印装质量问题可更换)

前言

PREFACE

消费者行为是市场经济条件下普遍存在的一种经济现象。在以满足消费者的需求和欲望为目的的市场情境下，消费者的需求、心理以及行为已经成为企业制定营销策略的基础。忽视对消费者行为的研究，意味着企业无法取得最佳的经营效果。因此，消费者行为学在市场营销的理论体系中居于核心位置。

我国自从改革开放以来，经济快速发展，消费者在消费理念、消费方式、消费结构上均发生了变化。无论是企业营销人员，还是研究人员，都对消费者行为规律给予了大量关注。如何理论联系实际，更好地服务于消费者，对提升产业升级、提高消费者满意度具有重要的现实意义。基于这样的背景，我们编写了本书，突出了以下特色：

其一，体系完备。本书重点阐述了影响消费者行为的内在因素和影响消费者行为的外在因素两方面问题，同时也关注了网络环境下的消费者行为特点。包含了消费者行为领域的重要理论内容，章节设计紧凑、条理清晰、知识系统性强。

其二，新颖性。本书广泛借鉴国内外最新研究成果，力求反映消费者行为领域出现的最新动态。消费者行为学以心理学、社会学、经济学等学科为基础，学者对消费者的购买行为规律的研究尚不完善。因此，本书综合了最新研究成果，有利于推动该学科的发展。

其三，应用性。本书在介绍基本理论的同时，引入了大量的案例。通过案例，能够深入浅出地阐明理论的应用情况，也希望读者能够在案例中推演出新的行为规律。

由于时间仓促，加之编者水平有限，书中不当和疏漏之处在所难免，殷切希望读者批评指正，以便今后修改完善。

编　者
2023 年 3 月

目录

CONTENTS

第一章 消费者行为学导论

学习目标

- 掌握消费者和消费者行为的基本概念；
- 熟悉消费者行为学的研究内容和框架，了解研究和学习消费者行为学的意义；
- 了解消费者行为学的理论基础，掌握研究消费者行为的主要方法。

引导案例

颜值消费中的消费者行为

颜值表示人靓丽的数值，用来评价人物容貌。每个人都拥有爱美之心，在现代社会中，颜值变得更加重要。颜值引发了一系列越来越普遍的颜值消费现象。颜值消费，是指为了获得高颜值而产生的消费现象。许多消费者为了打造高颜值形象，在颜值消费方面花费大量金钱，包括购买各类化妆品和护肤品、进行医疗美容消费等。

颜值消费的特点：一是消费需求的差异化、主流化。颜值消费者不仅注重产品的功能，而且更注重围绕产品和自身的个性化需求来消费，消费需求逐步趋于主流化，模仿跟随效应显著。二是冲动式购买增加。大多数颜值消费者缺乏对产品进行鉴别和评估的专业知识，主要依赖网络了解市场信息，因此，导致许多购买行为具有极强的冲动性。三是追求名牌消费。大多数颜值消费者更加广泛地通过网络来了解名牌产品的各方面信息，以确定他们的消费决策。

颜值消费者的特征：一是颜值消费者主要以年轻消费者为主，他们追求时尚与潮流，思维更加开放，同时也更加注重自己的颜值；二是颜值消费者以女性消费者为主，她们更加注重自己的个人形象，对美的追求欲望大于男性消费者，是颜值消费的重要群体；三是颜值消费者通常拥有稳定的收入，或拥有足够的收入来源，以满足他们对颜值消费的经济需要；四是颜值消费者的消费易受他人影响，可能缺乏理性，存在冲动消费行为，同时情感消费特点突出，易受广告的诱惑以及代言人的影响，从而产生从众消费行为；五是颜值消费者通常非常关注他人对自己的印象评价。

第一节 消费者行为学的发展

消费者行为学是在商品进一步发展，市场供过于求的现象日渐严重，企业之间竞争加剧的社会经济背景下形成和发展起来的。消费者行为学研究的演进与发展，是与心理学、社会学、人类学和经济学等多门学科的发展进程紧密相连的，也是这些学科在消费者行为领域的延伸与发展。虽然人们对消费者的心理与行为的关注和研究已有漫长的历史，但关于消费者行为的专门研究，则始于19世纪末20世纪初。消费者行为学的发展历程分为四个阶段。

一、消费者行为学的萌芽阶段

消费者行为学的研究始于19世纪末20世纪初，是现代消费者行为学创始并得到初步发展的阶段。这一阶段，西方国家经过工业革命后，生产力大幅度提高，商品生产的增长速度超过了市场需求的增长，生产能力相对过剩和支付能力相对不足之间的矛盾突出，企业之间的竞争加剧，直接针对消费者的广告促销和商品推销活动得到关注，对消费者心理和行为进行专门研究的要求更加迫切。与此同时，心理学等相关学科的迅速发展也为消费者行为学研究提供了必要的理论基础。

最早从事这方面研究的是美国社会学家威勃伦。他在1899年出版了《有闲阶级论》一书。书中提出了炫耀性消费及其社会含义。他认为，过度的消费是由于人们在一种向别人炫耀自己的心理支配下激发的，如人们对服装、首饰、住宅等物品的过度消费，源于向别人炫耀自己的社会心理。在这里，威勃伦明确阐述了过度消费中的炫耀心理，否定了传统经济学所认为的“消费者是理性的”这一说法。

在威勃伦出版《有闲阶级论》后不久，市场营销学这门课程开始出现在美国一些大学。与此同时，随着试验心理学的发展，心理学家对将心理学原理、方法运用于广告、促销等领域也表现出浓厚的兴趣。1901年12月20日，美国心理学家斯科特在美国西北工业大学作报告时，提出了广告工作应成为一门科学，心理学可以在其中发挥重要的作用，在学术界首先提出了消费心理学的问题。1903年，斯科特出版了《广告论》一书。一般认为这本书的出版标志着消费心理学的雏形——广告心理学的诞生。在这本书中，斯科特较系统地分析了广告影响消费者心理的各种因素，并强调，心理学不仅可运用于广告宣传中，而且可运用于其他产业问题中。同时，美国明尼苏达大学的心理学家盖尔出版了《广告心理学》一书，较为系统地论述了在商业广告中运用心理学原理来引起消费者注意与兴趣的问题。1912年，侨居美国的德国心理学家闵斯特伯格发表了《心理学与工业效率》一书，其中阐述了在商品销售中广告的橱窗陈列对顾客消费心理的影响。他最早研究了广告面积、色彩、文字运用、广告编排等因素与广告效果的关系，并且注意到了商品宣传在销售方面的作用。1925年，美国经济学家科普兰出版了《销售学》一书，对消费者的购买动机进行了详细的分析研究，提出了顾客的购买动机分为情感动机与理智动机两大类，具有明显的现实意义。

这一阶段的消费者行为学研究主要是从不同的角度或侧面探讨消费心理与消费行为问题，进而为消费者行为学的形成与发展打下了必要的基础。但当时，人们对消费者行为的研究还处于起步阶段，尚未考虑到怎样去满足消费者的需求。无论是经济学家，还是心理学家，在研究有关销售与广告问题时，关注的焦点或中心并不是现实中的消费者，而是如何促进产品的销售。即使是经过市场营销学训练的学者，对消费者行为的研究也局限于比较狭窄的层面，而且多依靠推理的方法，没有消费者的直接参与。

总之，在20世纪30年代以前，虽然已有一些学者关注并着手从事对消费者行为的研究，但研究范围比较狭窄，研究方法是心理学或经济学研究方法的简单移植，研究的结果局限于理论的探讨和阐述，没有具体运用到市场营销实践中去，因此，未能引起社会的普遍关注或广泛重视。

二、消费者行为学的起步阶段

消费者行为学的起步阶段

20世纪30—60年代，消费者行为研究得到了显著发展并最终确立其学科地位。

1929—1933年，西方资本主义出现了较大的经济危机，生产过剩、工人失业、市场衰败、消费萎缩、商品销售的难度加大，商品市场完全转变为供过于求的买方市场。在经济大危机背景下，需求问题成为政府和工商企业面临的头号问题。为了促进销售，摆脱产销脱节的困境，政府采取刺激消费的政策来应对危机，提出了“创造需求”的口号。企业纷纷加强了广告、促销等方面的力量，同时开始重视和加强市场调查和市场预测，力图刺激出更多的消费需求。产业界对运用消费者行为研究成果表现出越来越浓厚的兴趣。在广告界，运用心理学原理与方法探测广告对顾客行为的影响日益普遍，由此使广告心理学得以繁荣。与此同时，市场营销学和管理学等有关知识在企业的营销活动中得到了较为广泛的应用，并且收到了一定的成效，为消费者行为的研究提供了良好的基础。

第二次世界大战期间，商品供应严重不足，人们对消费者行为的研究兴趣暂时降低。但这一时期，由于交战双方的物资供应非常紧张，刺激了政府引导消费者使用代用品的消费研究。例如，战争期间，为了节约粮食，支援前线，美国政府鼓励民众多吃动物内脏。受传统文化与习俗的影响，美国人没有形成吃动物内脏的习惯，为了指导消费，心理学家勒温经过多次实验，终于找到了改变美国人不吃动物内脏这一习惯的有效途径。这个实验非常有名，其结论是个体在团体中，其态度和行为容易受到团体的左右。

第二次世界大战以后，由于商品供应量不断增加，花色品种不断翻新，消费需求趋向多样化，消费者购买行为变幻莫测，企业之间的竞争更加激烈。这也促使企业转换经营观念，注重对消费者心理和行为的分析，重视广告和推销等刺激消费需求方式与手段的研究，从而为消费者行为学理论研究的发展和学科地位的确认创造了必要的社会条件。另外，心理学的应用和研究，吸引了越来越多的心理学家、经济学家、社会学家纷纷加入这一研究行列，为消费者行为学研究的深入发展和学科的形成、壮大奠定了坚实的学科基础，由此推动了消费者行为研究的发展。

这一阶段的主要研究成果有：1950 年，美国学者梅森·海尔利用投射原理的间接询问法揭示家庭主妇不愿购买速溶咖啡的真实原因，提出了消费者潜在或隐藏的购买动机。1951 年，美国心理学家马斯洛在系统研究人类需要的基础上，提出了需要层次理论。1953 年，美国学者盖斯特和布朗开始研究消费者对品牌的忠诚问题，试图通过对影响消费者品牌忠诚的因素分析，寻找促使消费者重复购买某一品牌的有效途径。同一时期，谢里夫、凯利和谢巴托尼等人开展了参照群体的研究，提出参照群体对消费者购买行为的规范功能和比较功能。1960 年，美国哈佛大学教授鲍尔发表了关于知觉与风险的研究论文，随之激起对消费者认知风险的研究，并在三个方面对确立消费者相对或较高程度具有理性的观点起到了关键性作用。鲍尔的研究对于确立信息处理在消费者行为研究中的地位，对于推动消费者决策过程的研究，对于重新定义经济学中的“理性”概念和使之适合对个体消费者的研究，均产生了重要影响。1960 年，美国正式成立了“消费者心理学会”，这是消费者行为学开始确立其学科地位的前奏。1965 年，美国俄亥俄州州立大学列出了“消费者行为学”课程教学大纲。至此，消费者行为学作为一门独立学科的地位逐步得到确认。

这一阶段的消费者行为研究呈现出加快发展的趋势，研究文献的数量明显增多，质量也相应提高，研究的重点从宏观经济导向转向微观实践应用，对消费者的需要、动机、态度、购买习惯及新产品的扩散等方面的研究更为深入具体，研究方法也趋于多样化和科学化。这一阶段的研究成果丰富了消费者行为学的内容，促使消费者行为学从其他学科中分离出来，形成一门独立的学科。

三、消费者行为学的成长阶段

20 世纪 60 年代以后，对消费者行为的研究进入深度发展时期，研究也不断趋于成熟。有关论文、调查报告、专著不仅在数量上急剧增加，而且在质量上也进一步提高。心理学、社会学、人类学和经济学等多门学科的研究成果在消费者行为学研究中得到进一步应用，研究方法的科学性、实用性大大加强，消费者行为学的学科地位得到进一步的承认。据统计，在 1968—1972 年发表的消费者行为学的相关论文已经超过了 1968 年以前的总和。目前，在美国刊载消费者行为学研究成果的学术刊物，除了 1974 年创刊的《消费者研究杂志》外，还有《应用心理学》《市场营销研究》《市场营销》《广告研究》《营销调研杂志》等其他学术刊物。消费者行为学研究在 20 世纪 60 年代后得到蓬勃发展，一方面，是学术界对从 20 世纪 50 年代起越来越多的企业逐步采用现代市场营销观念从事经营活动的自然反应；另一方面，也得益于各种学科的研究方法与研究成果的交融。

在这一阶段，消费者行为学研究全面发展并趋向成熟，有关消费者心理与行为理论和知识的传播日渐广泛，社会各界的关注程度不断提高。这一时期，关于消费者行为的重要研究有：罗杰斯关于创新采用与扩散的研究，拉维吉和斯坦勒关于广告效果的研究，费希本等人关于态度与行为的研究，谢思等人关于组织购买行为的研究以及关于消费者权益保护问题的研究，科克斯和罗斯留斯等人关于消费者如何应对认知风险的研究等。除此之外，还出现了一些新的研究领域，如关于消费者满意与不满意的研究，关于发展商标和建立长期顾客关系的研究等。

四、消费者行为学的应用阶段

进入 21 世纪，消费者行为学得到了广泛的应用。消费者行为学自产生以来，其理论研究与实际应用一直是紧密结合在一起的。当前，许多研究学者和企业对消费者心理与行为学十分关注。市场导向、市场细分、市场规模都以消费者为中心，这充分反映了人们对消费者行为学的重视程度。这一时期，消费者行为学的研究内容不再仅仅局限于消费者信息加工过程或消费者购买决策过程等个体消费者心理活动过程和行为规律，还涉及消费生态问题、文化消费问题、信息处理问题、消费者心理结构问题、消费信用问题、外部环境对消费行为的影响、消费者权益保护的政策与法律问题等。同时，研究角度也呈现多元化。随着越来越多的学科向消费者行为学中渗透，消费者行为学的研究角度呈现多元化的趋向。参与消费者行为研究的，不仅有从事心理学、市场营销学和经济学的学者，而且有从事管理学、社会学、人类文化学、法学等其他学科的理论工作者。这有利于消费者行为学广泛吸收多学科的研究成果，促进研究方法的多样化，对促进消费者行为研究起到了积极作用。同时，使消费者行为学的研究不断充实和丰富，其研究成果也在各个领域得到了广泛的运用。

第二节　消费者行为学的研究对象与意义

一、消费者行为学的研究对象

消费者行为学的研究对象

消费者行为学是研究消费者在获取、使用、消费、处置产品和服务的过程中所发生的心理活动特征和行为规律的科学。对消费者行为学进行研究应对消费者行为学的研究对象有个基本的认识。

1. 消费

消费是指人们为了满足生产或生活需要而对商品和服务进行消耗的过程。人类社会的发展过程实际上就是消费与生产不断发展的过程。消费是生产的根本目的，生产是消费的必要前提。消费又是生产的反光镜，消费水平总是和一定的生产水平相适应。现代消费品的水平折射出现代生产力的水平，消费是生产的折光。

根据消费的性质，人类的消费活动可分为生产性消费和生活性消费两大类。生产性消费和生活性消费构成了广义的消费。生产性消费，是指在生产过程中对生产资料和劳动力的使用与消耗。生产性消费是在生产领域中实现的，构成生产的有机组成部分，但又是一种消费。生活性消费，是指人们在生活过程中，为了满足自己生存发展和文化精神方面的需要而对商品和服务的使用与消耗。生活性消费主要是公民个人（含家庭）的消费，而且对公民个人的生活消费是保护的重点。但是，生活性消费还包括单位的生活性消费，因为在一般情况下，单位购买生活资料最后都是由个人使用，有些单位还为个人进行生活性消费而购买商品和接受服务。生活性消费既是人类社会再生产过程中“生产、分配、交换、消费”4个环节中的重要环节，是社会再生产过程得以存续的基础，也是人类维持生存与发展的必要条件。消费者行为学研究的主要对象是人类的生活性消费，即狭义的消费。

2. 消费者

狭义的消费者是指为满足生活需要而购买、使用商品或者接受服务的公民个人和单位。广义的消费者是指为满足生产和生活需要而购买、使用商品或者接受服务的公民个人和单位。本书主要从狭义的消费者角度来讨论消费者行为。

在现实生活中，购买、使用商品或者接受服务的活动是一个动态的过程，消费者在这个过程中可能扮演不同的角色。根据消费者心理行为进行的规律，消费者角色分为：倡导者、影响者、决策者、购买者和使用者5种。消费倡导者，即本人有消费需要或消费意愿，或认为他人有进行某种消费活动的必要，或认为他人进行了某种形式的消费活动之后，可以产生他所希望的消费效果，他要倡导别人进行某种形式的消费，这个人即属于消费的倡导者。消费影响者，是以各种形式影响消费活动进行的一类人员。相对于其他的消费角色来说，影响者对消费行为的作用更为广泛，有些消费者因为性格柔弱或对明星的崇拜，影响者可能成为他们选择商品的决定因素。消费决策者，即作出最终购买决定的人，与倡导者有密不可分的关系。在家庭消费中，决策者一般是该商品的直接消费者或家庭中的权威角色。在集团消费中，消费决策者一般是集团消费的主要负责人和领导人，或业务执行人员。商品的购买者即直接购买商品的人。在日常生活中，为本人及家庭购买商品的占多数，所以制定营销策略必须以商品的直接购买者为主要对象。商品的使用者即最终使用、消费该商品并得到商品价值的人，有时称为最终消费者、终端消费者等，其含义相同。因此，本书所讨论的消费者不仅包括为满足生活需要而购买、使用商品或者接受服务的公民个人和单位，而且也包括扮演不同消费角色的个体。

3. 消费者行为

消费者行为是指消费者为索取、使用、处置消费物品所采取的各种行动以及先于且决定这些行动的决策过程。消费者行为与商品或服务的交换过程有着密切的联系。

根据消费者行为的定义与内涵，我们可以归纳出消费者行为所包含的几个主要特性。

（1）消费者行为具有多样性

多样性表现为不同消费者在需求、偏好以及选择产品的方式等方面各有侧重，互不相同。不同消费者之间的消费行为具有较大差异性，即使是同一消费者，在不同的时期、不同的情境、不同的产品选择上，其行为均呈现出很大的差异性。

（2）消费者行为具有复杂性

消费者行为的复杂性，一方面，可以通过它的多样性、多变性反映出来；另一方面，也体现在它受很多内部、外部因素的影响，而且其中很多因素既难识别，又难把握。消费者行为是受动机驱使的，不过这些动机，并不必然是浅显易见的，而往往是隐藏和复杂的。此外，同一行为也可以是由多种动机所驱使的。因此，对某一消费行为而言，往往是多种动机混合而形成的结果。

（3）消费者行为具有可诱导性

消费者有时并不能清楚地意识到自己的需要，他人可以通过满足消费者的这些需要来影响消费者行为。在这样的情况下，企业可以通过提供合适的产品来激发消费者的需要。应当指出，企业影响消费者行为是以其产品或活动能够满足消费者某种现实或潜在的需要，能够给消费者带来某种利益为前提的。在保持消费者选择自由的前提下，对消费者予以劝导、施加影响，是一种合乎法律、合乎社会规范的行为。

（4）消费者心理与消费者行为

消费者心理是指消费者为索取、使用、处置消费物品所采取的各种行动以及先于且决定这些行动的决策过程中所发生的心理活动。消费者行为则是指消费者为索取、使用、处置消费物品所采取的各种行动以及先于且决定这些行动的决策过程。消费心理与消费者行为两者在范围上有区别：消费者行为是每个消费者在一定消费心理的支配下所产生的所作所为，消费者行为则表现在人的外部——以行为方式表现出来。但是，消费者心理与消费者行为又是紧密相连的——行为受心理的支配，心理是行为的原动力，行为则是心理的外在表现。因此，消费者在索取、使用、处置消费物品所采取的各种行动，以及先于且决定这些行动的决策过程中的心理活动及其行为表现，则是消费者行为学研究的对象。

二、消费者行为学研究的意义

消费者行为学是具有综合特点的学科之一，它广泛地吸收了市场学、心理学、经营管理学科、经济理论以及社会学、数学、统计学等方面的理论与概念。消费者行为学的研究，对企业营销活动的决策、消费者消费方式的选择和国家宏观经济政策的制定具有重要的理论价值和实践意义。

1. 消费者行为学研究是企业营销活动的市场基础与决策依据

消费者是市场和竞争的最终裁判者，消费者决定了市场竞争的胜负成败，消费者行为学研究与企业的营销活动密不可分。企业只有密切关注市场需求的变动趋势，掌握了消费者心理与行为规律，有针对性地研制开发适合消费者需求偏好的产品和服务，制定符合消费者行为规律的营销策略，才能及时发现和抓住市场机会，作出正确的市场决策，从而在市场竞争中取得优势地位。对消费者行为的研究，在提高企业营销决策水平、增强营销策略的有效性方面有着极其重要的意义。当然，消费者行为学研究也不是万能的，它也并非营销决策的充分必要条件。决策过程中，经验、直觉也有很重要的作用，但在一些重大的决策中，如果只凭经验和直觉，结果可能是灾难性的。正是在这一意义上，消费者行为学研究具有特别的价值。

2. 消费者行为学研究是消费者科学消费的前提条件

消费者行为是以消费者个体为主体进行的经济活动。消费者个人的态度、兴趣、认识方法、个性特点等对其消费行为有着重要的影响。长期以来，由于我国几乎未开展消费行为与消费心理知识传播与普及，消费者不知道怎样科学地进行消费决策；由于对商品不了解，认知水平偏差，消费观念落后等原因造成消费盲目、效果较差甚至利益受损的现象随处可见；由于消费者心理的不成熟、不稳定，某些畸形消费心理与行为在部分消费中也时常可见。因此，加强消费者行为学的研究，对于消费者树立正确的消费观念，改善消费行为，引导消费者正确、合理、科学地消费，具有重要的意义。

3. 消费者行为学研究是国家宏观经济政策制定的依据

国家宏观经济政策的制定必须以市场供给和消费需求的实际状况及其发展趋势为依据。在买方市场占主导地位的今天，消费者心理活动和行为模式的变化则会直接引发市场供求状况的改变，进而对国民经济产生连锁影响。例如，消费者物价下跌的心理预期过强，则会出现持币观望的现象，其结果是：消费不足，市场疲软，生产过剩，国民经济增长速度减缓或者出现下滑。因此，国家宏观经济政策的制定，必须建立在了解消费者行为的基础上。只有了解消费者心理与行为规律，掌握消费需求的变化与发展趋向，才有可能制定正确的宏观经济政策，促进市场供给和消费需求的动态平衡，以保证国民经济的健康、协调和快速增长。

第三节 消费者行为学的研究方法

方法是人们研究解决问题，实现预期目的的途径和手段。研究消费者行为，如果方法正确就能够达到事半功倍的效果；反之，方法有误则可能事倍功半。在思维方式上，要摆脱传统的狭隘眼界的束缚，代之以适应现代信息社会要求的，以着眼现在、面向未来为主要特征的思维方式。由于消费者行为学与市场营销学有着极其密切的关系，因此，消费者行为学的研究方法需要借鉴和采用市场营销的若干研究方法。消费者行为学研究的基本方法有观察法、询问法和实验法等，这几种方法常用于对消费者行为的定量分析。就研究目的而言，观察法和询问法更多地运用于描述性研究，而实验法主要适用于因果性研究。但为了同样的研究目的，多种研究方法也经常并用。

一、观察法

观察法是观察者根据研究目的，有组织、有计划地运用自身的感觉器官或借助科学的观察工具，直接搜集当时正在发生的、处于自然状态下的、与消费现象有关资料的方法。观察法是直接调查的方法，又称实地观察法。观察法是消费者行为学研究的一种基本方法。科学开始于观察，通过观察可以获得第一手材料，从而为理性认识创造了条件。

1. 观察法的主要特点

观察法的主要特点有：第一，自然。消费者处于自然状态，即观察者在有关消费现象自然发生的状态下对它进行现场观看考察。第二，客观。观察法的客观性不在于一概排除观察者个人的情感、知识与经验等因素，而在于坚持科学标准，实事求是，不因个人偏见或个人狭隘的经验而歪曲、掩饰或编造市场事实，即按照事物本来面目记录才能正确认识事物。客观性是观察者必须遵循的法则。第三，直接、全面。这一特征决定了观察法的适用对象，是那些有限时空中发生的事件，以及新出现的市场现象，观察法以多侧面、多角度观察市场现象，有利于全面地了解客观事物的真实面貌。

2. 观察法的基本类型

在决定运用观察法进行调查之后，要根据调查的目的和要求选择一种合适的观察方式。按照不同的标准，观察法可以分为不同的类型。

根据观察者置身于观察活动中的深浅程度，可以将观察法分为参与观察和非参与观察两大类。参与观察是指观察者置身于消费者的消费活动之中进行的观察。非参与观察是指观察者以旁观者身份，置身于消费者的消费活动之外进行的观察。在非参与观察中，观察者像新闻记者一样进行现场观察，他们不参加消费者的任何活动。

根据观察结果的标准，可将观察法分为控制观察法和无控制观察法两大类。控制观察法是指消费者、消费活动处在某种程度上人为控制的环境中的观察，适用于因果性调查。无控制观察法是指消费者处在完全自然的环境中的观察，适用于机会调查或探索性调查，或有深度的专题调查。

根据观察的具体形式，可以将观察法分为现场观察法、实际痕迹观察法和比较观察法。现场观察法是指观察者到销售现场、使用现场和供应厂家进行实地考察。实际痕迹观察法是指根据消费者实际留下的痕迹进行的调查。比较观察法是指调查者对事物所作的对比观察的方法。

3. 观察法的优点与局限性

（1）观察法的优点

①直观、可靠。由于消费者没有意识到自己正在接受调查，一切动作均极其自然，准确性较高，观察者可以了解到真实可靠的资料。由于直接观察，减少了观察者的主观偏见，所得的资料较为客观准确，可减少一些臆测或偏差的推断。

②适用性强。观察法不受观察者形象、语气及表达能力的影响，能根据调查目的作实地观察和记录，所得的结果实用性也较大。观察法适用于对那些不能够、不需要或不愿意进行语言交流的社会现象进行调查。

③简便、灵活。观察法一般不需要设计复杂的调查表，观察人员可多可少，调查时间可长可短，只要调查员到达现场就行，而且可以随时随地进行，是一种使用广泛的调查方法。

（2）观察法的局限性

①观察易受时空限制。从时间上讲，观察者只能消极、被动地等待所要研究的对象。从空间上讲，观察法的工作量较大，不适用于大面积调查，只适合于小范围探索或辅助研究。

②调查时间较长，耗资较大。观察的行为可能间断地发生或持续时间很长，因此要花很长时间和很多费用，尤其是用仪器观察时更是如此。需要观察，才能得出结果。

③有些市场现象不能用观察法。并不是所有的市场现象都可以观察，如家庭生活、朋友关系以及涉及个人隐私的事情，就不能进行直接观察。

二、询问法

询问法

询问法又称为访谈法，是指研究人员采用询问的方法，直接或间接地了解消费者心理状态和行为趋向的一种研究方法。询问法是消费者心理和行为研究中最常用的基本方法，它的最大特点在于促进研究人员和消费者之间的人际沟通。根据消费者接触的方式不同，询问法可分为当面访谈、邮寄问卷和电话访谈 3 种。

1. 当面访谈

当面访谈是指调查人员直接向消费者口头提问，并当场记录答案的一种面对面的调查。也就是说，当面访谈一般都是访问者向被访问者作面对面的直接调查，是通过口头交流方式获取市场信息的调查方法。在当面访谈中，整个调查过程是访问者与被访问者相互影响、相互作用的过程，是一种双向传导过程。访谈过程首先是一种人与人直接的交往过程，调查者只有在人际交往中，与被调查者建立基本的信任和一定的感情，并根据对方的具体情况采取恰当的方式进行访谈，才能让被调查者积极提供他所掌握的市场信息。这说明，要取得询问调查的成功，访问者不仅要认真做好访谈前的各项准备工作，而且要善于人际交往，熟练掌握访谈技巧，并有效控制整个访谈过程。当面访谈与其他调查法相比，有较高的回答率，数据比较准确，可使用较复杂的问卷，但调查成本高、周期长，某些特殊群体的访问成功率低。

2. 邮寄问卷

邮寄问卷调查是指通过邮寄或其他方式将调查问卷送至消费者手中，由消费者自行填写，然后将问卷返回的一种调查方法。具体说来，邮寄问卷主要有通过电子邮箱发送问卷、利用宣传媒介传送和在专门场所发放问卷 3 种形式。邮寄问卷调查与其他调查方式相比，最大的优点就是调查者与消费者之间一般没有或较少进行直接的语言交流，调查完全依靠问卷进行，所有消费者在接受调查的过程中受到的外部刺激是相同的，因而是一种标准化的调查。同时，邮寄问卷调查由于自身的特点，其调查对象受到很大的限制。一般来说，它要求消费者必须有较高的文化程度，因此，邮寄问卷调查在城市比在农村适用，在文化发达的地区比在文化不发达的地区适用，在专业技术人员群体中比在各种人员构成的群体中适用。具体来说，当调查的时效性要求不高，消费者的通信地址比较清楚，调查经费比较紧张，而调查内容又较多，且涉及敏感问题的情况下，可采用邮寄问卷调查。

3. 电话访谈

在问卷调查中，如果问卷回收率太低，就需要采取措施进行补救，补救措施之一就是电话访谈。在通信技术发达、电话普及的情况下，电话访谈也是作为一种独立的调查方式进行消费者调查。电话调查是在科学技术不断发展，现代化通信设备逐渐普及的情况下产生的一种调查方法。在西方发达国家或地区以及我国城镇地区，电话调查已成为一种重要的搜集消费者信息的方式，在消费者行为研究中发挥着重要作用。电话访谈的优点在于时效快、费用低、可能调查到不易接触的消费者以及对一些敏感性问题的调查更容易。但电话访谈调查样本的代表性难以判断、采访受时间限制、回答率比当面访谈低。另外，在电话访谈调查中，也可能会存在语言障碍。

三、实验法

实验法是指在既定条件下，通过实验对比，对消费行为中某些变量之间的因果关系及其发展变化过程加以观察分析的一种调查方法。它起源于自然科学的实验求证法，实际上是和比较法类似的一种研究方法。实验研究常称为因果性调研。实验法同观察法一样，都是人们搜集调研材料的直接调查方法，但实验法在操作上更复杂，形式上更高级，是调查方法中比较重要的一种。实验法有其特殊的作用，根据实验场所的不同，实验法可分为实验室实验和现场实验两种。

1. 实验室实验

实验室实验是指在专门的实验室内，借助有关仪器设备，或者模拟消费环境、自然状态或实地条件而进行的研究。由于控制条件设定、操作程序固定和实验过程可以重复等特点，实验室实验的结果还是较为准确的，可以有效地揭示消费者心理变化和行为趋向的原因及其规律。例如，在实验室内运用图片、文字等工具，选择不同的时段，来测试消费者对商业广告回忆的比率，等等。但实验室实验不可避免地要受到人为控制因素的影响，难以反映消费者真实的消费活动和购买行为，研究结果难免与实际情况存在一定的差距。

2. 现场实验

这种方法是在现实的营销环境中有目的地创造或改变某些购物条件，给消费者一定的刺激或一定的引导因素，进而研究消费者的心理活动和行为规律。现场实验依托的是现实的营销环境，通过有目的地创造或变更某些营销条件来分析与研究消费者可能的反应，做到科学实验与正常的消费活动同步进行，因而具有较强的现实意义。例如，对某些商品实现加量不加价的策略，看看是否能吸引更多的消费者前来购买，或者赋予商品一种全新包装或品牌，改变商品的款式或者口味，看看消费者有什么反应。厂商有时也采用展销会、博览会等促进销售的方式来收集顾客的反应。这种方法能够获得较为切实的资料，因而受到许多研究人员的欢迎而较多地被采用。

本章小结

1. 消费者行为学研究的演进与发展，是与心理学、社会学、人类学和经济学等多门学科的发展进程紧密相连，也是这些学科在消费者行为领域的延伸与发展。

2. 消费者行为学的发展历程分为：萌芽阶段、起步阶段、成长阶段和应用阶段 4 个阶段。

3. 消费者行为学的研究对象包括消费、消费者、消费者行为。

4. 消费者行为学研究既是企业营销活动的市场基础与决策依据，又是消费者科学消费的前提条件。

5. 消费者行为学的研究方法借鉴和采用市场营销的若干研究方法，其研究的基本方法有观察法、询问法和实验法等。

复习题

1. 准确理解消费、消费者及消费者行为的概念。
2. 消费者行为学研究的对象是什么？
3. 消费者行为学研究的历史演进过程分为哪几个阶段？
4. 学习和研究消费者行为学有何现实意义？

案例分析

“猫爪杯”的热度

为了它凌晨排队、为了它高价购买、为了它甚至引发纠纷！这个它其实是星巴克推出的一款猫爪造型的玻璃杯。

2019年2月26日，星巴克线下门店限量发售“猫爪杯”。按照星巴克的计划，2月26日至28日，每天上午10点，每天限量销售500个猫爪杯。发售当天，已有人搭起帐篷彻夜苦守，有人在星巴克门店前苦苦排队几小时……你以为这样就能买到了吗？不！一家星巴克门店可能仅有几个猫爪杯，就算你排队几小时甚至熬夜苦守，到头来也只能失望而归。

实际上，早在发售前两日，星巴克猫爪杯发售、杯身独特设计等相关消息已在微信、微博、抖音等平台传播开来，甚至在抖音平台上，猫爪杯在发售前已成为追捧的“网红”款。因此，这款早已在网络上走红的杯子毫无意外地受到众人的青睐。价格从最初的199元炒到700～1000元，即使有人愿意以3倍的价格购买，仍一杯难求。随后，有人在微博上传了两人为争夺猫爪杯在星巴克店内大打出手的视频。之后，星巴克不得不调整销售方案，但消费者想购买到这款杯子依旧十分困难。

为什么猫爪杯被抢购？正是因为其贴合了消费者心理。乍一看，这款猫爪杯拥有粉嫩的外表，以樱花点缀，可爱还非常有“少女心”。奇妙的是玻璃杯内壁为猫爪造型，当把牛奶或椰汁倒入杯子内，它立马呈现出一只肉嘟嘟的悬空猫爪，这个肉爪粉嫩有光泽，真是又萌又有趣。而且，星巴克限量销售让本来就抢手的猫爪杯显得更加难得。

讨论题：

1. 为什么猫爪杯受到热捧？这反映了消费者怎样的消费心理？
2. 星巴克为什么推出猫爪杯？你如何评价猫爪杯事件？

第二章 消费者的感觉和知觉

学习目标

- 掌握消费者感觉和知觉的基本概念；
- 理解差别阈限和韦伯定律；
- 掌握知觉过程；
- 了解消费者知觉结果及其对消费者行为的影响。

引导案例

奶茶消费者行为分析

奶茶的主要消费者群体是15～30岁追求时尚的年轻人，且以女性消费者居多。奶茶消费的种类在夏季和冬季也有所不同，夏季，消费者多选择冷饮，而冬季消费者则多选择热饮。很多年轻人都认为喝奶茶是一种时尚，因而他们在闲暇时，就会选择去奶茶店喝一杯奶茶消磨时光。奶茶店是他们与朋友小聚的优选场所。许多奶茶店提供优雅的环境和好喝的饮品以吸引消费者，Wi-Fi成为影响消费者选择的因素之一。口味则会直接影响消费者的购买欲望，这就要求奶茶店需要针对不同口味的消费者推出不同饮品。此外，周围人群的选择也在一定程度上影响了消费者的选择。

第一节 感觉和知觉

一、感觉

1. 感觉的概念

感觉是人脑对直接作用于感觉器官的客观事物个别属性的反映。个体通过眼、鼻、耳、舌等感觉器官对事物的外形、色彩、气味、粗糙程度等个别属性作出反映。尽管是对商品个别属性的反映，但它是消费者认识商品的起点，是整个心理过程的基础。

2. 感觉的构成

感觉系统是由视觉、听觉、嗅觉、味觉、触觉这五种感觉组成，来对外部刺激进行反应。

（1）视觉

人的各种感觉器官中85%的信息获取来自视觉。美国流行色彩研究中心的一项调查表明，人们在挑选商品的时候存在一个“7秒定律”，面对琳琅满目的商品，人们只需7秒钟就可以确定对这些商品是否有兴趣。在这短暂而关键的7秒钟内，色彩的作用占67%，成为决定人们对商品好恶的重要因素。颜色还能对人产生生理功效，心理学家对此做过多次实验，发现，红色的环境中，人的肾上腺素提高，脉搏会加快，血压有所升高，情绪会兴奋冲动；蓝色环境中，脉搏会减缓，情绪比较沉静，而橙色可以增进食欲，所以咖啡的包装多见红色，而蓝色成为医疗机构比较偏爱的颜色。

（2）听觉

空气振动传导的声波作用于人的耳朵，产生了听觉。在一般情况下，听觉的适宜刺激是频率为16～20000赫兹的声波，也叫可听声。不过，不同年龄的人，其听觉范围也不相同。例如：小孩子能听到30000～40000赫兹的声波，50岁以上的人只能听到13000赫兹的声波。一般人对16赫兹以下和

20000 赫兹以上的声波，是难以听到的。我们获取的信息中，10%来自听觉。听觉刺激对于营销者而言也是非常重要的手段，比如对于摩托车爱好者来说，当他们听到哈雷摩托的发动机的声音时，就会兴奋得血脉偾张。

（3）嗅觉

虽然大多数的信息获取依靠视觉和听觉，但是嗅觉的作用还是很特殊，气味能够激发强烈的感情，也能产生平静的感觉。它们可以唤醒记忆，也可以缓解压力。我们对气味的一些反应是由早期联想产生的，这种联想会引起或好或坏的感觉，这是商家研究气味、记忆与心境之间联系的原因。而且科学家证实，嗅觉记忆比视觉记忆更可靠。人们回想 1 年前的气味，准确度为 65%；然而回忆 3 个月前看过的照片，准确度仅为 50%。所以气味营销成为商家普遍应用的方法，美国一家食品公司在底特律城竖立了一块高 24 米、长 30 米的推销面包的广告牌，不仅播放介绍面包的音乐，还释放一种面包的香味，引起路人的食欲。而星巴克要求上班的员工，无论是谁在上班的时间都不准使用香水，因为在星巴克，空气中飘溢的永远只能是纯正的咖啡香味，不能是其他味道。

（4）味觉

味觉是指食物在人的口腔内对味觉器官化学感受系统的刺激并产生的一种感觉。基本的味觉包含咸、甜、苦、酸、鲜五种。在餐饮领域，消费者味觉的争夺已经到了白热化阶段，比较著名的案例是百事可乐公司为了冲破可口可乐的市场垄断，大胆地对顾客的口感进行试验，他们请受试者品尝各种没有品牌标志的饮料，然后说出哪种口感最好，试验全过程通过电视现场直播。试验结果是，认为百事可乐更好喝的人占大多数。但他们在实际购买时还是情愿选择可口可乐。因此，百事可乐挑战也成为营销学上证明品牌效应的重要案例。

（5）触觉

触觉是五种感觉之中最本质的也最直接的。人类学家把触觉视为一种我们在会说会写前就学会的一种最初的语言，研究者认为触感在消费者行为中起到非常重要的作用，当接触产品后可以更容易对产品的判断确立共识。而且有很多人有很强的接触需要，和商品接触能够感觉开心。在网上购物大行其道的当下，依然有很多人愿意去商场购买服装和香水等商品，很大程度上都是为了满足触感的需要。而麻省理工学院正开发一种可穿戴的图书，阅读者身穿一件背心样的装置，该装置会利用环境照明、震动、温度控制和加压来制造出身体知觉，由此来展现故事中所描绘的情节和情绪。当读者阅读到相应页数章节时，传感器和制动器中预设的小说情节描述反应就会启动。如果故事中的角色陷入爱恋，这个装置就会震动，来提高读者的心跳；如果故事中的角色觉得很冷，那么该装置就会下调读者体表温度。

二、知觉

知觉

1. 知觉的概念

所谓知觉，是人脑对刺激物各种属性和各个部分的整体反映，是对感觉信息加工和解释的过程。例如，我们感知到可口可乐饮料的瓶子形状大小、饮料颜色、气味、味道、平滑、硬度等，在综合这些方面的基础上构成了我们对可口可乐的整体印象，这就是我们对可口可乐的知觉。

感觉与知觉既有联系又有区别。首先，知觉以感觉为基础，缺乏对事物个别属性的感觉，知觉就会不完整。其次，一旦刺激物从感官所涉及范围消失，感觉和知觉就停止了。再次，知觉是对感觉材料的加工和解释，但它又不是对感觉材料的简单汇总。最后，感觉是天生的反应，而知觉则要借助于过去的经验，知觉过程中还有思维、记忆等的参与，因而知觉对事物的反映比感觉要深入、完整。

2. 知觉的类型

根据知觉所反映的事物的主观特性，可以把知觉的类型分成以下四种：

（1）空间知觉

空间知觉是对客观世界三维特性的知觉，具体指物体大小、距离、形状和方位等在头脑中的反映。空间知觉包括形状知觉、大小知觉、深度与距离知觉、方位知觉等。

（2）时间知觉

时间知觉是对事物发展的延续性、顺序性的知觉，具体表现为对时间的分辨、对时间的确认、对持续时间的估量、对时间的预测。在不同的心理状态下，人们对时间的估计有很大差别。研究表明，在欢乐的情绪下人们容易低估时间，而处于悲伤情绪的人则正相反。

（3）运动知觉

运动知觉是指物体空间的位移特性在人脑中的反映。太快或太慢我们都无法觉察，比如钟表的时针太慢，我们就很难感知到它的转动。

（4）社会知觉

社会知觉又称为社会认知，就是对由人的社会实践所构成的社会现象的知觉，具体包括对他人的知觉、对自己的知觉、对人与人之间关系的知觉等。

3. 知觉的特性

知觉表现出选择性、整体性、理解性和恒常性这四类特性。

（1）知觉的选择性

知觉的选择性是指人根据当前的需要，对外来刺激物有选择地作为知觉对象进行组织加工的过程。造成知觉的选择性的心理机制主要可以归纳为三个方面：知觉的超负荷、选择的感受性和知觉防御。知觉的超负荷是人受自身的感觉阈限和大脑信息加工能力的限制，所以必然会把一些刺激当作知觉对象而忽略掉另一些刺激；选择感受性是每个人受自身的需要、欲望态度、偏好、价值观念、情绪和个性特征的影响来选择知觉对象；知觉防御是人表现出恐惧或者感到威胁的刺激倾向于回避、反应缓慢。在广告实践中经常采用恫吓的方式劝说人们系安全带或者戒烟，当然如果采用这种否定的方式也要持相对谨慎的态度。

（2）知觉的整体性

人并不把知觉对象的不同属性、不同部分看作孤立的，而是把它作为一个统一的整体来反映。格式塔学派把它们归纳为以下定律：

①接近律

视野中的接近，即空间位置相近的客体容易被知觉为一个整体。除了空间视觉方面的接近外，在时间听觉方面，例如按不同规则的时间间隔发出的一系列轻拍声，在时间上接近的声音就容易被人知觉为一个整体。

②相似律

物理属性相似的客体，例如形状、大小、颜色和亮度等方面的相似容易被人知觉为一个整体。

③连续律

具有连续性或共同运动方向等特点的客体，容易被知觉为同一整体。

（3）知觉的理解性

知觉的理解性是指人以知识经验为基础对感知的事物加工处理，并用语词加以概括赋予说明的组织加工的过程。知觉的理解性主要受个人的知识经验、言语指导、实践活动以及个人兴趣爱好等多种因素的影响。例如，一张建筑施工图，专业人员既能知觉到图纸上的每个细节，又能理解整张图纸的内容和意义；而没有这方面专业知识的人员不会理解图纸的内容和意义。

（4）知觉的恒常性

知觉的恒常性是指人能在一定范围内不随知觉条件的改变而保持对客观事物相对稳定特性的组织加工的过程。包括大小恒常性、形状恒常性、明度恒常性和颜色恒常性。

第二节　知觉的过程

当我们从电视上看到了一个广告并且知道这则广告想要表达的诉求时，我们就完成了知觉的全过程。知觉的过程由展露、注意和解释三部分组成。

一、展露

当刺激物出现在我们的感觉接收神经范围内时，使感官有机会被激活，就称为展露。当然这些展露的信息有可能吸引我们的注意，也有可能没有，在家里的客厅和朋友聊天时可能就会忽略掉客厅的电视里播放的广告的信息。有些展露对我们来说是被动的，当我们走在商业街上随意浏览橱窗里的信息，我们并没有办法选择展露在面前的信息，而更多的情况下是我们主动选择信息的。

上网寻找我们需要的信息，看电视也是主动选择喜欢的电视节目，这对营销活动产生了影响。所以广告经常投放在收视率高的节目上，期望让观众获得更多的广告信息展露，但是实际上并没有取得预想的良好效果。一方面，有研究表明，广告插播期间，家庭用水量骤然升高，由此说明很多人已不在电视机旁和主动避开广告节目。另一方面，数字电视使家庭可以接收到数十个甚至上百个电视频道，有研究表明，在任何一个播放时点，有6%～19%的受众正在用遥控器转换频道，以避开广告节目。节目中播出广告的展露次数、家庭的类型都会增加广告换频道的可能性。选择性地避开广告同样发生在电台节目收听、印刷材料阅读领域。为减少广告逃避现象和提高营销信息的展露水平，营销者和广告公司正在试图采用各种办法，如增强广告本身的吸引力；在多种媒体和多个电视频道刊播广告；将广告置于最靠近节目开始或节目结束的位置；劝说电台、电视台等媒体单位减少广告刊播时间与数量等。

二、注意

注意

注意是当刺激物激活我们的感觉神经，由此引发的感受被传送到大脑做处理。我们处于一个信息爆炸的时代，近几十年创造的信息量比过去5000年还要多，在广告业发达的国家，普通消费者平均一天收到3000条的广告信息，而绝大多数都不会吸引我们的注意，因为信息超载的情况下，消费者不得不有选择地关注广告及其他信息。影响注意的因素主要有3类，即刺激物因素、个体因素和情境因素，下面分别对它们予以介绍。

1. 刺激物因素

一般与周围其他刺激物不同的刺激更可能吸引注意，这种对比通过以下几种方式产生：

（1）大小

大的刺激物相对于小的刺激物更容易被注意。所以，一份全版广告相对半版广告更容易被注意到。在一项对刊物不同篇幅大小的广告效果进行的对照试验中发现，半页广告的注意值平均分数是13.3，而全页的广告平均分数是25.9。

（2）颜色

色彩鲜艳的物体比黑白物体更引人注目。一项关于报纸广告中色彩效果的研究认为："减价商品新增销售的41%可能是由于零售商在报纸黑白广告中增加了一种颜色所致。"

（3）位置

不同的位置会产生不同的注意效果，放到可以非常容易就能看到的地方的刺激物受注意的机会更大。所以，在超市里和摆放在视线水平位置的商品的供应商的竞争是非常激烈的。研究表明，第一眼看的位置是左方，然后是上方和右方。

（4）运动

具有动感的刺激物较静止的刺激物更容易抓住人们的视线。夜空中划过的流星总是能吸引人的注意，而动画片的注意效果胜过静止的图片。街上的霓虹灯及其他一些具有动感的广告均是运用此原理来吸引受众的注意。

（5）新颖性

出人意料的、不平常的刺激物更容易吸引我们的注意，这是基于人类好奇心的本能。所以在广告设计中，通过戏剧化的情节能够提高消费者对广告的注意度。

2. 个体因素

个体因素是指个体的各种特征，这些特征因素主要有兴趣、需要、态度。

兴趣是个体整个生活方式的体现。篮球球迷对篮球明星代言的广告会给予更多的关注；当处于某种需要状态时，消费者对能够满足这种需要的刺激物会主动关注。饥肠辘辘的人会对食品和有关食品的信息给予更多的注意；人们倾向于保持一致的信念和态度，认知系统中的不一致将引发心理不安和紧张，所以消费者更倾向于接受那些与其态度相一致的信息。当消费者对某种产品有好感时，与此相关的信息更容易被注意，反之则会出现相反的结果。

3. 情境因素

情境因素是指环境中除主体刺激物以外的刺激，又包括暂时性的个人特征如个体当时的身体状况、情绪等。显然，忙碌的个体比有空余时间的人较少关注刺激物。处于不愉快情绪中的人也注意不到展露在面前的刺激。同样的道理，置身于拥挤、嘈杂、过热或过冷的商店中的消费者，会注意不到许多展露在他们面前的刺激物，因为他们想尽快离开这个环境。

三、解释

解释是赋予感觉刺激物意义的过程。对于同一个刺激物可能两个人的理解是不同的，解释是由个体因素、刺激物特征、情境因素共同决定的。

1. 个体因素

营销刺激物只有被个体理解或解释后才具有意义。一系列的个体特征会影响消费者对刺激物的理解。研究表明，对解释影响力最大的两个个体因素是知识和期望。

储存在头脑中的知识是决定个体如何理解刺激物的一个主要因素。新手和专家在同一事物上的判断可能截然不同。比如一个经验丰富的古玩鉴定专家和刚刚进入这一行业的古玩爱好者可能对同一件古玩的鉴定结果是截然不同的。所以人们头脑中已有的知识会影响到对一事物的解释，通常情况下，知识越丰富越有助于提高信息理解能力。

个体对看到的事物的期待对解释也有很大影响。我们认为放到商场里的高价格的名牌商品应该比低价格的路边摊上的衣服质量好，即使从品质上没有区别，由此说明，由品牌所产生的预期，对消费者的感知确实有非常重要的影响。

2. 刺激物特征

产品、包装、广告、销售展示的结构及本质对大脑信息处理即对信息的最终理解会产生重要影响。由于意识到刺激物及其含义的重要性，营销者开始运用一个符号学的研究领域。符号学是一门研究意义是如何生成、保存、改变的科学。符号学主要研究符号即包含意义的一切事物，符号包括色彩、词语、图片、音乐、气味、价格、手势等。

色彩在对刺激物的意义的解释中起到很重要的作用。有一家咖啡店做过这样的测试，选用咖啡色、青色、黄色和红色 4 种颜色的咖啡杯倒入同样的咖啡让实验对象来试饮。试饮的结果，使用咖啡色杯子的人都认为“太浓了”的占 2/3；使用青色杯子的人都异口同声地说“太淡了”；使用黄色杯子的人都说“不浓，正好”；而使用红色杯子的 10 人中，竟有 9 个说“太浓了”。比如普遍认为黑色的电器更加高级，价格也更高，使用浅色调的产品给人的感觉质量比较轻。当然不同文化背景对色彩的意义的诠释是不同的，例如，在美国黄色让人感觉比较廉价，而在中国黄色则是比较高贵的颜色。

包装与消费者对刺激物的理解也有密切的联系。一家食品杂货店发现，消费者认为用塑料袋包装的鱼不新鲜，认为这种鱼一定冷冻多，而认为直接在柜体放在碎冰上出售的鱼新鲜。消费者也普遍认为玻璃瓶装的矿泉水要比塑料瓶装的矿泉水价格高。

次序和解释也有关。心理学家做过实验，把参与实验者分为两组看同一幅人像照片，跟第一组说照片上的人是大学教师，让第一组成员描述一下看到这个人的感觉，大多数人回答照片上的人是和蔼的、博学的、有爱心的；和另外一组说照片上的人是个杀人犯，然后让第二组成员描述照片上的人，答案是凶残的、冷血的、不近人情的。可见人们会对先出现的刺激产生解释。次序对理解的影响，有两种类型：一是首因效应，二是近因效应。首因效应是指最先出现的刺激物会在理解过程中被赋予更大的权重，而近因效应是指最后出现的刺激物会更容易被消费者记住，并在解释中被赋予更大的影响权重。

3. 情境因素

情境因素也会影响个人对刺激物的理解。处于如饥饿、孤独、悲伤的情境，当时的情绪均会影响个体对既定刺激物的理解。在心情低落时，人们往往会误读一些信息，或者对某些信息持负面态度。个人可支配的时间也会影响到对营销信息的理解。同样，环境的外在特征如气温、在场的人数及这些人的不同特点、信息传播媒体的性质、外界的干扰，以及处理信息的原因都会影响到个体如何理解信息。这一点可以在可口可乐公司和通用食品公司的营销活动中得到启示，可口可乐公司和通用食品公司都不在新闻节目之后播放其食品广告，他们认为，新闻中可能有“坏消息”会影响受众对所宣传的食品的反应。虽然相关研究还不成熟，从初步的研究表明，当广告在正面性的节目中播放时，广告中的产品会获得更多的正面评价。

第三节 知觉在营销中的运用

一、知觉与零售策略

知觉的理论在商品零售领域已经得到普遍的应用。在超市销售策略中，会把生活必需品放到消费者经过超市就能看到的地方，比如门口、扶梯两侧，增加商品的展露。而在商品的货架摆放策略中，商家会把毛利率高的商品放到人流量大的更容易让消费者看到的地方，会把折扣信息显著地表现出来，以提高注意程度。利用知觉的解释性，商家会在商品上标明价钱，并且形成和其他同类商品比较，让消费者对价钱产生解释性的认知，提高消费者正确理解价格信息的能力，区分产品档次和品质。另外，符号学已被广泛运用到超级市场的设计中。室内各种信息（品牌、布置、商品提示等），会同外部建筑风格以及广告一起形成商店的形象，加深消费者对商店的注意和知觉理解。

二、知觉与广告

知觉与广告

广告主会把广告投放到展露程度高的媒体上，所以需要对广告媒体进行衡量，常用的衡量指标有视听率、毛评点、到达率、暴露频次、有效到达率等指标。广告主会选择在这些指标上表现良好的媒介作为广告媒介，提高广告的展露。

而如何使广告吸引消费者注意是另一个重要的与知觉过程相关的课题。吸引观看广告的人的眼球是产生购买商品行为的第一步。广告中普遍采用 3B 策略来提高广告的注意程度，分别是美女（Beauty）、小孩（Baby）、动物（Beast）；另外利用名人、幽默主题的广告也是吸引注意的常用方法；前面谈到的增加版面大小、调整版面位置，利用颜色和对比，增加广告的动态性都要在广告的设计中考虑到。对于注意的衡量方法有如表 2-1 所列几种。

表 2-1　关注的直接测量方法

方法	解释
瞳孔放大	注意程度和瞳孔变化有关，瞳孔仪能够准确测量出瞳孔大小变化
目光记录	通过一种目光，照相机能够记录目光在观看广告时的轨迹，由此可以确定：广告信息的哪些部分曾被注视；信息各个部分被观看的先后顺序；每部分的注视时间有多少
速测镜测量法	速测镜是一种装有可调节放映速度和明亮程度的滑动放映机。经由速测镜，广告可以或快或慢地播放。使用这种仪器可以测量出广告以什么速度播放其各组成元素如商品、品牌、标题才能被观众辨认出来。广告中不同元素的识记速度与注意程度是高度相关的
电影院测量法	运用此法时，在电影院同时放映电视节目与广告。每个座位上装有通话装置，观众可以在观看节目或广告的过程中随时表明其兴趣与注意状况
脑电波分析法	研究表明，脑电波能显示个体对广告或包装的注意程度及注意类型

三、知觉与产品价格

降价宣传是商家普遍用到的促销手段，不同模式的加减宣传会起到不同的作用。参考价格是其中常用到的方法之一，所谓参考价格是指消费者在比较价格时使用的任何基础价格。商家会用较高的参考价格来衬托自己产品的低价，利用上文谈到的知觉的解释来说服消费者这是一笔划算的交易。利用消费者的知觉特点，商家用限时促销价，比如原价 799 元，现价 598 元仅限一天，其效果要好于单纯宣传售价和参考价的优惠价差。利用知觉中的错觉，营销者提出了折扣的右侧效应。也就是当消费者发现售价与原价左侧的数字一样，如果右侧数字小于 5，消费者认为折扣的力度更大。比如消费者会认为 43 降到 42 比 19 降到 18 更有价值。

尾数定价是另一个常见的定价策略。尾数定价策略是指在确定零售价格时，以零头数结尾，使用户在心理上有一种便宜的感觉，或是按照风俗习惯的要求，价格尾数取吉利数字，以扩大销售。同样一件商品，标价 99.9 元钱的商品要比 100 元钱的商品更容易销售，因此前者可以使消费者认为商品价格低、便宜，更令人易于接受。另外，带有尾数的价格会使消费者认为企业定价是非常认真、精确的，进而会对商家或企业的产品产生一种信任感。由于民族习惯、社会风俗、文化传统和价值观念的影响，某些特殊数字常常会被赋予一些独特的含义，比如 6 和 8 被我们赋予了顺利和发财的意义，所以在定价中也往往采用这样的数字作为定价，而规避有负面意义的数字。当然尾数定价会让人产生廉价的感觉，所以在一些高档商品上并不适用，而采用的是整数定价。

四、知觉和产品质量

消费者对产品质量的知觉或认识，既和产品本身内在的特性与品质相联系，又受到很多主观因素的影响。产品本身的信息特征比如大小、颜色、气味、味道等，在某些场合下，消费者是利用产品属性来判断产品质量的，比如看到一件衣服的面料、烫工、边角的缝合、扣子等特征，可以判断这件服装的优劣，并形成总体质量感受。但在另一些情况下，消费者对于产品质量的感知并非理性和客观，受到很多产品以外的因素的影响。很多饮料的蒙眼测试结果都说明了消费者并不能判断出具体的饮料名称，可见消费者通过产品属性作为质量判断线索可能不是唯一的路径。如价格、产地、商标或企业声誉等产品的外在因素都会让消费者形成对产品质量的整体认知。一件上万元的女包，某种程度意味着这件商品拥有良好的产品质量；一款产自瑞士的手表、一件意大利的衬衣可能要比来自法国的手表、日本的衬衣更受人喜欢；而品牌也是质量的保证，知名品牌的形象优势不言而喻，而从产品内在属性线索分析，也许名牌和一般品牌的同类商品比较并没有明显的优势。

所以，一方面，企业应针对自己的产品或服务开展调查，以了解消费者对产品内在属性的需求；另一方面，企业还应充分重视形成认识质量的外在线索。既然价格、商标知名度、出售场所、产地等构成消费者判断质量好坏的重要线索，企业就应了解这些线索对消费者的相对重要程度，以及不同消费者在这些评价线索上存在的差异，有针对性地采用相应的营销策略。

本章小结

1. 感觉是人脑对直接作用于感觉器官的客观事物个别属性的反映，包括视觉、听觉、味觉、嗅觉、触觉。

2. 知觉是人脑对刺激物各种属性和各个部分的整体反映，是对感觉信息加工和解释的过程。知觉分为空间知觉、时间知觉、运动知觉、社会知觉等类型，表现出选择性、整体性、解释性和恒常性这四类特性。

3. 知觉的过程包括展露、注意和解释。当刺激物出现在我们的感觉接收神经范围内时，使感官有机会被激活，就称为展露。展露是知觉过程的第一个环节；注意是知觉过程的第二个环节，影响注意的因素主要有3类，即刺激物因素、个体因素和情境因素；知觉过程的最后一个环节是解释，解释是赋予感觉刺激物意义的过程。解释是由个体因素、刺激物特征、情境因素共同决定的。

4. 知觉在商品零售策略、广告的设计和媒体策略、产品定价、产品质量认知等问题上都有普遍的应用。

复习题

1. 感觉和知觉有什么不同？
2. 知觉的特性有哪些？
3. 为吸引注意力可以利用哪些刺激物因素？
4. 刺激物的解释是由哪些因素决定的？其中个体因素有哪些构成要素？
5. 知觉在营销实践中有哪些应用？

案例分析

舌尖上的中国

从2012年5月14日起，中央电视台综合频道（CCTV-1）开播《舌尖上的中国》。这是一部高端美食纪录片，主题围绕中国人对美食和生活的美好追求，用具体人物故事串联起来，讲述了中国各地的美食生态。该纪录片受到社会各界持续、广泛的关注，风头盖过所有热播剧，其网络搜索量和点击量居高不下。刚刚播出第一集时，微博上就开始议论："《舌尖上的中国》看得我垂涎欲滴。""作为一个要减肥的人，晚上看《舌尖上的中国》是一种什么样的自虐精神?"该片很快冲上新浪微博话题榜，绝大部分网友对它毫不吝惜溢美之词。同时也在天涯论坛引起广泛热议，而豆瓣网给它打出了9.6的高分！

随着中国全球影响力的增强，中餐也越来越多地为世界所认识和喜爱。相比从文化、历史、地理的角度认识中国，美食应该是一条更加便捷的路径。通过美食，我们可以有滋有味地认知这个东方古老国度。在以往的影像素材里，中国美食更多以"烹饪大师"或"美食名家"结构展现"精湛的厨艺"和"繁复的过程"，能够看到的电视节目也多以"比赛"的形式出现。在本片中，中国美食更多的以轻松快捷的叙述节奏和精巧细腻的画面，向观众，尤其是海外观众展示中国的日常饮食流变、中国人在饮食中积累的丰富经验、千差万别的饮食习惯和独特的味觉审美，以及上升到生存智慧层面的东方生活价值观。

片中都展现了哪些好吃的？先看一看网友眼中《舌尖上的中国》："不看《舌尖上的中国》真不知道全中国竟然有那么多闻所未闻的美食：云南的炭烤松茸、浙江的油焖冬笋、广西的黄豆酸笋小黄鱼、湖北的莲藕炖排骨、安徽的腌臭鳜鱼……看完这部片子，大家的口水都止不住了！""最近在看《舌尖上的中国》，讲的是天南地北的中国美食，可谓包罗万象……"

松茸是一种高经济价值的野生食用菌，素有"软黄金"之称，主产于云南、四川和西藏等地，年产量在3000吨左右，其中60%～70%均产自云南。多年来，松茸一直担当着出口创汇的重要角色，高峰时约70%都用于出口。日本对中国松茸进口占较高份额，中国90%以上的松茸出口至日本，韩国、新加坡和泰国等国家进口量仅占10%，形成了较为单一的目标市场。单一的目标市场导致松茸出口贸易过多依赖日本的进口需求，当日本经济形势较好，对松茸需求增多，则出口量上升；反之，出口量减少。随着《舌尖上的中国》的热播，在节目中被称为"大自然的馈赠"的松茸在国内市场日趋火爆。特别是近年来电商的快速发展，促进了松茸的国内消费。目前国内松茸有一半以上都进入了国人的肚子。以松茸主产区云南香格里拉为例，近年商家通过电商平台、微商平台，将松茸销往全国各地。这种销售模式几乎主导了香格里拉整个片区总销售，大大提高了松茸销量。

北京师范大学艺术与传媒学院教授、纪录片学者张同道说，《舌尖上的中国》这部片子之所以火爆，首先在于其选材具有高度的大众性。所谓"食色性也"，不分阶层、不分民族、不分年龄的人们都离不开食物，所以它能获得广泛的认同，也就有了广泛的观众基础。其次，是贯穿全篇的人文情怀。"乡愁"是一种无法割舍的情怀，从南方到北方，从国内到海外，所谓最好吃的菜是妈妈做的菜，最好的东西是故乡的东西，最好的回忆是童年的回忆。《舌尖上的中国》勾起的不光是对美食的垂涎，还有流泪的冲动。

《东方早报》评论说，《舌尖上的中国》之所以获得成功，是因为每集的主线采取了碎片式的剪辑方式，进行了不同地域之间的组合和嫁接，讲述了同一种食材在天南地北的变化，这部纪录片用味道营造出了一个个真实的故事。从文化角度所探讨的问题并不只是"吃"这么简单，从传统劳作到食物创新，承载着生活的艰辛和几代人的智慧结晶，中国人"吃"的传承和变化已经逐渐凸显出它特有的国人气质。《舌尖上的中国》是美食献给普通劳动者的颂歌，不见"烹饪大师"，不见"美食专家"，更没有"厨艺大赛"，有的是手工挖莲藕、两小时采竹笋、全中国只剩 5 人继承的高跷式捕鱼，70 多岁的吉林"鱼把头"、卖黄馍馍的陕北老汉、陪外婆制作年糕的浙江慈城小姑娘。《舌尖上的中国》传达出几千年来中国人在劳动中所产生的思考以及味觉审美。正是因为这些，才使这部纪录片呈现出与众不同的魅力感召。它之所以能够吸引眼球，其投资和制作水准是一方面，最重要的方面是，它并不是单纯讲述美食的纪录片，它是把美食当作一个媒介，通过这个普通的媒介找到与这个媒介相关的、能够令大众热情讨论的东西。比如说传统价值观、人际关系、生存状态甚至是哲学思考，都能够通过这样一部片子表达出来。

事实上，除了舌之所尝、鼻之所闻，在中国文化里，对于"味道"的感知和定义，既起自饮食，又超越了饮食。能够真真切切地感觉到"味"的，不仅是我们的舌头和鼻子，还包括中国人的心。透过屏幕，观众仿佛嗅到了那股味道，那是历史的味道、时间的味道、家的味道。据该片总导演陈晓卿说，以美食作为窗口，让海内外观众领略中华饮食之美，进而感知中国的文化传统和社会变迁，这是《舌尖上的中国》努力追求的目标。

讨论题：

1.《舌尖上的中国》给人的感觉是怎样的？人们喜欢这部纪录片的主要原因是什么？

2. 用消费者知觉过程分析这部纪录片是如何助推松茸出口转内销的？

3. 近年来，越来越多的纪录片受到观众的喜爱。请比较其他美食主题的纪录片，说说各自的优势与不足。

第三章
消费者需要和动机

学习目标

- 消费者需要和动机的基本概念；
- 动机理论；
- 如何根据消费者动机来制定营销策略。

按动机细分境外旅游市场

依据旅游动机的不同，我们可以将境外旅游市场划分为休闲式旅游、探亲观光旅游、商务性出游、购物性旅游、文化旅游等。近年来，消费者选择境外出游的动机从传统的探亲观光旅游向休闲度假旅游转移。消费者愿意付出更多的金钱和时间体验有品质的旅游项目。越来越多的消费者愿意尝试冰川远足、跳伞体验，也能接受邮轮出游、包机出游，还有的消费者倾向于选择“亲子游”“蜜月游”“美食游”等主题旅游。

第一节　消费者需要

需要是个体缺乏某种东西时的准备状态，是客观需求的反映。需要与人的活动是紧密联系在一起的。需要的前提条件是：人们感到不满足，缺少什么东西，同时，人们期望得到某种东西，追求满足感。人们购买产品，接受服务，都是为了满足一定的需要。在一种需要满足后，又会产生新的需要。因此，人的需要绝不会有被完全满足和终结的时候。正是需要的无限发展性，决定了人类活动的长久性和永恒性。

需要是心理学研究的一项基本课题。心理学研究认为，欲望和需要是全体社会的客观需求在人脑中的反映，是个人的心理活动和行为的基本动力。欲望和需要经常以一种“缺乏感”被体验着，以意向、愿望的形式表现出来，最终导致推动人们行为活动的动机。古代学者王充说：“凡人之有喜怒也，有求得与不得。得则喜，不得则怒。喜则施恩而为福，怒则发怒而为祸。”王充在这里所说的“求得与不得”，就是指欲望与需要的满足与否。一个人强烈的贪欲，就会导致损失，就会危害社会，“患之所由，常由所贪”。要是一个人接受良好的文化教养，礼仪在身，就会“性廉寡欲”，社会也就愈加安定团结。应当指出，社会成员的欲望、需要满足与否，以及满足的质量，是一个社会的经济、文化发展的标志。在经济发展的生产导向阶段和销售导向阶段，由于产品的缺乏和消费者购买水平低下，消费者的欲望和需要的满足程度是很低的。所谓市场开发潜力，概言之，指的就是广大消费者的欲望和需要。需要和需求的区别在于：需要是一种促使消费者采取行动来改善状况的不满意的状态；而需求则是消费者在获得了为改善其不满意状态所需的条件之后，想要获得更满意程度的一种愿望。

一、消费者需要的含义

消费者需要是消费者的消费欲望、愿望和要求，或者说是指消费者生理和心理上的匮乏状态，即感到缺少些什么，从而想获得它们的状态。个体在其生存和发展过程中会有各种各样的需要。如饿的时候有进食的需要，渴的时候有喝水的需要，在与他人交往中有获得友爱、被人尊重的需要，等等。需要是和人的活动紧密联系在一起的。人们购买产品，接受服务，都是为了满足一定的需要。一种需要满足后，又会产生新的需要。因此，人的需要绝不会有被完全满足和终结的时候。正是需要的无限发展性，决定了人类活动的长久性和永恒性。

在市场营销活动中，由其影响因素的复杂性决定，消费者的需要不应是一个笼统的概念，而是由各种相关因素构成的组合体，具体包括以下几点：

①需要的消费者，即产生需要的消费者的总体数量以及性别、年龄、职业、消费者习惯、收入水平等基本特征。

②需要的消费品种类与总量，即消费者实际需要何种商品，商品的性能、质量、价格、款式如何，以及所需消费品的总量大小。

③需要的市场区域，即需要表现为整体市场或细分市场的，以及市场的空间分布如何。

④需要的时机与时限，即需要发生的时间、场合，以及持续的期限是突发的、短暂的，还是常规的、常年性的或季节性的需要。

⑤需要的实现方式，即消费者通过何种方式满足需要，如选购、订购或租用，分期付款、预付定金、现款交易或赊购，代运或自取等。

⑥需要的市场环境，包括自然、经济、法律、社会文化等宏观环境对消费者需要的影响；企业的营销策略、营销组合运用等对消费者需要的诱导、激发与制约。

对上述构成要素加以明确分析和确认，消费者需要就成为现实的、具体的和可以测量的。这样，有关消费者需要的研究对企业营销才具有实际的指导作用。

二、消费者需要的特征

消费者需要由于受多种主观因素和客观因素的影响而呈现出多样性。但从总体上看，各种需要之间又呈现某些共性、某些一般特性即消费者市场需求的特点。这些特点主要表现在以下几个方面：

1. 消费者需要的对象性

需要总是针对某种东西的需要，对于某种物质性物品的需要。由于消费者有各种各样的需要，当一个需要得到满足，下一个需要就会被激活，因此，需要是相互依存的，而且每种需要总是有自己的对象。

2. 消费者需要的客观性

人们对消费者需要不能单纯地理解为人的欲望、追求、偏好等主观心理的东西。马克思主义认为，经济学中所说的需要不是主观心理的东西，而具有客观性。这是因为：

①需要是随生产力一同发展起来的。随着社会经济的发展，社会分工和生产的社会化，人们只从事某一种产品的生产，但对产品的需要却具有多样性，在生产不断扩大的条件下，需要也在不断扩大。特别是科学技术的不断发展，分工越来越细，新的工业部门不断出现，新的消费品不断出现，人们的消费需要不断上升，消费需要的内容不断扩大，成为一个与生产体系相适应的消费需要体系。

反过来，社会需要的内容越丰富，又会促进社会分工，促进新的工业部门不断出现，使社会需要不断得到满足。可见，需要并不是人们主观的东西，它是随着生产力一同发展起来的，因而具有客观性。

②需要具有社会性质。在不同的生产力水平下，人们的消费需要也是不同的。资本主义社会的消费存在阶级差别，受到了限制。在社会主义条件下，生产的目的是满足人们日益增长的美好生活的需要。但是，由于不同社会阶层，不同社会集团所处的社会地位的差别，如城乡差别、职业差别等，他们的消费需要还是存在差别的，尽管不存在阶级差别，但消费需要的满足程度仍然存在差别。因此，消费需要具有社会性质，具有社会的历史必然性，因而具有客观性。

③消费者固然存在欲望、追求和偏好等生理和心理的东西，但是，这不是经济学研究的范围。实际上，对消费者的欲望，也要具体分析。有些欲望，纯粹是个人脱离实际的心理活动，由这种欲望形成的需要，当然是主观的。但是，人是有理智的，是处于社会生产关系中的人，他们的欲望以及由欲望形成的需要，一般来说，要考虑到自己的社会地位和客观条件。人们的欲望、爱好、兴趣之所以有差别，除了其生理的特点之外，还有不同的消费者在社会中所处的地位的差别。从这个意义上说，消费者的某些欲望也是具有客观性的。但那种脱离客观实际的“欲望”，那些随意性的良好欲望是不能实现的，也是不能满足其需要的。主观随意性的欲望、追求、偏好，与马克思主义经济学中的需要是完全不同的。

马克思主义经济学中所研究的个人需要，不是单纯由个人头脑产生的，而是由社会产生的。“需要是同满足需要的手段一同发展的，并且是依靠这些手段发展的。”马克思在分析消费需要时，还把人们对需要的满足与分配劳动时间联系起来。他指出：即使是孤岛上的鲁滨逊，“不管他生来怎样简朴，他终究要满足各种需要……”“需要本身迫使他精确地分配自己执行各种职能的时间。在他的全部活动中，这种或那种职能所占比重的大小，取决于他为取得预期效果所要克服困难的大小。”可见，需要绝不是人们的主观想象，而是客观的。这说明，消费需要是客观存在的，不是从主观想象中产生并发展起来的。

3. 消费者需要的层次性

复杂多样的（人多面广）消费者需求是在一定的购买能力和其他条件下形成的，尽管人们的需求无穷无尽，但不可能同时得到满足，每个人总要按照自己的支付能力和客观条件的许可，依据需求的轻重缓急，有序地实现，这就形成了需求的多层次性。在同一时间、同一市场上，不同消费者群体由于社会地位、收入水平和文化教养等方面的差异，必然表现为多层次的需求，绝不会千篇一律。因此，营销人员要慎重选择目标市场，并准确地为自己的产品定位。

消费者对商品的需要千差万别，但总是先满足低层次的、最迫切的、最基本的需要，然后逐步满足其他的需要。由于人的需要由低层次不断向高层次移动，消费者的购买动机也随之由低水平向高水平移动。这种发展规律，主要取决于社会经济的发展状况和个人的支付能力。

在早期人类社会，人们的需要比较简单，大都是追求生理和安全的需要。随着生产力的发展和人们物质文化水平的提高，需要变得复杂了。除了满足多种多样、丰富多彩的物质需要以外，还会产生诸如社交、尊重、成就和追求美、祈求情感享受等多种多样的精神需要。从我国情况来看，20世纪50年代初期消费者的一般需要主要是解决温饱问题。20世纪90年代以后只限于温饱已远远不能满足消费者需要。这一时期，消费者需要有其时代性特性，普遍重视对高档商品和精神产品的需要，“吃的讲营养，穿的讲漂亮，住的讲宽敞，用的讲舒适”已成为典型的20世纪90年代消费者需要的特征。与20世纪50年代相比，需要随着历史而发展，呈现出由低到高，由简到繁，由物质到精神的发展趋势，这已被实践证实。

4. 消费者需要的可变性

由于各种因素的影响，消费者对商品和服务的需求不但是复杂多样、千差万别的，而且是经常变化的。因此，营销人员必须注意研究消费者市场需求，并预测其变化趋势，从而提高企业的应变能力和竞争能力。

5. 消费者需要的发展性

人类的需求是永无止境的，永远不会停留在某一水准上，随着社会经济技术的进步和消费者收入的增长，消费需求也将不断扩展。例如：过去完全由家庭承担的劳务，现在已部分转为由社会服务行业承担。消费者的一种需求满足了，又会产生新的需求。这是一个永无止境的发展过程。因此，企业要不断开发新产品，开拓新市场。

6. 消费者需要的可诱导性

消费者需求有些是本能的、生而有之的，大部分是在外界的刺激诱导下产生的，宏观环境的变动，企业营销活动的影响，社会交往、人际沟通的启发，以及政府的政策导向等，都可以使消费者需求发生变化和转移。潜在需求可变为现实需求，微弱的欲望可形成强烈的购买欲望，有害的不良需求和嗜好可得到控制……由此可见，消费者需求是可诱导和可调节的。因此，营销人员不仅要适应和满足需求，而且要通过各种促销手段正确地影响和引导消费。

此外，消费者市场需求及其购买行为还有其他一些主要特点，如需求及购买行为的分散性、批量小而频率高、需求的价格弹性大（敏感度高）、购买行为的冲动性强（非专家式购买）、购买的流动性大等。

总之，研究消费者市场需求的这些特点，对一切市场营销管理者都是十分必要和有益的。只有了解它、适应它，才能得到生存和发展。因此，企业的营销策划必须以市场为出发点，首先考虑消费者市场的结构和消费者行为的特点，而不是首先考虑产品本身。研究消费者市场和消费者行为从何入手呢？首先，要了解消费者行为的模式，其次，进一步研究影响消费者行为的各种因素，最后，具体研究购买者决策的类型和决策过程的各个阶段。

7. 消费者需要的周期性

需要的不断重新出现，是需要形成和发展的最主要条件。研究认为，只有在需要重新出现时，需要的内容才会丰富起来。例如，人们随季节不同，而购买相应的时令商品，以及家庭必备的日常生活用品，如食盐、米面等就需要经常甚至大量的重复购买。

8. 消费者需要的年龄性

众所周知，儿童时期的需要与成年人的需要是大不相同的。不同年龄阶段的消费者各有自己的兴趣和爱好，不仅表现在对商品的品种、式样、规格、花色、质量等方面的要求不同，而且也表现在对营销的服务方式、服务内容的要求不同。例如，青年人喜欢追求流行，而中老年人则更注意实际的消费需要。

9．消费者需要的可指导性

消费者的需要是多种多样的，但是，无论在任何情况下，消费者的各种需要并不能完全得到满足。未被满足的需要可以通过指导或引导来加以解决。在我国一般家庭用于购买食物和家务劳动的时间相当多，这些时间如果能加以适当的压缩，那么闲暇的时间就会较多，可用来从事其他活动，如学习新知识、新技术以及精神与健身保健的需要。那么，人们的生活素质就会有所提高。而这些方面的变化，只有通过指导或引导消费者改变饮食习惯及生活习惯，才能获得好的结果。

以日本为例，一般家庭主妇中午是不做饭的。孩子上学，丈夫上班，大多是带一盒饭，有时就带一块三明治。晚饭也不必每天上街去买菜，在超市买一次，可够吃几天的。在超市购买的商品，像肉类已切成片，鱼已洗干净，蔬菜也不必再清洗就可以入锅，因此，其准备膳食的时间较以往大为减少。食物在经过超市的加工和包装后，它的好处是十分明显的——家庭主妇节省了时间，她们可以利用这些时间去从事有益于增添情趣的工作，丰富家庭文化生活，促进社会稳定。超市为了将食物包装和加工，就需要购置设备、增聘职员，这也增加了就业机会。

家务劳动是社会化引起的连锁反应，对经济发展有着深远的影响。所以，在市场经济条件下，商业营销部门在指导我国消费者消费导向上将起着重要作用。

拓展阅读

康莱耳机经营模式

康莱耳机公司的营销策略不是先调查消费者的喜好，而是用新产品去引导消费者。在某天早晨，康莱耳机公司的刘总外出锻炼身体，看到一个年轻人戴着康莱耳机边听音乐，边锻炼身体，刘总上前与年轻人攀谈，问戴着康莱耳机锻炼身体的感觉，年轻人说康莱耳机音质好，外观流线型设计漂亮，但太笨重。刘总回到公司迅速找来公司的技术人员，希望他们能研制出轻便的耳机。不久康莱耳机公司就研制出一种轻便型的耳机，同时，通过广告向消费者宣传。该产品投放市场，空前畅销。

三、消费者需要的种类

人类的消费需要是多方面的，十分复杂，可以从不同角度对消费者需要进行分类。其中，最常用、最基本的分类方法是根据购买目的划分，可以分为生产消费需要和生活消费需要两大类。生产消费需要，是指生产者为了满足生产过程中物化劳动和活劳动消耗的需要，也可称为生产者需要；生活消费需要，是指消费者为了满足个人生活的各种物质产品和精神产品的需要，又称为消费者需要，消费者需要是最终的消费需要，是我们研究的重点。

在企业市场营销活动中反映出来的消费者需要是错综复杂、瞬息万变的。为了更好地分析消费者需要，学者们从不同角度对其进行了分类研究。

1. 根据消费需要的起源分类

根据消费需要的起源，可以把消费者的需要分为天然性需要和社会性需要。

从消费需要的起源来说，马克思曾经把人们的需要区分为社会制造的需要和自然的需要。根据这种区分原则，可以得出两个结论：其一，人的需要应该包含自然性需要；其二，人的需要主要表现为社会性需要。所谓自然性需要是指人们为维持机体生存和发展所必需的本能需要，主要是衣食住行等基本生活需要。而社会性需要则是指人们为了丰富社会生活，进行生产和社会交往、提高消费层次和质量的消费需要。

人既然是大自然的产物，就绝不能完全不受自然界的制约，也不会没有任何自然性需要。从历史上看，人的社会性需要以自然性需要为前提，并从自然性需要中发展起来。自然性需要是社会性需要的基础。

2. 根据消费需要的对象分类

根据消费需要的对象，可以把消费者的需要分为物质需要、精神文化需要和生态需要。

物质需要是通过消费品的使用价值而得到满足的需要，表现在人们的物质生活方面，如对食品、衣服、鞋帽、家具、家用电器等物品的需要。物质需要是人类最基本、最直接的需要，也是人类社会的基础。

精神文化需要，既包括主体自由地发挥自己的智力资源，进行各种各样的创造消费活动的才能，又包括对文化成果的享用。例如对于文化艺术和人类积累的科学知识的需要、对美的需要、认识的需要等，都属于精神文化需要的范畴。随着科技、文化的不断进步及社会经济的不断发展，精神文化需要越来越重要。精神文化需要的满足是不断提高人的素质、促进人的全面发展的不可缺少的条件。

生态消费需要是指消费的内容和方式符合生态系统的要求，有利于环境保护，有助于消费者身心健康，能实现经济可持续发展的需要。随着工业和社会的发展. 环境受到污染，生态平衡遭到破坏，严重地威胁着人们的生存和发展。生态需要对人的生存和发展、对满足人的消费需要具有极端的重要性。生态需要不仅是最基本、最重要的生存需要，而且是很重要的享受与发展需要，生态需要的满足程度不仅成为反映消费层次、消费质量的标志，而且成为反映社会进步和社会文明的尺度。

从消费需要的实际对象来看，也可以分为实物消费需要和劳务消费需要。实物产品是人和自然之间物质变换的产物，是经过形式变化而适合人的需要的自然物质。劳务产品主要是劳动的产物，主要不是作为物，而是作为活动体现的。我们不仅要满足人们的实物消费需要，而且要满足人们日益增长的劳务消费需要。社会越发展，劳务消费越重要，劳务消费在消费需要中的比重也将不断提高。

3. 根据需要实现的程度分类

根据需要实现的程度，可以把消费者的需要分为现实需要和潜在需要。

现实需要是指目前具有明确消费意识和足够支付能力的需要；潜在需要是指未来即将出现的消费需要。

4. 根据需要的形式分类

根据需要的形式，可以把消费者需要分为生存的需要、享受的需要和发展的需要。

生存的需要包括对基本的物质生活资料、休息、健康、安全的需要。满足这类需要的目的，是使消费者的生命存在得以维持和延续。

享受的需要表现为要求吃好、穿美、住得舒适、用得奢华，有丰富的消遣娱乐生活。这些需要的满足，可以使消费者在生理上和心理上获得最大限度的享受。

发展的需要体现为要求学习文化知识，增进智力和体力，提高个人修养，掌握专门技能，在某一领域取得突出成就等。这类需要的满足，可以使消费者的潜能得到充分的释放，人格得到高度发展。

5. 根据满足消费需要的途径分类

根据满足消费需要的途径，可以把消费需要分为个人消费需要和公共消费需要。

个人消费需要主要是指通过按劳分配或其他方式得到的收入，以个人或家庭消费的形式实现的需要。它反映人们对消费资料和劳务的依赖关系。当前我国居民的收入主要是通过按劳分配取得，部分通过资产收入（如存款利息、债券利息、股息等）、合法经营收入（如私营企业、个体经济的经营收入、风险收入等），以及从退休金、困难补助中获得的收入。农村居民个人收入主要来自承包土地的劳动收入和其他一些经营性收入。

社会公共消费需要，主要是指通过分配社会消费基金或集体消费基金而实现的需要，如基础教育、卫生防疫、妇幼保健、公共交通及公共文化、体育、娱乐等。公共消费需要是人们生活消费需要的重要组成部分；个人消费需要则是人们对具有非竞争性和非排他性的公共消费品的需要，具有相对的统一性和公共性。个人消费需要与公共消费需要两者常具有互补性，应使他们协调发展。

此外，从消费需要实现的形式来看，可以分为商品性消费需要和非商品性消费需要。商品性消费需要是以货币为中介，通过市场而满足的需要，体现一定的市场交换关系；非商品性消费需要则是以自给自足或自我服务的形式来满足的需要，体现一定的自然经济关系。随着社会主义市场经济的发展，消费需要的满足越来越依靠市场，商品性消费比重将越来越大，这是经济生活不断繁荣发展的必然趋势。

四、消费者需要的内容

1. 消费者需要的具体内容

在广泛借鉴和综合前人研究成果的基础上，紧密结合消费者的消费实践，可以对消费者需要的内容归纳如下：

（1）对商品基本功能的需要

基本功能是指商品的有用性，即商品能够满足人们某种需要的物质属性。商品的基本功能或有用性是商品被生产和销售的基本条件，也是消费者需要的最基本内容。任何消费都不是抽象的，而是有具体的物质对象的。而成为消费对象的首要条件就是要具备能满足人们特定需要的功能。例如，汽车要能高速灵活驾驶，冰箱要能冷冻、冷藏食品，护肤品要能保护皮肤，这些都是消费者对商品功能的最基本要求。正常情况下，基本功能是消费者对商品诸多需要中的第一需要。如果不具备特定功能，即使商品质量优良，外观诱人，价格低廉，消费者也难以产生购买欲望。

消费者对商品基本功能的需要具有如下特点：

①要求商品的基本功能与特定的使用用途相一致，即功为所用。例如，健身器材应该有助于强身健体，倘若附带办公、学习功能则属多余。因此，商品功能并非越多越好，而是应与消费者的使用要求相一致。

②要求商品的基本功能与消费者自身的消费条件相一致。就消费者而言，商品功能的一物多用或多物一用的优劣不是绝对的，评判标准只能是与消费者自身消费条件的适应程度。

③消费者对商品功能要求的基本标准呈不断提高的趋势。基本标准是指商品最低限度应具备的功能。随着社会经济的发展和消费水平的提高，消费者对商品应具备功能的标准也在不断提高。以小汽车为例，20 世纪 60—70 年代的功能标准是安全、高速、灵活、省油，20 世纪 80 年代以来，人们不仅对原有功能的要求更严格，而且要求同时具备娱乐、舒适、移动通信、适应流动性生活、显示身份地位以及环境保护等多种功能。

（2）对商品质量性能的需要

质量性能是消费者对商品基本功能达到满意或完善程度的要求，通常以一定的技术性能指标来反映。但就消费者需要而言，商品质量不是一个绝对的概念，两者具有相对性。构成质量相对性的因素，一是商品的价格，二是商品的有用性，即商品的质量优劣是在一定价格水平下，相对于其实用程度所达到的技术性能标准。消费者对商品质量的需要也是相对的，一方面，消费者要求商品的质量与价格水平相符，即不同的质量有不同的价格，一定的价格水平必须有与其相称的质量；另一方面，消费者往往根据其实用性来确定对质量性能的要求和评价。通常，某些质量中档甚至低档商品，因已达到消费者的质量要求，也会为消费者所接受。

（3）对商品安全性能的需要

消费者要求所使用的商品卫生洁净、安全可靠、不危害身体健康。这种需要通常发生在对食品、药品、卫生用品、家用电器、化妆品、洗涤用品等商品的购买和使用中，是人类追求安全的基本需要在消费需要中的体现，具体包括：

①商品要符合卫生标准，无损身体健康。例如：食品应符合国家颁布的《食品卫生法》《商品检验法》等法律法规和检验标准，在保质期内出售和食用，不含任何不利于人体健康的成分和添加剂。

②商品的安全指标要达到规定的标准，不得含任何不安全因素，食用时不发生危及身体及生命安全的意外事故。这种需要在针对家用电器、厨具、交通工具、儿童玩具、化妆品等生活用品时尤为突出。

③近年来，消费者对健身器材、营养食品、滋补品、保健生活用品的需求强劲，形成消费热点。这表明，现代消费者对商品安全的需要已不仅仅局限于卫生、无害，而是进一步上升为有益于促进健康。

（4）对商品消费者便利的需要

这一需要表现为消费者在购买和使用商品过程中，对便利程度的要求。

①在购买过程中，消费者要求以最少的时间、最近的距离、最快的方式购买到所需商品。同类商品，质量、价格几乎相同，于是，购买条件便利者往往成为消费者首先选择的对象。近年来，随着网络技术和电子商务的发展，网上购物以传统的购物方式、无法比拟的便利、快捷、零距离等优势，

正在受到越来越多的消费者青睐。

②在使用过程中，消费者要求商品使用方法简单、易学好懂、操作容易、携带方便、便于维修。实际上，许多商品虽然具有良好的性能、质量，但由于操作复杂，不易掌握，或不便携带，维修困难，因而不受消费者的欢迎。

（5）对商品审美功能的需要

这一需要表现为消费者对商品在工艺设计、造型、色彩、装潢、整体风格等方面审美价值上的要求。对美好事物的向往和追求是人类的天性，它体现在人类生活的各个方面。在消费活动中，消费者对商品审美功能的要求，同样是一种持久性的、普遍存在的心理需要。在审美需要的驱动下，消费者不仅要求商品具有实用性，同时还要求具备较高的审美价值。消费者不仅重视商品的内在质量，而且希望商品拥有完美的外观设计，即实现实用性与审美价值的和谐统一。因此，一方面，可以使消费者通过商品消费美化环境，为自己创造优雅宜人的生活空间；另一方面，消费者还可以美化自身，塑造富有魅力、令人喜爱的个人形象。

当然，由于社会地位、生活背景、文化水准、职业特点、个性等方面的差异，不同的消费者往往具有不同的审美观和审美标准。每个消费者都是按照自己的审美观来认识和评价商品的，因而对同一商品，不同的消费者会得出完全不同的审美结论。

（6）对商品情感功能的需要

这是指消费者要求商品蕴含浓厚的感情色彩，能够外现个人的情绪状态，成为人际交往中感情沟通的媒介，并通过购买和使用商品获得情感的补偿、追求和寄托。情感需要是消费者心理活动过程中的情感过程在消费需要中的独立表现，也是人类所共有的爱与归属、人际交往等基本需要在消费活动中的具体体现。消费者作为有着丰富情绪体验的个体，在从事消费活动的同时，会将喜怒哀乐等各种情绪映射到消费对象上，即要求所购商品与自身的情绪体验相吻合、相呼应，以求得情感的平衡。例如，在欢乐愉悦的心境下，消费者往往喜爱明快热烈的商品色彩；在压抑沉痛的情绪状态中，人们则经常倾向于暗淡冷僻的商品色调。

此外，消费者作为社会成员，有着对亲情、友情、爱情、归属等情感的强烈需要。这种需要主要通过人与人之间的交往沟通得到满足。许多商品如鲜花、礼品等，能够外现某种感情，因而成为人际交往的媒介和载体，起到传递和沟通感情、促进情感交流的作用。有些商品如毛绒玩具、宠物等，因具有独特的情感色彩，可以帮助消费者排遣孤独和寂寞，获得感情的慰藉和补偿，从而也具有满足消费者情感需要的功能。

（7）对商品社会象征性的需要

所谓商品的社会象征性，是消费者要求商品体现和象征一定的社会意义，使购买、拥有该商品的消费者能够显示出自身的某些社会特性，如身份、地位、财富、声望等，从而获得心理上的满足。在人的基本需要中，多数人都有扩大自身影响、提高声望和社会地位的需要，有得到社会承认、受人尊敬、增强自尊心与自信心的要求。对商品社会象征性的需要，就是这种高层次的社会性需要在消费获得中的体现。

应当指出的是，社会象征性并不是商品本身所具有的内在属性，而是由社会化了的人赋予商品特定的社会意义。某些商品由于价格昂贵、数量稀少、加工制作难度大、不易购买、适用范围狭窄等因素，使消费受到极大限制，只有少数特定身份、地位或阶层的消费者才有条件拥有和购买。因此，这些商品便成为一定社会地位、身份的象征。

通常，出于社会象征性需要的消费者，对商品的实用性、价格等往往要求不高，特别看重商品所具有的社会象征意义。这类需要在珠宝首饰、高级轿车、豪华住宅、名牌服装、名贵手表等商品的购买中表现得尤为明显。例如，加利福尼亚州是美国汽车文化的发祥地，在那里人们通常把汽车看成个人身份、地位和人性特征的一部分。

（8）对享受良好服务的需要

在对商品实体形成多方面需要的同时，消费者还要求在购买和使用商品的全过程受到良好、完善的服务。良好的服务可以使消费者获得尊重、情感交流、个人价值认定等多方面的心理满足。对服务的需要程度与社会经济的发达程度和消费者的消费水平密切相关。在商品经济不发达阶段，由于商品供不应求，消费者首先关注的是商品的性能、质量、价格，以及能否及时买到所需商品，因而对服务的要求降到次要位置，甚至被忽略。随着市场经济的迅速发展，现代生产能够充分满足人们在商品质量、数量、品种等方面的需要和选择，消费者可以随时随地购买到自己所需要的各种商品，因此，服务在消费需要中的地位迅速上升，消费者对购买和使用商品过程中享受良好服务的需要也日益强烈。现代消费中，商品与服务已经成为不可分割的整体。消费者支付货币所购买的已不仅仅是商品实体，同时还购买了与商品相关的服务，其中包括各种售前、售中、售后服务。在一定意义上，服务质量的优劣已成为消费者选择购买商品的主要依据。

2. 消费需要对购买行为的影响

消费需要决定购买行为。购买行为的产生和实现是建立在需求的基础上的，即消费需求—购买动机—购买行为—需求满足—新的需求。消费者由于受内在或外在因素的影响而产生某种需求时，就会形成一种紧张状态，成为其内在的驱动力，这就是购买动机。当购买行为完成、需求得到满足时，动机自然消失，但新的需求又会随之产生，再形成新的购买动机，导致新的购买行为。由此可见，消费者的购买行为是在其需求的驱使下进行的。从这个意义上说，消费需求决定购买行为。

消费需要的强度决定购买行为实现的程度。一般情况下，需求越迫切、越强烈，购买行为实现的可能性就越大。反之，需求不迫切、不强烈，消费者的购买行为就可能推迟，甚至不会发生。例如，对一个没有鞋穿的人来说，第一双鞋对他的使用价值最大，也就是说，他对第一双鞋的需求性最强。也许，走进一家商店，只要看到他能穿的鞋就买下来，而对鞋的式样、颜色、价格、质量等方面的要求并不高。但当他买了鞋以后，他对鞋的需求就不那么迫切了，鞋的使用价值对他来说就不那么重要了。也许他还会产生买鞋的需求，但需求的迫切性大大降低，这时，他要考虑价格、质量、式样等各方面的因素，因而对购买行为的阻力就很大，购买行为就不容易实现。

需求水平不同影响消费者的购买行为。在经济发达国家，消费水平相对较高，而消费者购买食品的费用在整个购买费用中所占的比例就比较小。而经济发展水平低的国家，情况正好相反，这就是恩格尔定律。其内容是：随着家庭收入的增加，人们在食品方面的支出在收入中所占的比例就越小，用于文化、娱乐、卫生、劳务等方面的费用支出所占的比例就越大。

另外，需要指出的是，处于不同消费水平的消费者，在购买同类商品时会出现较大的差异。例如，同样是购买衬衣，消费水平较高的人可能花较多的钱购买一件高档衬衣，而消费水平较低的人可能花同样的钱买两件或三件低档衬衣。一些商品在消费水平较高的家庭中属于普通消费品，经常购买，而在消费水平较低的家庭中，可能是奢侈消费品，很少购买。因此，消费水平的差别会影响消费者的需求，从而影响其购买行为。

3. 影响消费需要的因素

（1）个人因素

购买者决策也受其个人特征的影响，这些影响因素包括：年龄和生命周期阶段，一个人的经济环境、生活方式、个性和自我概念，等等。

①家庭生命周期和购买行为。家庭生命周期分为单身阶段、新婚阶段、满巢阶段、空巢阶段、鳏寡阶段。不同阶段的家庭有不同的需求特点，营销者只有明确自己的目标市场处于生命周期的什么阶段，并发展实效的产品和拟订适当营销计划，才能取得成功。

②经济环境。一个人的经济环境会严重影响其产品选择。人们的经济环境包括：可花费的收入（收入水平、稳定性和花费的时间），储蓄和资产（包括流动资产比例），债务，借款能力，对花费与储蓄的态度，等等，这些经济状况决定着个人和家庭的购买能力。因此，营销者必须研究个人可支配收入的变化情况，以及人们对消费和储蓄的态度等。

③生活方式。即使是来自相同的亚文化群、社会阶层，甚至来自相同职业的人们，也可能具有不同的生活方式。因此，营销人员要研究他们的产品和品牌与具有不同生活方式的各群体之间的相互关系。

④个性和自我概念。每个人都有影响其购买行为的独特个性。一个人的个性通常可以用自信、控制欲、自主、顺从、交际、保守和适应等性格特征来加以描绘。调查发现，某些个性类型同产品或品牌选择之间关系密切。许多营销人员使用一种与个性有关的概念，那就是一个人的自我概念（或称自我形象）。

同时，按个性的不同，可将购买者分为 6 种类型：习惯型、理智型、冲动型、经济型、情感型和年轻型。每种类型的消费者，其消费偏好是不同的，因此，营销者应了解自己目标市场的消费者属于哪种类型，然后有针对性地开展营销活动。

（2）心理因素

一个人的购买选择受 4 种主要心理因素的影响：动机、知觉、学习、信念和态度。

①动机。心理学家已经提出了人类动机理论，最流行的有 3 种：西格蒙德·弗洛伊德精神分析理论，弗雷德里克·赫茨伯格的双因素理论和亚伯拉罕·马斯洛的需要层次理论。需要层次理论是美国心理学家马斯洛经过 20 多年的研究创立的学说。由于这个学说在理论研究和实际运用方面都具有重要意义，因此，需要层次理论已被广泛接受和传播。马斯洛认为，人的需要有 5 个基本层次，且由低到高排列——生理需要、安全需要、社交需要、尊重需要和自我实现需要。

马斯洛的需要层次理论对工商企业的经营活动具有非常重要的实践意义。近年来，有的销售学家把上述 5 个需要层次简化为 4 个层次，即生理需要、安全需要、社交需要和个人需要，它对于分析人的购买行为，促进商品销售提供了有效的方法。例如，根据购买者不同的需求层次，可以将市场细化为若干分市场，生产和出售适合不同层次人需要的不同档次、不同质量的商品。在现实生活中，很多商品销售成败的关键，往往不在于商品本身的质量，而常常取决于商品的社会象征性及能否满足消费者的心理需要。

②知觉。人们会对同一刺激物产生不同的知觉，这是因为人们会经历 3 种知觉过程，即选择性注意、选择性扭曲和选择性保留。

选择性注意。调研结果表明：人们在日常生活中面对众多刺激物的时候，会更多地注意那些与当前需要有关的刺激物，人们会更多地注意他们期待的刺激物，人们会更多地注意跟刺激物的正常大小相比有较大差别的刺激物。因此，在激烈的市场竞争中，营销人员要开动脑筋，千方百计引起消费者的注意。

选择性扭曲。即使是消费者注意的刺激物，也并不一定会与原创者预期的方式相吻合。对于选择性扭曲，营销人员无能为力。

选择性保留。它是指人们会忘记他们所知道的许多信息，但他们倾向于保留那些能够支持其态度和信念的信息。

上述 3 种知觉过程告诉我们，营销者的任务就是必须设法突破牢固的感觉壁垒。

③学习。人类行为大多来源于学习。学习论者认为，一个人的学习是通过驱动力、刺激物、诱因、反应和强化的相互影响而产生的。对营销人员来说，可以通过将学习与强烈驱动力联系起来，运用刺激性暗示和提供强化等手段建立对产品的需求。

④信念和态度。通过实践和学习，人们获得了自己的信念和态度，它们又转过来影响人们的购买行为。信念是指一个人对某些事物所持有的描述性想法。态度是指一个人对某些事物或观念长期持有的好与不好的认识上的评价，情感上的感受和行动倾向。

A. 信念。几份对原产地国家研究的报告发现了如下的现象：对原产地国家的印象因产品而异。消费者注重汽车的原产地，但对润滑油却无所谓。一些国家喜爱某些代表性商品，如：日本的汽车和电子产品，美国的软饮料、玩具、香烟和牛仔裤，法国的酒、香水和奢侈品。对一个国家越偏爱，就越应突出这一国家生产的产品，并促销它的品牌，对“原产地国家”的态度也随时间的推移而转变。人们注意到，日本产品的质量在第二次世界大战前后有了极大的改进。因此，营销者要通过各种营销刺激去改变消费者的信念。

B. 态度。人们几乎对所有事物都持有态度，如宗教、政治、衣着、音乐、食物等。态度会导致人们对某一事物产生好感或恶感，同时产生亲近或疏远的心情，也能使人们对相似的事物产生相当一致的行为，但态度是难以变更的。因此，营销者最好使产品与既有态度相一致，因为改变消费者的态度需要时间。

（3）社会因素

消费者需要的内容和满足需要的方式，都受到当时的社会生产力水平和生活条件的制约。制约可以表现在：第一，只有当生产出某种产品，消费者消费该产品时，消费者的消费需要才能逐步产生；没有某种消费品，就没有相应的消费需求；第二，不同的生产力水平形成不同的产品门类、品种、数量和质量，人们的消费需要也不断变化。

消费者需要的形态

五、消费者需要的形态

在现实中，多种多样的消费需要并非都处于显现的、既存的统一状态，而是存在于各种不同的形态中。存在形态的差异对激发购买动机的强度以及促进购买行为的方式，有着直接影响。研究消费需要的存在形态，对于了解市场需求的构成状况和变动趋势具有重要意义。从消费需要与市场购买行为的关系角度分析，消费者需要具有以下基本存在形态：

1. 现实需要

现实需要是指消费者已经具备对某种商品的实际需要，且具有足够的货币支付能力，而市场上也具备充足的商品，因而消费者的需要随时可以转化为现实的购买行动。

2. 潜在需要

潜在需要是指目前尚未显现或明确提出，但在未来可能形成的需要。潜在需要通常由于某种消费条件不具备所致，例如：市场上缺乏能满足需要的商品，消费者的货币支付能力不足，缺乏充分的商品信息，消费意识不明确，需求强度低，等等。然而，上述条件一旦具备，潜在需要就可以立即转化为现实需要。

3. 退却需要

退却需要是指消费者对某种商品的需要逐步减少，并趋向进一步衰退。导致需要衰退的原因，通常是由于时尚变化使消费者兴趣转移，新产品上市使老产品被替代，以及消费者对经济形势、价格变动、投资收益的心理预期变化，等等。

4. 不规则需要

不规则需要又称不均衡或波动性需要，是指消费者对某类商品的需要在数量和时间上呈不均衡波动状态。例如，许多季节性商品、节日礼品，以及对旅游、交通运输的需求，就具有明显的不规则性。

5. 充分需要

充分需要又称饱和需要，是指消费者对某种商品的需求总量及时间与市场商品供应量及时间基本一致，供求之间大体趋向平衡，这是一种理想状态。但是，由于消费需要受多种因素的影响，任一因素变化（如新产品问世、消费时尚改变等）都会引起需求的相应变动。因此，供求平衡的状况只能是暂时的、相对的，任何充分需要都不可能永远存在下去。

6. 过度需要

过度需要又称超饱和需要，是指消费者的需要超过了市场商品供应量，呈现供不应求的状况。这类需要通常由外部刺激和社会心理因素引起。例如，多数人的抢购行为，对未来经济形势不乐观的心理预期，等等。

7. 否定需要

否定需要是指消费者对某类商品持否定、拒绝的态度，因而抑制其需要。之所以如此，可能是商品本身不适合其需要，也可能由于消费者缺乏对商品性能的正确认识，或者因旧的消费观念束缚、错误信息误导所致。

8. 无益需要

无益需要是指消费者对某些危害社会利益或有损于自身利益的商品或劳务的需要。例如，对香烟、烈酒、毒品、赌具、色情书刊或服务的需要，无论对于消费者个人或者社会都是无益的。

9. 无需要

无需要又称零需要，是指消费者对某类商品缺乏兴趣，或者漠不关心，无所需求。无需要通常是由于商品不具备消费者所需要的效用，或消费者对商品效用缺乏认识，未与自身利益联系起来。

从上述关于需要形态的分析中可以得到重要启示，即并不是任何需要都能够直接激发动机，进而形成消费行为的。现实中，有的需要如潜在需要、零需要、否定需要、退却需要等，必须给予明确的诱因和强烈的刺激，加以诱导、激发，才能达到驱动行为的足够强度。此外，并不是任何需要都能够导致正确、有益的消费行为。有些需要如过度需要、无益需要等，就不宜进一步诱发和满足，而必须加以抑制或削弱。因此，不加区分地倡导满足消费者的一切需要，显然是不适当的。正确的方法应当是区分消费需要的不同形态，根据具体形态的特点，从可能性和必要性两方面确定满足需要的方式和程度。

第二节 消费者需要的发展趋势

人类社会已进入一个以新技术革命为标志的崭新时代。与之相适应，现代消费者面临的消费环境也发生了一系列深刻的变化，主要表现在：科学技术的迅猛发展，加速了产品的更新换代；新产品特别是高科技产品层出不穷，推动了消费内容和方式的不断更新。随着世界经济一体化进程的加快和国际大市场的形成，消费者不再仅仅面对本国市场和本国产品，而是直接面对国际市场和各国产品，由此使消费者对产品的选择范围得到极大扩展。电子信息技术的迅速发展和广泛应用，给传统的产品交换方式带来强烈冲击，从而为消费者实现购物方式和消费方式的根本性变革提供了可能。现代交通和通信技术日益发达，迅速缩小了地域之间的距离，促进了国际交流的增加，不同国家和民族的文化传统、价值观念、生活方式融合在一起，新的消费意识、消费潮流不断涌现，并以前所未有的速度在世界范围内广泛扩散、传播。结合我国消费者现阶段的消费动态及当今世界潮流，我们将这些变化趋势具体归纳为如下。

1. 社会消费需要不断增长

我国自改革开放以来，商品供求关系发生了极大变化，消费需求强劲增长。一方面，城镇居民和农村富裕居民的高档消费品市场需求增长旺盛，推动了工业的升级换代和结构调整；另一方面，城乡经济、区域经济的不平衡发展，构成了城乡和区域之间不同层次的消费需求，为各类工业品供给提供了广泛的市场基础。这种多层次的消费需求，使中国大多数工业行业仍然具有巨大和潜在的市场容量。

2. 消费需要结构趋向高级化、个性化

20 世纪 90 年代中后期，我国居民的整体消费结构已从“温饱型”向“小康型”转变，相当一部分高收入居民群体开始向“富裕型”转变。消费重点逐渐由简单消费转向复杂消费，由普及型消费转向个性化消费。到 2022 年，城镇居民的恩格尔系数（食品在消费支出中所占比重）为 29.5%，达到富足标准；农村居民的恩格尔系数为33%，达到富裕水平。

随着人均收入和消费水平的提高，消费者的需求结构将逐步趋于高级化。这一趋向在处于高速增长阶段的发展中国家表现得尤为突出。以我国为例，近年来我国GDP始终保持高速增长势头与此相对应，城乡居民收入水平和消费总量及结构也持续快速增长。到2022年底，我国人均GDP达到12741美元；到2022年末，全部金融机构居民储蓄存款余额已达到120万亿元，已具有了较强的购买潜力。与此同时，农民收入也有了较大幅度的提高，具备了购买千元级商品的消费能力。

城镇居民电器耐用消费品的普及率已达80%以上，未来的消费重点将主要是产品的更新换代，高技术、多功能、新款式、低能耗、无污染的新型耐用消费品将受到青睐。居民消费由以基本生活消费为主过渡到以发展型和享受型消费为主，家庭轿车、运动器材、保健产品、影视产品、文化教育、旅游、收藏等也逐渐成为消费的热点。另外，值得一提的是，在城镇居民消费中，住宅消费支出的比重正迅速增长，成为除食物消费外的第二大开支项目。随着居住条件的改善，住宅装饰宾馆化、艺术化倾向越来越明显。由此带动了室内装饰革命、厨房革命和卫生间革命。

3. 高情感消费需要与感性消费趋向

高情感消费需要与感性消费趋向

随着经济活动的高度市场化和高科技浪潮的迅猛发展，引起了人们生活方式的剧烈变化。快节奏、高竞争、高紧张度取代了平缓、稳定、闲散的工作方式。食物处理机、洗碗机、个人计算机、移动通信工具、现代化办公设备等高科技产品大量涌入家庭和工作场所，使得人们越来越多地以机器作为交流对象。而互联网的普及，打破了人与人之间的时间距离，“地球村”的味道越来越浓厚。与全新的生活方式相对应，人的情感需求也日趋强烈。正如美国著名未来学家奈斯比特所说：“每当一种新技术被引进社会，人类必然产生一种要加以平衡的反应，也就是说产生一种高情感，否则新技术就会遭到排斥。技术越高，情感反应也就越强烈。”

作为与高技术相抗衡的高情感需要，在消费领域中直接表现为消费者的感性消费趋向。于是感性消费时代便来临了。在感性消费时代，消费者更关心产品与自己关系的密切程度，他们购买产品是为了满足一种情感上的渴求，或者是追求某种特定商品与理想的自我概念的吻合。在情感需要的驱动下，消费者购买的产品并不是非买不可的生活必需品，而是一种能与其心理需求引起共鸣的感性产品。这种购买决策往往采用的是心理上的感性标准，即“我喜欢的就是最好的”，其购买行为通常建立在感性逻辑之上，以“喜欢就买”作为行动导向。因此，所谓感性消费，实质上是高技术社会中人类高情感需要的体现，是现代消费者更加注重精神愉悦、个性实现和感情满足等高层次需要的突出反映。这在西方发达国家消费者中表现得尤为明显，中国消费者需要的感性化趋向也逐渐增强。

西方营销理论认为，消费者的需求发展大致可以分为3个阶段：“量的消费时代”“质的消费时代”和“感性消费时代”。在感性消费阶段，消费者所看重的已不再仅仅是产品的数量和质量，而是与自己关系的密切程度。他们购买商品是为了满足一种情感上的渴求，或是追求某种特定商品与理想的自我概念的吻合。在感性消费需要的驱动下，消费者购买的商品并不是非买不可的生活必需品，而是一种能与其心理需求引起共鸣的感性商品。这种购买决策往往采用的是心理上的感性标准，以“喜欢就买”作为行动导向。美国有关机构的市场调查结果表明，美国女性选购服装时重点考虑穿着的感觉，追求所谓“最新流行款式”者不到43%。在日本市场上，感性商品正成为新的流行时尚。

近年来，我国消费者需要的感性化趋向也逐渐增强。与之相适应的、有远见的企业在产品的设计和宣传促销上也越来越注重感性化与个性化的诉求。

4. 消费与生活方式相统一的趋向

所谓生活方式，是指人们为满足生存和发展需要而进行的全部活动的总体模式和基本特征。由于人们的心理和行为活动是十分复杂的，社会联系和关系也是多方面的，因此，人们的生活方式必然是多方面、多层次的，具体包括劳动生活方式、消费活动方式、家庭生活方式、社会交往生活方式、文化生活方式、闲暇生活方式等。其中，消费生活方式不仅是生活方式总系统的重要组成部分，而且与其他生活方式分系统有着密切的联系。

当前，人们在充分享受高度发达的物质文明所带来的高层次物质享受的同时，逐渐意识到高消费并不意味着生活的快乐和幸福。由于人的需要是社会性的，其快乐源于多个方面，仅靠物质享受难以使人得到真正的满足。因此，消费和人的幸福之间并不直接相关。决定生活快乐的最主要因素是对家庭生活的满足，其次是有满意的工作、能自由自在地发挥才干和建立融洽的友谊关系。基于这样的认识，现代消费者越来越倾向于把消费与生活方式的其他方面统一、协调起来，从整体上把握、评价生活方式，注重提高生活方式的整体质量。

5. 消费与环境保护一体化的趋势

这一趋势是指消费者要求自身的消费活动要有利于保护人类赖以生存的自然环境，维护生态平衡，避免对自然资源的过度消耗与消费，实现永续消费。

在可持续发展观越来越深入人心的背景下，现代消费者的环保意识也日益增强。各国消费者开始认识到，地球的资源是有限的，过度消费留下的不仅仅是成堆的垃圾，对环境的破坏，还将导致人类的自我毁灭。为此，不同国家的消费者把保护自然资源和生态环境视为已任，将消费与生存环境及社会经济发展联系起来，自觉地把个人消费需求和消费行为纳入环境保护的规范之中，“绿色消费”观念开始深入人心。因此，保护环境已成为现代消费者的基本共识和全球性的消费发展趋势。

6. 生活共感、共创、共生型消费趋向

21 世纪带给我们的是一个崭新的高消费时代。作为这一时代的消费者，在高消费社会中呈现出全新的消费倾向，即与企业经营者共同创造新的生活价值观和生活方式，并呈现共感、共创、共生型趋向。生活在 21 世纪的消费者，具有高收入、高学历、高信息、高生活能力和高国际感觉的特性。与此相对应，其消费需求也将呈现 4 大特点：一是美学性，即美的意识和艺术性；二是知识性，即教养性和科学性；三是身体性，即体感性或五感性；四是心因性，即精神性和宗教性。具有上述新的需求的消费者，其生活价值和生活意识的重心将由物质转移到精神、健康、教育、娱乐、文化及信息将成为新的增长点。

在更加注重和追求精神消费的过程中，现代及未来的消费者将不再把消费视为一种对商品或服务的纯消耗活动，也不再安于被动地接受企业经营者单方面的诱导和操纵，从生产厂商设计和提供的有限的种类和式样中选购商品，而是要求作为参与者，与企业一起按照消费者的新的生活意识和消费需求，开发能与他们产生共鸣的“生活共感型”商品，开拓与消费者一起创造新的生活价值观和生活方式的“生活共创型”市场。在这一过程中，消费者将充分发挥自身的想象力和创造性，积极主动地参与商品的设计、制作和再加工，包括精神产品和物质产品，通过创造性消费来展示独特的修改，体现自身价值，获得更大的成就感和满足感。

7. 消费者保护自身权益的需求增强

消费者的消费心理与行为日趋成熟，理性化消费、保护自身合法权益的消费意识不断增强。消费者更注意自己在购买活动中如何防范风险，一旦消费者的利益受到侵害，他们懂得通过合法途径保护自身权益。

总之，随着时代的发展和社会环境的变化，现代消费者的需求结构、内容和性质也在不断发展变化。只有及时分析了解消费者需求变化的动态和趋向，才能从整体上把握消费者心理与行为发展的基本趋势。

第三节 消费者的购买动机

一、动机的含义与特征

需要虽然是人类活动的原动力，但它并不总是处于唤醒状态。只有当消费者的匮乏感达到了某种迫切程度，需要才会被激发，并促动消费者有所行动。比如，我国绝大多数消费者可能都有住上更宽敞住宅的需要，但由于受经济条件和其他客观因素制约，这种需要大都只潜伏在消费者心底，而没有被唤醒，或没有被充分意识到。此时，这种潜在的需要或非主导的需要对消费者行为的影响力自然就比较微弱。

1. 动机的含义

动机（Motivation）这一概念是由伍德沃斯（R.Wood-Worth）于 1918 年率先引入消费者行为学的。他把动机视为决定行为的内在动力。一般认为，动机是“引起个体活动，维持已引起的活动，并促使活动朝向某一目标进行的内在作用”。人们从事任何活动都由一定动机所引起。引起动机有内外两类条件，内在条件是需要，外在条件是诱因。需要经唤醒会产生驱动力，驱动有机体去追求需要的满足。

动机是指引起和维持个体活动并使之朝一定目标和方向进行的内在心理活动及驱动力（内驱力），是引起行为发生、造成行为结果的原因。动机是一种人体中内在的、主动的力量，是个体由某种需要所引起的心理冲动，直接推动个体活动以达到一定目的的内在动力机能。

2. 消费动机的特征

与需要相比，消费者的动机较为具体直接，有着明确的目的性和指向性，但同时也具有更加复杂的特性。具体表现在以下 5 个方面：

（1）主导型

现实生活中，每个消费者都同时具有多种动机。这些复杂多样的动机之间以一定的方式相互联系，构成完整的动机体系。在这一体系中，各种动机所处的地位及所起的作用互不相同。有些动机表现得强烈、持久，在动机体系中处于支配地位，属于主导型动机；有些动机表现得微弱而不稳定，在动机体系中处于支配地位，属于非主导型动机。一般情况下，人们的行为是由主导型动机决定的。尤其是当多种动机之间发生矛盾、冲突时，主导型动机往往对行为起支配作用。例如，吃要营养、穿要漂亮、用要高档是多数消费者共有的购买动机。但受经济条件所限，上述购买动机无法同时实现时，讲究家庭陈设与个人服饰的消费者，宁可省吃俭用也要满足衣着漂亮、室内陈设优雅美观的需要；而注重知识层次的消费者，却往往把主要收入用于购买书籍、订阅报纸杂志和子女的培养、教育等方面；有些讲究饮食营养、注重身体保健的家庭，也许宁可压缩其他开支，也要把大部分收入用于购买食品和营养保健品。这些都是由于消费者的主导动机不同而导致在消费行为方面的差异。

（2）内隐型

动机是消费者的内心活动过程，具有含而不露的特性，特别是心理性的购买动机有时更具内隐性。内隐型就是指消费者由于某种原因专门将其主导动机或真正动机掩盖起来。比如，某消费者购买礼品送人真正的动机是出于被迫无奈，但当别人问起其购买昂贵商品的目的时，却回答说自己要用。作为营销人员，应该识别这种内隐性，根据消费者真正的购买动机，用委婉的言辞引导消费者，并进行相关的销售服务。

（3）动态型

根据购买动机在消费者购买行为中所起的作用与地位不同，动机分为主导型动机和辅助型动机，并且在一定条件下可以相互转化。一般说来，主导型动机决定消费者的购买行为，但同时存在着若干潜在的辅助动机。比如，希望买到所需商品是消费者的主导动机，同时还希望受到营业员好的接待，买完东西还想看看别的商品或逛逛商店以作消遣，等等，这些是一种辅助动机。辅助动机有时并不被个体意识到，处于潜在状态，但在购买过程中或决策过程中，往往由于新的刺激出现而发生动机转移，原来的辅助动机转化为主导动机，从而取代原主导动机。如当消费者来到商店，本来是买电视机的，但这时商店刚来了一批紧俏商品——某名牌全自动洗衣机，于是便马上放弃购买电视机的打算，而去购买洗衣机。这说明，消费者除了想买电视机外，买洗衣机也是动机之一，只不过因为其所需要的洗衣机牌子不好买而暂时把它排在计划后面。但当自己所喜欢牌子的洗衣机出现时，购买洗衣机的动机就上升为主导动机，从而放弃了原先要购买电视机的打算。再如，当消费者来到商店，柜台里虽有所需商品，但因售货员傲慢无礼，使消费者自尊心受到损害，这时，维护个人自尊便上升为主导动机，结果，消费者愤然而去，使原购买动机暂时消失。

（4）模糊型

由于购买动机是复杂的、多层次的，也就是说，在多种动机同时存在的情况下，很难辨认哪种是主导动机，有时连消费者本人也说不清楚。因为有些消费者的购买行为有时是在潜意识支配下进行的。很难判断消费者是出自哪类动机，有时几种动机都兼而有之。

（5）矛盾型

当个体同时存在两种以上消费需求，且两种需求互相抵触，不可兼得时，内心就会出现矛盾。这里人们常常采用“两利相权取其重，两害相权取其轻”的原则来解决矛盾。只有当消费者面临两个同时具有吸引力或排斥力的需求目标而又必须选择其一时，才会产生遗憾的感觉。

二、消费动机的作用

心理学认为，动机在激励人的活动方面具有下面几点作用。

1. 始发作用

动机是人们行为的根本动力，具有引发个体活动的作用。动机能够引起行为，驱使消费者产生某种行动。消费者的购买行为就是受其购买动机的驱使而进行的。

2. 导向作用

动机不仅能引起行为，而且还能使行为指向一定的方向。个体消费者可以同时有多种动机，但这些动机中，有些目标是一致的，有些相互冲突。如果不能同时满足，它们之间就会发生竞争。竞争的结果是：某种最强烈的动机使行为在一定范围内，朝着特定的方向，选择性地决定目标，即首先满足人们最强烈、最迫切的需要。当强度高的动机满足后，其他与其竞争的动机便由弱变强，成为行为的决定因素。

3. 维持作用

动机的实现往往要有一定的时间过程。在这个过程中，动机可以贯穿于某一具体行动的始终，不断激励人们，直至动机实现。

4. 强化作用

即由某种动机引发的行动结果对该行为的再生具有加强或减弱的作用。满足动机的结果能够保持和巩固的行为，叫作“正强化”；反之，动机的结果能够减弱和消退行为，叫作“负强化”。在商品经营中，良好的商业信誉和优秀的产品质量，往往会使消费者产生惠顾动机、强化光顾和购买行为；反之，则会导致消费者的不满，从而拒绝光顾和购买。

5. 中止作用

当某种动机得到满意的结果，如消费者在某方面的需要获得满足之后，便会中止有关的具体行动。但在通常情况下，一个动机获得了满足，另一个动机又继之而起，引发新的行为过程。

三、消费者购买动机的分类

购买动机是直接推动消费者从事购买活动以达到一定购买目的的内在动力机能。人类的动机十分复杂，可以从不同角度，用不同标准对之进行分类。

1. 生理性动机和社会性动机

根据动机的起源，可以将动机分为生理性动机和社会性动机。

（1）生理性动机

生理性动机又称为原发性动机、原始性动机、生物性动机。它是以生物性需要为基础的动机。例如：饥饿、干渴、性、睡眠、解除痛苦、躲避危险等动机。人类的生理性动机也受到社会生活条件的制约，留下了社会的烙印。

①饥饿。饥饿是一种强烈的动机，它会驱使个体从事寻食的活动。当个体饥饿时，体内由于缺

乏食物或营养引起生理的不适感，形成有机体的紧张状态，并驱使个体产生求食行动。研究发现，外在刺激如食物的气味或颜色也可以引起饥饿感，促进人的食欲。饮食习惯和社会风俗也可能会影响有机体的饥饿感，产生饥饿动机，进而完成求食行动。

②干渴。干渴是由于体内水分不足而引起的一种生理状态。干渴比饥饿对个体行为具有更大的驱动力，人可以几天不吃食物，但不能几天不饮水。体内如果严重缺水会导致有机体的死亡。

③性。性是人和动物共有的一种强烈动机。性对人的生存不起关键作用，但它是人类一种十分重要的生理需要。科学研究表明，性的生理基础是脑垂体。雌性的垂体激素刺激卵巢、雌性激素或孕激素，雄性的垂体激素刺激睾丸细胞生成的雄性激素或雄性荷尔蒙，产生性需要和性行为。

④睡眠。睡眠是由睡眠需要引起的动机。它是一种按生物钟安排出现的动机，对于消除疲劳、恢复体力具有十分重要的作用。睡眠不足或睡眠缺失，会对人的心理健康产生负面影响。

（2）社会性动机

社会性动机又叫作继发性动机、习得性动机和心理性动机，是以社会需要为基础的动机。社会性动机是后天习得的，具有持久性特征，其内容十分丰富，如兴趣、成就动机、权力动机和交往动机等都属于社会性动机。

①兴趣。兴趣是人对事物或活动的专注，是推动人们认识事物、探索真理的重要动机。兴趣是学习之本，它可以使人产生强烈的学习积极性，获得愉快和积极的情绪体验。人的兴趣是多种多样的，有直接兴趣和间接兴趣。直接兴趣是由事物本身所引起，间接兴趣往往是由于主体认知该事物的重要意义而引起的兴趣。

兴趣具有不同品质。兴趣的倾向性，是指兴趣所指向的内容的性质特征；兴趣的广度性，是指兴趣包含的范围；兴趣的稳定性，是指兴趣保持在某一特定对象或范围上的时间长短；兴趣的效能性，是指兴趣对活动发生作用和对个人发展的影响。

②权力动机。权力动机是指人们具有支配、控制和影响他人的动机。权力动机强的人，常常表现为主动参与和组织各种社会活动，并力图在活动中发挥主导作用；权力动机弱的人，在参与社会活动中表现出缺乏主动性和积极性，愿意处于被支配地位。权力动机又分为个人权力动机和社会化权力动机。前者主要是为表现自我，满足自我私利；后者主要是通过权力为他人谋利，影响社会。

③交往动机。交往动机又称为亲合动机或亲和动机，是在交往需要的基础上产生的社会性动机，即个体愿意与他人接近、合作、互惠互利发展友谊的动机。人类的交往动机反映了社会生活和劳动的要求。人际交往是个体心理正常发展的必要条件，只有通过正常的人际交往，个体心理才能得到正常的发展。当交往动机能够正常实现时，人们就会获得安全感、归属感，增添生活的勇气。反之，当交往动机受到阻碍或剥夺时，人们就会感到孤独、寂寞，甚至焦虑和痛苦。

研究表明，人类的交往活动与恐惧有关。人处于恐惧条件下更喜欢合群，与人交往。高恐惧的人比低恐惧的人更愿意合群，越是恐惧，合群的倾向越强烈。交往动机也与忧虑有关，恐惧与忧虑对合群显示出相反的效应。高忧虑者较低忧虑者倾向不合群，他们和别人在一起时会使忧虑增加，因此选择回避他人。恐惧使合群倾向增加，忧虑使合群倾向减少。

2. 近景性动机和远景性动机

根据动机影响范围的大小和持续作用时间的长短，可以将动机分为近景性动机和远景性动机。

近景性动机常常由活动本身的兴趣所引起，影响范围小，持续时间短，如有的同学为了能通过英语四、六级考试，不得不突击学英语；远景性动机与活动的社会意义相联系，持续时间较长，比较稳定，影响范围广，如有的同学为了将来有更好的前途，十几年如一日刻苦学习英语等。

3. 高尚动机和低级动机

根据动机的正确性和社会价值，动机可以分为高尚动机和低级动机。高尚动机符合社会要求或道德准则，能为他人或社会作出贡献，能较持久地调动人的积极性。低级动机违背社会要求和道德准则，不利于社会发展。

4. 主导动机和辅助动机

根据动机在活动中的地位与作用大小不同，可以将动机分为主导动机和辅助动机。主导动机在活动中处于支配地位，发挥主导作用；辅助动机在活动中处于从属地位，只起辅助作用，它能加强主导动机。个体活动被这两种动机激励。

5. 意识动机和潜意识动机

根据对动机内容的意识程度不同，动机可分为意识动机和潜意识动机。意识动机是指行为者能觉察到，并对其内容明确的动机。在人类动机体系中，意识动机起着主导作用。潜意识动机是指行为者意识不到，但能自主决定其活动倾向的动机，定式就属于一种潜意识动机。

6. 外在动机和内在动机

根据动机的起因不同，可以将动机分为外在动机和内在动机。由外在诱因所诱发的动机称为外在动机。例如，学生为获得父母的奖励而努力学习。由内在条件（如兴趣、好奇）诱发的动机称为内在动机，它往往成为一个人成功的重要因素，如学生因为喜欢数学而坚持不懈地努力学习数学。

7. 物质性动机和精神性动机

根据动机对象的性质，可以把动机分为物质性动机和精神性动机。物质性动机是以物质性需要为基础的动机，如需要吃、穿、用等；精神性动机是以精神性需要为基础的动机，强调对精神产品的获取，如成就动机和交往动机。

四、消费者购买动机的激发

影响消费者购买动机的内在因素很多，主要有消费者的个体因素与心理因素。购买者的年龄、性别、经济收入、受教育程度等因素会在很大程度上影响着消费者的购买行为。

1. 影响消费者购买动机的因素

（1）商品本身的因素

商品的使用价值是消费者购买的核心内容，因此，商品本身是影响消费者购买动机最主要因素。商品要符合当时的消费心理和消费目的，能提供消费者需要的使用价值。

（2）社会因素

影响消费者购买动机的社会因素包括文化和亚文化、社会阶层以及相关群体等。

①文化是指人类从生活实践中建立起来的价值观念、道德、信仰、理想和其他有意义的象征的

综合体。亚文化是指某一局部的文化现象。每个国家的文化中都包含着若干不同的亚文化群，主要包括民族亚文化群、宗教亚文化群、种族亚文化群以及地理亚文化群等。此外，还可以将亚文化群分为年龄亚文化群、性别亚文化群、职业亚文化群以及社区亚文化群等。文化因素包括以下几个方面的内容：

第一，消费习俗。主要包括人们的信仰、饮食、婚丧、节日、服饰等物质与精神的消费习俗。

第二，宗教信仰。宗教信仰对人们的消费动机与行为的影响表现出模式化的特点。

第三，道德规范。道德是社会调整个人与个人之间以及个人与社会之间关系的行为规范的总和。比如：西方人比较注重个人价值、个人需要、个人地位、个人意志，而我国的人民则比较注意家庭的、风俗的及社会的标准，希望自己的行为被别人和社会认可。“和谐”“友善”“求同”是我国人民消费行为的 3 大表现。

第四，价值观念。一辆轻骑摩托车，有的人觉得骑上它精神抖擞，神气十足；有的人则觉得既发噪声又危险；有的人觉得需要迫切，有的人觉得可有可无，而还有部分人则觉得根本不需要。

第五，审美观念。审美观念在消费活动中对消费者购买动机和行为的影响主要表现在人们对形式美、环境美、健康美等方面的追求。实际上，消费者在市场上挑选、购买商品的过程，就是一次完整的审美活动。这个审美活动的全过程，完全是由消费者的审美观念来支配的。消费者个体的审美活动表面上看起来纯属个体的行为，但实质上却反映了一个时代、一个社会人们共同的审美观念和审美趋势。商品生产者和经营者应把消费者对商品的评价作为反馈信息，使商品的艺术功能与经营场所的整体效果结合起来。更好地满足消费者的审美需求，引发消费者的购买动机，促使其采取购买行为。

②社会阶层是社会学家根据职业、收入来源、教育水平、价值观和居住区域等对人们进行的一种社会分类，是按层次排列的、具有同质性和持久性的社会群体，是由具有相似的社会经济地位、利益、价值观和兴趣的人组成的群体或集团。常见的社会阶层分层标准主要有职业地位、收入状况、教育程度、权力大小、家庭背景、居住区位等。不同阶层人们的经济状况、价值观念、兴趣爱好均有差异。在消费活动中，他们对一些商品、品牌、商店、闲暇活动、大众传播媒介等都有各自的偏好，生活方式、消费方式各异。社会阶层有以下 4 个特点：

第一，同一阶层成员具有类似的价值观、兴趣和行为，在消费行为上相互影响并趋于一致。

第二，人们以自己所处的社会阶层来判断各自在社会中地位的高低。

第三，一个人的社会阶层归属受到职业、收入、教育、价值观和居住区域等多种因素的制约。

第四，人们能够在一生中改变自己的社会阶层归属，既可以迈向高阶层，也可以跌至低阶层。

③相关群体也称为参考群体或参照群体，是指一个人在认知、情感的形成过程和行为的实施过程中用来作为参照标准的某个人或某些人的集合，包括以下几个方面的内容：

第一，直接相关群体：家庭。家庭对消费者行为有着决定性影响，是消费者最基本的相关群体。不同的家庭对购买行为的影响是不同的。但无论何种类型的家庭，对消费者行为的影响都集中在购买决策上。消费者作为一名家庭成员，在购买决策过程中通常扮演的角色主要有发动者、影响者、决策者、购买者和使用者。在这 5 种角色当中，最重要的是决策者。这 5 种角色对企业进行营销活动有着极大的作用。

第二，间接相关群体。它是指与消费者接触不太密切或根本无接触，但对消费者行为有一定影响的个人或组织，如亲戚朋友、同学同事和邻居等。

相关群体为个体提供了行为标准，这主要表现为以下 3 个方面：一是信息性影响，是指相关群体的价值观和行为被个人作为有用的信息加以参考；二是功利性影响，是指相关群体的价值观和行为方式对消费者发生作用后可以帮助其获得奖赏或避免惩罚；三是价值表现的影响，是指群体的价值观和行为方式被个人内化，无须任何外在的惩罚就会依据群体的价值观或规范行事。

④家庭是社会的细胞，对人的影响最大，人的价值观、审美观、爱好、习惯等多半是在家庭的影响下形成的。在购买者决策的所有参与者中，家庭成员的影响最大。对购买者决策影响的大小，在不同类型的家庭和不同商品的购买中是不同的。社会学家根据家庭权威中心点的不同，把所有家庭分为 4 种类型，即各自做主型、丈夫支配型、妻子支配型和共同支配型等。

（3）影响消费者购买动机的自然因素

影响消费者购买动机的自然因素主要是人口因素，人口因素主要包括以下几个方面的内容：

①总人口。人口多少是决定消费需求量的主要因素，在收入不变的情况下，人口总数与消费需求成正比例关系。

②人口的地理分布。人口的地理分布对消费者的影响也是比较明显的，在不同的地区，由于气候、自然环境、风俗习惯和经济发展水平的差异，具有不同的需求。

③年龄结构。消费者购买产品不仅要购买一件有形的物品，而且要获得欲望的满足。由于消费者年龄的差异，对各种市场产品的欲望与要求也不同。在企业营销活动过程中，可根据消费者的年龄结构，把市场分为婴儿市场、儿童市场、青少年市场、中年市场、老年市场等。各市场对消费品的需求各有特征，如青少年市场对文教体育用品的需求较大，老年市场对保健药品的需求量较大等。

④人口性别。消费者性别的差异，也直接影响了消费者的消费需求。

⑤文化程度和职业。文化程度和职业与消费者的收入、社交、居住环境及消费者的消费习惯有着密切的关系。文化程度高的消费者对文教用品及精神生活方面用品的需求量较大，购买产品的理性程度也较高；反之，消费量就较少，理性购买程度较低。

⑥家庭户数与家庭人口数，家庭户数与家庭人口数越多，消费需求越大；反之，则越小。

2. 消费者购买动机的激发

①努力开发有特色的商品。消费者各有所好。随着社会经济的发展和人们生活水平的提高，人们对产品的需求趋于多元化。开发有特色的商品有利于吸引消费者的眼球，刺激消费者进行消费。

②利用广告宣传，向消费者传递信息。广告是一种信息传播活动，任何广告的本质属性都是通过一定的媒体，向社会大众传播一种信息。广告是最快、最广泛的信息传递媒介，能激发和诱导消费、较好地介绍产品知识、指导消费，并促进新产品、新技术的发展。

③购物环境和营业员的服务水平对消费者购买动机的诱导作用。好的购物环境可以吸引消费者进行消费，好的服务质量也是吸引消费者消费的重要因素。营业员可以用对话的方式直接与顾客或潜在顾客接触，介绍并宣传商品，帮助顾客获得满意的购买。

五、购买动机的冲突

动机冲突或动机斗争就是指在同一时间内出现的彼此不同或相互抵触的动机，因不能都获得满足而产生的矛盾心理。动机是在需要的基础上产生的，人的需要是多种多样的，是一个复杂的需要综合体。在同一时间内，人往往不只存在一种需要。由于存在多种愿望和动机，人在同一时间内会产生多种目的，要想解决确立目的的困难，首先就要解决相互冲突和相互排斥的动机矛盾，就要通过动机斗争消除意志行动开始阶段所需要克服的主要困难——内部需要、愿望和动机的冲突以及由此带来的烦恼、苦闷等。动机冲突的表现方式主要有趋避冲突、双趋冲突和双重趋避冲突。

1. 趋避冲突

趋避冲突，即趋向—回避冲突。这是当消费者同时面临吸引力和排斥力的两种目标需要作选择时所产生的动机斗争。比如，消费者想买一台双门无氟冰箱，但其价格贵；单门有氟电冰箱虽然价格便宜，但不够理想。这时，消费者便在质量和价格两者中徘徊，最后，或是选择满意的商品，或是选择低廉的价格，这是消费决策和购买过程中常见的冲突。

2. 双趋冲突

双趋冲突，即趋向—趋向冲突。当消费者遇到两个以上都想达到的目标而又不能都达到时所产生的动机斗争。比如，当消费者挑选商品时，面对两种自己所喜爱的产品不能同时都买，选其中的一个又舍不得另一个，难以取舍时，他们往往要对两种商品作反复比较。这时，来自外界的因素可帮助其决策，如售货员或其他消费者的指点、说服、暗示，都可以起作用。

3. 双重趋避冲突

双重趋避冲突，即回避—回避冲突。当消费者遇到两个以上不愉快的目标。又必须选择其中一个时所发生的动机斗争。比如，某副食商店，因售货员的服务态度十分恶劣，附近居民望而生畏，但油、盐等是每天必不可少的、用完就得及时补充的日常用品，到其他居民区的商店去买，又要受徒步远涉之苦。在这种情况下，本地区居民在购买副食品时既不想受附近商店售货员的气，又不愿走很远的路去外区商店购买，因而发生动机斗争。结果是他们宁肯受点累，也觉得比受气强，因而纷纷去较远的商店购买，冲突随即消除。

按照动机冲突的性质和内容，动机冲突可分为原则性动机冲突和非原则性动机冲突，原则性动机冲突是指个人愿望与社会道德标准相矛盾的动机冲突，如公与私、义与利、个人利益与集体利益的冲突。这是重大的动机冲突，在抉择过程中使人内心非常矛盾痛苦、难以取舍，在心理上会引起比较激烈的动机矛盾和心理斗争。非原则性动机冲突是指与社会道德标准不矛盾，只涉及个人兴趣、爱好取舍的动机冲突，比如周末既想上网打游戏，又想到教室复习功课。这种动机冲突程度是比较低的，不会构成严重的心理矛盾和痛苦，不会在心理上引起较大的动机斗争，动机选择相对比较容易。

动机冲突在每个人的日常生活中会经常遇到，动机冲突与目标确立同步发生，动机冲突的过程就是目标确立的过程，是目标的权衡取舍过程，冲突的结束意味着动机决策已经成功，决策结果已经出现。

当动机冲突产生的时候，要善于解决。首先，要在充分认识和理解各种动机特点的基础上，根据目标任务的要求，权衡利弊，作出决定，选择出主导型动机。其次，在进行动机冲突的决策过程中，必须做到当机立断，切忌思前想后、优柔寡断、不作决定，贻误了动机决策的最佳时机。最后，动机决策作出后，要严格地按照动机主次矛盾来决定行为方向，正确解决好主次矛盾，学会取舍，圆满地完成任务。

第四节 消费者需要动机理论

长期以来，有关人类动机的形成模式及理论体系一直是各国心理学家关注的重点。正是基于动机的复杂性，众多心理学家都在为解释动机的形成进行不懈的研究。下面阐述其中几种较为著名的动机理论：马斯洛的需要层次理论、伍德沃斯和弗鲁特的内驱力理论、阿普特尔的逆转理论以及弗雷德里克·赫茨伯格的双因素理论。

马斯洛的需要层次理论

一、马斯洛的需要层次理论

需要层次理论是美国心理学家马斯洛首创的研究人的需要结构的一种理论。他在 1943 年发表的《人类动机的理论》一书中提出了需要层次论。

1. 理论构成的 3 个基本假设

①人要生存，需要能够影响行为，但只有未满足的需要能够影响行为，满足了的需要不能充当激励工具。

②人的需要按重要性和层次性排成一定的次序，从基本的（如食物和住房）到复杂的（如自我实现）。

③当人的某一级的需要得到最低限度满足后，才会追求高一级的需要，如此逐级上升，成为推动继续努力的内在动力。

2. 人的 5 类需要

马斯洛认为人类价值体系存在两类不同的需要：一类是沿生物谱系上升方向逐渐变弱的本能或冲动，称为低级需要和生理需要；另一类是随生物进化而逐渐显现的潜能或需要，称为高级需要。因此，马斯洛将人的多种多样的需要由低到高分成 5 个阶层，像金字塔一样归纳为 5 大类：生理需要、安全需要、社交需要、尊重需要和自我实现需要，如图 3-1 所示。

（1）生理需要

生理上的需要是人们最原始、最基本的需要，如吃饭、穿衣、住宅、医疗等。这是人类维持自身生存的最基本要求，如果这些需要得不到满足，人类的生存就成了问题。从这个意义上说，生理需要是最强烈的不可避免的最底层需要，是推动人们行动的最强大的动力。马斯洛认为，只有这些最基本的需要满足到维持生存所必需的程度后，其他的需要才能成为新的激励因素。显然，这种生理需要具有自我和种族保护的意义，以饥渴为主，是人类个体为了生存而必不可少的需要。当一个人在存在多种需要时，例如，同时缺乏食物、安全和爱情，总是缺乏食物的饥饿需要占有最大的优势，这说明当一个人在为生理需要所控制时，那么其他一切需要都被推迟。

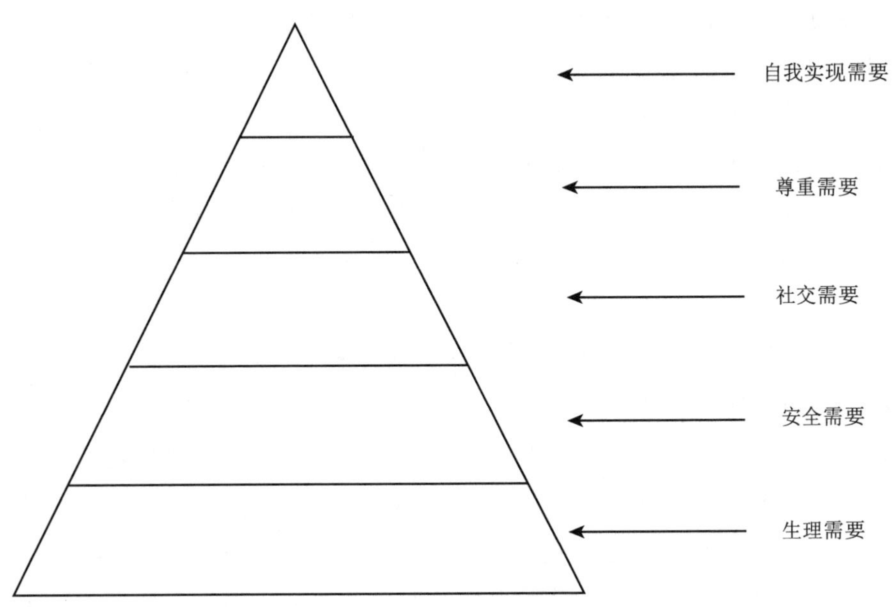

图 3-1　马斯洛需求层次

（2）安全需要

安全需要是人类要求保障自身安全、摆脱失业和丧失财产威胁、避免职业病的侵袭、解除严酷的监督等方面的需要。安全需要要求劳动安全、职业安全、生活稳定、希望免于灾难、希望未来有保障等，其具体表现在：

①物质上，如操作安全、劳动保护和保健待遇等。

②经济上，如失业、意外事故、养老等。

③心理上，希望解除严酷监督的威胁，希望免受不公正待遇，工作有应对能力和信心。

安全需要比生理需要较高一级，当生理需要得到满足以后就要保障安全需要。每个在现实中生活的人，都会产生安全感的欲望、自由的欲望、防御的欲望。马斯洛认为，整个有机体是一个追求安全的机制，人的感受器官、效应器官、智能和其他能量主要是寻求安全的工具，甚至可以把科学和人生观都看成满足安全需要的一部分。

（3）社交需要

社交需要也叫归属与爱的需要，是指个人渴望得到家庭、团体、朋友、同事的关怀、爱护和理解，是对友情、信任、温暖、爱情的需要。社交需要生理比安全需要更细微、更难捉摸。它包括：

①社交欲。希望和同事保持友谊与忠诚的伙伴关系，希望得到互爱等。

②归属感。人都有一种归属于一个群体的感情，希望有所归属并成为团体的一员，在个人有困难时能互相帮助，希望有熟识的友人能倾吐心里话、说说意见，甚至发发牢骚。而爱不仅是指两性之间的爱，而是广义的，体现在互相信任、深深理解和相互给予上，包括给予爱和接受爱。社交需要与个人性格、经历、生活区域、民族、生活习惯、宗教信仰等都有关系，这种需要是难以察悟、无法度量的。

（4）尊重需要

尊重需要可分为自尊、他尊和权力欲 3 类，包括自我尊重、自我评价以及尊重别人。与自尊有关的，如自尊心、自信心，对独立、知识、成就、能力的需要等。尊重的需要也可以分为两个方面：

①渴望实力、成就、适应性和面向世界的自信心以及渴望独立与自由。

②渴望名誉与声望。声望为来自别人的尊重、受人赏识、注意或欣赏。满足自我尊重的需要导致自信、价值与能力体验、力量及适应性增强等多方面的感觉，而阻挠这些需要将产生自卑感、虚弱感和无能感。基于这种需要，愿意把工作做得更好；希望受到别人的重视，借以自我炫耀；希望有成长的机会，有出头的可能。显然，尊重需要很少能够得到完全的满足，但基本满足就可产生推动力。这种需要一旦成为推动力，就将会让人具有持久的干劲儿。

（5）自我实现需要

自我实现需要是最高等级的需要。满足这种需要就要求完成与自己能力相称的工作，最充分地发挥自己的潜在能力，成为所期望的人物。这是一种创造的需要。有自我实现需要的人，似乎在竭尽所能，使自己趋于完美。自我实现意味着充分地、活跃地、忘我地、全神贯注地体验生活。成就感与成长欲不同，成就感追求一定的理想，往往废寝忘食地工作，把工作当成一种创作活动，希望为人们解决重大课题，从而完全实现自己的抱负。马斯洛认为，满足自我实现需要所采取的途径是因人而异的，自我实现的需要是努力实现自己的潜力，使自己努力成为自己所期望的人物。

人都潜藏着这 5 种不同层次的需要，但在不同的时期表现出来的各种需要的迫切程度是不同的。人最迫切的需要才是激励其行动的主要原因和动力。人的需要是从外部得来的满足逐渐向内在得到的满足转化。在高层次的需要充分出现之前，低层次的需要必须得到适当的满足。低层次的需要基本得到满足以后，它的激励作用就会降低，其优势地位将不再保持下去，高层次的需要会取代它成为推动行为的主要原因。有的需要一经满足，便不能成为激发人们行为的起因，于是被其他需要代之。这 5 种需要不可能完全满足，越到上层，满足的百分比越少。

任何一种需要并不因为下一个高层次需要的发展而消失，各层次的需要相互依赖与重叠，高层次的需要得到发展后，低层次的需要仍然存在，只是对行为影响的比重减轻而已。高层次的需要比低层次的需要具有更大的价值，热情也是由高层次的需要激发的。人的最高需要即自我实现就是以最有效和最完整的方式表现他自己的潜力，只有这样，才能使人得到高峰体验。

人的 5 种基本需要在一般人身上往往是无意识的。对于个体来说，无意识的动机比有意识的动机更重要。对于有丰富经验的人来说，通过适当的技巧，可以把无意识的需要转变为有意识的需要。

二、伍德沃斯和弗鲁特的内驱力理论

20 世纪初期，行为论作为一种动机体系广为流传。伍德沃斯于 1918 年在行为论中首先使用“驱力”一词，他使用力学的例子来说明他的理论。他认为，动力心理学中的有两件事值得考虑：我们如何做某件事和是什么诱使我们做这件事。驱力是使生理机制起作用的动力，伍德沃斯把这种动力设想为由外部刺激而产生的一种内部力量，并认为这种动力最初是由外部刺激产生的，接着逐渐被内部的活力和活动本身的加强而继续存活下去。内驱力理论集中于那种会产生令人不愉快的状态的生理需要，这迫使人们去减少那种被激发起的紧张感，从而刺激了一种目标导向的行为，它试图去减少或消除这种不愉快的状态。

美国学者霍尔（Hull）提出的 $E=DH$ 公式实际上反映了内驱力理论的基本观点。公式中，E 表示从事某种活动或某种行为的努力或执着程度，D 表示驱力，H 表示习惯。霍尔的公式表明，消费者追求某种产品的努力程度将取决于消费者由于匮乏状态而产生的内驱力，以及由观察、学习或亲身经历所获得关于这一产品的消费体验。霍尔特别强调建立在经验基础上的习惯对行为的支配作用。他认为，习惯是一种习得体验：如果过去的行为导致好的结果，人们有反复进行这种行为的趋向；如果过去的行为导致不好的结果，人们有回避这种行为的倾向。

该理论的中心假设认为，人对现在行为的决策，大部分是以过去行为所获得的结果或报酬为基础进行考虑的，即动机作用是过去的满足感的函数。其经济意义是：一个消费者面对某种商标的商品，如果其习惯强度、内驱力、精神动力、诱因动机各因素越强烈，那么购买这种商品的可能性就越大。

三、阿普特尔的逆转理论

美国心理学家阿普特尔（Apter）在 1982 年提出逆转理论，试图解释人类动机如何从对立的一端转变成另一端。理论假定有四对元动机状态，不同状态派生不同的动机模式。人的行为总是存在两个状态相对立的动机，在任何时候，每对动机的两个状态中只有一个能被激活。逆转理论认为，人总是处于一种状态，而不能同时处于两种对立的状态之中。

四对元动机状态的基本特征：有目的的和超越目的的，即严肃的、嬉戏的、目标取向的、活动取向的、事前计划安排的、为瞬间而活、避免焦虑、寻求刺激、愿望达成——成就、娱乐与享受；顺从的和逆反的，即愿意墨守成规，愿意打破常规保守的、激进的、愉快的、愤怒的、愿意与人相处、愿意独来独往；控制、同情，即权利取向的、关怀取向的、把生活当作奋斗、把生活当作合作、意志坚强的、感情脆弱的、关心控制、关心友善、重支配、重情感；自我中心的和他人取向的，即主要关心自己、主要关心他人、自我中心、认同他人、关注自身情感、关注他人情感。

四、赫茨伯格的双因素理论

赫茨伯格提出了动机的“双因素理论”，赫茨柏格通过区分不满意因素和满意因素，使消费者经过仔细评估和抉择后，产生购买与否的决策。赫茨伯格的双因素理论认为，满意与不满意并不受同一类因素控制，满意与不满意不是同一纬度上的两种相反的极端结果。也就是说，“满意”的反面并不是“不满意”，而是“没有满意”；同样，“不满意”的反面也不是“满意”，而是“没有不满意”。满意与不满意分别受两种不同因素的影响和作用，影响不满意的因素是保健因素，影响满意的因素是激励因素。将赫茨伯格双因素论运用于消费者动机分析，亦具有多重价值与意义。商品的基本功能为消费者提供的基本利益与价值，实际上可视为保健因素。然而，商品具备了某些基本利益和价值，也不一定能保证消费者对其产生满意感。要使消费者对产品、服务形成忠诚感，还需要在基本利益或基本价值之外，提供附加价值，因为后一类因素才属于激励因素，对满足消费者社会层次的需要具有直接意义。

后来，日本学者将理论运用于市场营销，提出了“必要条件－魅力条件”理论，即 MH 理论：M 是激励因素，是魅力条件；H 是保健因素，是必要条件。理论用到现代市场营销的概述质量优良、功能证书齐全、价格适中等都属于因素，也就是产品应当而且必须具有的“必要条件”，是解决客户是否购买的先决条件。对在这一因素上有欠缺的产品，购买者就会优先“排除”，转而寻找具备这些

"必要条件"的其他品牌。而该代理品牌的产品仅仅具备这些"必要条件"对于促使消费者购买而言是远远不够的，毕竟，具备这些必要条件的品牌产品太多了。那么，怎样才能使顾客对自己的品牌产品满意，并最终实现购买呢？通过对市场的分析，我们认识到，要促使消费者最终形成购买决定，必须在该品牌具备因素的基础上增加因素，即"魅力条件"。也就是说，消费者并不仅仅满足于上述的"必要条件"，消费者真正对某种商品感到满足，是该商品魅力条件也得到满足的时刻。

本章小结

1. 需要是个体缺乏某种东西时的准备状态，是客观需求的反映。消费者需要是消费者的消费欲望、愿望和要求，或者说是指消费者生理和心理上的匮乏状态，即感到缺少些什么，从而想获得它们的状态。

2. 消费者需要由需要的消费者、消费品种类与总量、市场区域、时机与时限、实现方式、市场环境等构成。

3. 消费者需要具有对象性、客观性、层次性、可变性、发展性、可诱导性、周期性、年龄性、可指导性9个特点。

4. 消费者需要可通过需要的起源、需要的对象、需要实现的程度、需要的形式、需要的途径等方面进行分类。

5. 影响消费需要的因素有个人因素、心理因素和社会因素。

6. 在现实中，多种多样的消费需要并非都处于显现的、既存的统一状态，而是存在于各种不同的形态中。

7. 动机是指引起和维持个体活动并使之朝一定目标和方向进行的内在心理活动及驱动力（内驱力），是引起行为发生、造成行为结果的原因。

8. 人类的消费动机十分复杂，可以从不同角度，用不同标准对之进行分类。

9. 激发消费者购买动机可通过开发有特色的商品、加强广告宣传、改善购物环境和营业员的服务水平等途径进行。

10. 由于存在多种愿望和动机，人在同一时间内会产生多种目的，即动机的冲突。消费者需要动机理论包括马斯洛的需要层次理论、内驱力理论、逆转理论、双因素理论。

复习题

1. 什么是需要？什么是消费需要？
2. 消费者需要构成的内容是什么？
3. 简述消费者需要的特点。

4. 简述消费者需要的内容及发展趋势。
5. 影响消费需要的因素有哪些？
6. 简述对消费动机的分类。
7. 激发消费者购买动机的途径是什么？

案例分析

五菱汽车的营销策略

尽管“五菱面包车”早已被网友熟知，但上海通用五菱汽车股份有限公司（简称五菱汽车）一直未在营销方面“主动出击”。2020 年，五菱汽车似乎开始了“报复性营销”。

2020 年年初，五菱汽车宣布推出口罩生产线，将向市场推出口罩产品。在螺蛳粉大卖期间，速食螺蛳粉头部品牌大量缺货，五菱汽车推出螺蛳粉礼盒，并打出“人民需要什么，五菱就造什么”的口号。随着市场回暖，市集经济兴起，以“摆摊车”被消费者所熟知的五菱汽车再度打造一款“摆摊车”。经过采用一系列营销手段，五菱汽车成为网友心目中优秀的“国民企业”。

在一系列营销中，不擅长各式花样营销的五菱汽车无疑是以低成本的方式获得了大量市场口碑。对于埋头发展制造业的品牌而言，相比于以不擅长的手段重新塑造品牌形象，紧贴市场需求，推出消费者喜爱的产品或许能产生更有价值的品牌效应。

讨论题：

五菱汽车一系列营销手段，基于消费者需要的哪个层次？

第四章
消费者的态度形成与改变

学习目标

- 了解消费者态度的概念及功能；
- 熟悉消费者态度形成的基本理论；
- 掌握消费者态度转变的主要影响因素和途径。

消费者态度决定奢侈品售价

统计数据显示：中国奢侈品价格平均比美国市场高出51%，比法国市场高出72%。各国的进口奢侈品价格并非与税率高低成正比，综合税率最高的是印度，但其奢侈品零售价格却是全球最低；综合税率最低的是美国，其奢侈品价格在全球市场中接近欧洲；中国的综合税率在印度之后，但奢侈品价格在全球市场中定价最高。以COACH为例，在印度同类商品平均价格仅是中国的1/3。

“决定奢侈品售价的主要因素不是关税，而是消费者的态度。”世界奢侈品协会中国首席代表欧阳坤认为。全球奢侈品牌在中国的零售价格构成比较复杂，价格构成中最重要的因素是利润保有率，高达50%。而这一因素在北美占30%，在欧洲只占20%。欧阳坤认为，即使降低关税税率，对奢侈品价格也很难有所撼动。厂家的高定位，正是由于中国消费者对奢侈品的热捧造成的。“因此，若要奢侈品降价，首先要呼吁中国的消费者冷静下来，理性消费，才能促使厂商理性定价。”

第一节 消费者态度的概述

一、态度的影响力

“态度”一词源于拉丁文中的aptus，含有“合适”和“适应”之意。根据心理学家高尔顿·威拉德·奥尔波特（Gordon Willard Allport）的定义，态度是后天学到的偏好，它以一贯有利或不利的方式对一个或一类对象作出反应。因此，态度通常是指个人对某一对象所持有的评价和心理倾向，表现为喜欢或不喜欢某些对象的程度。这里的“对象”是广义的，包含了人、事、物、制度、思想、观念等。消费者态度则是指消费者在购买和使用产品的过程中对其表现出来的心理反应倾向。在这一心理反应倾向的基础上，消费者表达出相应的情感感受和行为反应。

由于态度所蕴含的心理倾向具有相对较强的持久性、稳定性和一致性，因此态度具有很强的影响力。“积极成像”观点的积极倡导者美国罗曼·V. 皮尔博士在其畅销书《态度决定一切》中，明确地提出“态度决定一切”的观点。在其语境里，态度是预测行为结果的关键变量。这一观点背后的逻辑是这样的：一般而言，一个人持有什么样的态度，意味着就会有什么样的认知、情感和行为与之相匹配，而行为则最终决定了行为的结果。具体而言，这一逻辑主要通过以下3个机制来体现。

首先，态度能够影响认知和评价。曾经有这样一个著名实验：1954年，社会心理学家艾尔伯特·哈斯托夫（Albert Hastorf）和研究员阿尔伯特·哈德雷·坎特里尔（Albert Hadley Cantril）将普林斯顿大学和达特茅斯大学两支校队之间的足球赛录像分别放给两校学生看，结果普林斯顿大学的学生发现达特茅斯大学球队犯规次数比裁判实际上指出的多两倍；而达特茅斯大学的学生则相反，他们更多地指出了普林斯顿球队犯规而未受罚的次数。显然，这是两校学生为维护各自学校的荣誉和期望本校球队获胜的积极态度造成的认知和判断上的偏差。同样的，消费者对某个企业或某个国家生产的产品常常抱有偏见，也是态度这一影响的具体体现。例如，尽管作为世界汽车大厂商的大众汽车生产的产品也出现过不少瑕疵和问题，甚至有些属于较为严重的产品缺陷，如近年层出不穷的DSG双离合问题，但是由于我国的汽车消费者拥有强烈的“大众崇拜”情结（态度积极），消费者对大众汽车的认知和评价仍然很高。

其次，态度影响记忆与学习效果。在不考虑其他影响因素（如智商、学习方法与策略、外部压力等）的情况下，如果学习者对学习材料和学习行为本身采取认真、积极的态度，则其学习的介入程度较深，就会更好地理解与记忆学习材料；否则就会得到相反的效果。所谓“兴趣是最好的老师”大致即为此意。这说明态度在学习过程中具有“过滤效应”，即学习者对某些事件所持的态度使其对该事件的论述材料内容有选择地去学习，并产生不同的学习效率和学习效果。

最后，态度通过影响行为意向，进而影响实际行为。就消费者而言，一般地，当对某种产品产生需求时，消费者会将自己熟悉的备选品牌分为三大类：激活域（喜欢的、偏好的备选品牌）、惰性域（后备备选品牌）和排除域（被排除的品牌），而且倾向于将购买意向集中于自己最喜欢或偏爱的品牌，并最终完成实际购买。

大量研究都表明：消费者态度、购买意向和实际购买之间存在着显著的正相关。美国学者班克斯（Banks）调查了美国芝加哥地区465名家庭主妇对7种商品的偏爱品牌消费者态度、购买意向和实际购买之间的相互关系，结果表明偏爱品牌与购买意向几乎相同。大约96%的被调查者在有意向购买的品牌内都包含他们最喜爱的品牌。A. A. 阿恩鲍姆（Achenbaum）的研究也发现，态度与产品的使用存在着直接的关系：当个人对品牌的态度良好时，使用该品牌的可能性较大；当个人对品牌的态度不佳时，使用该品牌的可能性较小。佩里（Perry）也曾研究过能否根据消费者对商品的态度来预测其购买意图和购买行为的问题。他分别与230名养狗者交谈，询问有关狗粮的问题，并请他们发表评论。研究发现，抱有善意态度的受访者，怀有明确的购买意图，抱有恶意态度的受访者，完全没有购买意图，漠不关心者是否购买则不清楚。前人的大量研究都说明：消费者的态度是预测其行为的重要变量和先导性指标。对消费者态度的调查可以为消费者行为的预测，以及产品的市场潜力预测提供重要依据。同时，企业可以通过改变消费者对某一产品、服务或活动的态度，改变其购买意向，进而改变其购买行为。

拓展阅读

“方便尿布”的尴尬遭遇

当年美国某企业向市场推出其新产品“方便尿布”时，遇到了令营销和广告人员想象不到的同样的阻力。“方便尿布”用纸制成，用过一次便弃掉，故也称为“可弃尿布”或“一次性尿布”。在产品推广的初期，广告诉求的重点放在方便使用上，结果销路不畅。后经调查了解，仔细分析消费者的心理，方知该尿布虽然被母亲们认同确实使用方便，省去洗尿布的麻烦，但广告关于省时省力的宣传却使她们产生了心理上的不安：如果仅仅是方便使用而无其他品质，那么，购买、使用这种“一次性尿布”，只是为了母亲图省事，自己就好像就成了一个懒惰、浪费的母亲。基于母亲对“一次性尿布”这一消极态度，母亲在购买行为上必定是不积极的，尽管关于该产品的认知是正面的。

有这样一个故事：一位年轻的母亲正在给自己的孩子换“一次性尿布”，这时门铃响了，原来是婆婆来家看望孩子。这下搞得母亲很紧张，情急之下，一脚将换下的尿布踢到床下，然后才去给婆婆开门。为什么要把尿布踢到床下？原来怕婆婆看到后有意见。在婆婆看来，给孩子洗尿布是母亲的天职，哪能嫌麻烦呢？给孩子用“一次性尿布”的母亲，必定是一个怕麻烦、懒惰的、对孩子不负责任的母亲。

二、消费者态度的构成

1. 态度的构成

根据美国社会心理学家弗里德曼（J.L.Freedman）等在著作《社会心理学》中提出的 ABC 态度模型（三位一体理论），态度是个体对某一对象所持有的相对稳定的情感（Affect）上的感受、行为（Behavior）上的倾向和认知（Cognition）上的评价。因此，消费者态度包括三大构成：认知成分、情感成分和行为成分（见图 4-1）。

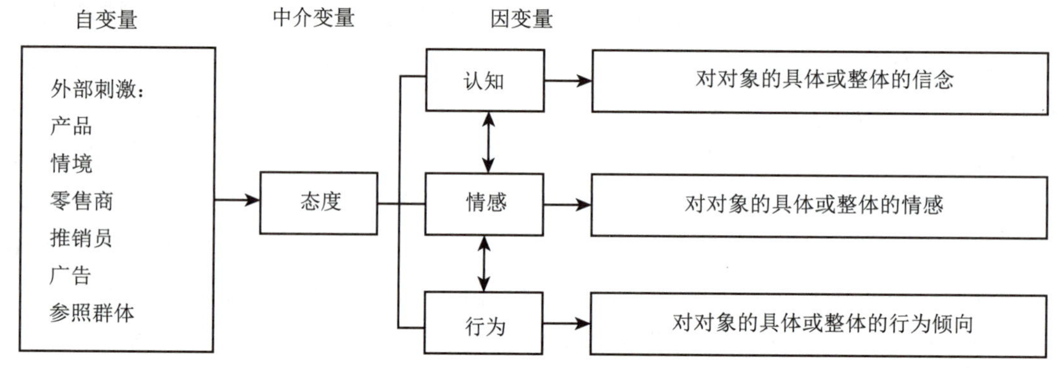

图 4-1　消费者态度的三大构成

（1）认知成分

认知成分是个体对对象的认识、理解和评价，并最终形成信念。一般地，态度来自对象的价值或效用。价值或效用是指对象为个体带来的功能上和情感上的利益。个体对某一对象的态度，取决其价值或效用大小。认知成分是态度的有意识思考部分，是构成态度的基石，它具有选择和组织功能。

对消费者而言，消费者对产品的认知是通过外部刺激（如产品质量、服务、包装、商标、价格、售卖地点、广告等）和主观认识转换（对外部刺激进行加工和处理，形成自己的理解）而形成的，它直接决定了消费者态度和行为的倾向性。尤其是当消费者面对较为复杂的选购品（如家电、家具、汽车等）购买时，认知成分的作用最为重要。

例如，一双“远足”牌鞋子被营业员精心陈列于精品百货商场，且包装考究，价格较高，这些刺激因素被消费者张三注意到，并进入其信息接收和处理系统，最后形成其对这双鞋子的认知评价：质量可靠、彰显品位。

需要特别指出的是，消费者认知尽管是以客观的外部刺激为基础的，但由于消费者对刺激的加工过程和处理方式具有一定的主观性，其产品认知有可能是正确的，也有可能是误解，甚至是错误的。因此，企业应该运用正确的传播策略，确保信息准确、清晰地传递给受众（消费者），从而为期望态度的建立打下坚实而正确的认知基础。

（2）情感成分

情感成分是个体在认知基础上对对象的情绪反应，通常表现为热爱与憎恶、喜欢与讨厌、愉快与痛苦、接受与排斥、赞成与反对、宽容与苛刻等各种情感体验。在消费者态度的三大构成中，情感是构成态度的动力，是态度的核心和最重要的成分：对认知来说，情感是认知的结果；对行为倾向而言，情感是预测行为的关键因素。

在消费者态度的形成过程中，情感成分具有显著的强化和泛化功能。有研究指出，情感成分可以强化与扩大正面或负面的经验，而这些经验会进一步影响消费者心中的想法与其行为。因此，在态度的基本倾向或方向已定的条件下，情感决定了消费者态度的持久性和强度。当消费者面对具有较强自我概念传递功能的特殊品（如服装、首饰等）购买时，情感成分的作用最为突出。

例如，在对“远足”牌鞋子形成“质量可靠、彰显品位”的产品认知之后，消费者张三对该品牌鞋子很感兴趣，非常喜欢。而且这种情感将随着时间的延长而固化，并且会扩散到该企业其他相关产品上去，即产生了移情效应或刺激泛化。

从外延来看，情感既包括情感状态（如购买某个品牌时的心情），也包括情感反应（如看到某个品牌时的情绪波动）。从性质来看，情感既包括积极的、正面的情感（如高兴、愉悦、兴奋等），也包括消极的、负面的情感（如愤怒、忧郁、后悔、厌烦等），还包括中性的情感（如无所谓等）。从强度来看，情感既包括强式情感，也包括弱式情感，如不满与愤怒。从具体类型来看，有学者将情感归纳为激昂、负面与温馨三种主要的类型，又被进一步细分为59种具体的情感状态（见表4-1）。就消费者的情感而言，情感既可以产生于企业的营销信息（如广告），也可以产生于购买情境（如购物氛围、服务员的态度），还可以产生于消费者的消费经验（如上次的消费体验）。

表4-1　人们的情感（状态）类型

激昂	负面	温馨
生气的	愤怒的	多情的
冒险的	懊恼的	冷静的
精神抖擞的	拙劣的	关心的
有趣的	无聊的	凝视的
恳切的	吹毛求疵的	有感情的
有魅力的	怒气冲冲的	希望的
放心的	忧郁的	慈爱的
兴高采烈的	厌恶的	令人感动的
有信心的	不关心的	温顺的

续表

激昂	负面	温馨
有创意的	犹豫的	沉思的
愉悦的	愚钝的	感伤的
得意的	厌腻的	感动的
精力充沛的	侮辱的	热心的
狂热的	激怒的	
兴奋的		
有劲的		
美好的		
快乐的		
幽默的		
独立的		
勤勉的		
振奋的		
有趣的		
高兴的		
无忧无虑的		
生气勃勃的		
爱打趣的		
愉快的		
骄傲的		
满足的		
激励的		
强盛的		

（3）行为成分

行为倾向也称为意向或意图，它并非真正的行为，而是个体对态度对象行为发出之前的一种准备状态或临界状态。对消费者而言，行为倾向是消费者态度的外在显示和最终体现，通常表现为“做不做”“怎样做”的指令。它制约着消费者行为的方向，尤其是当消费者面对便利品的购买时，其作用更为突出。

例如，消费者张三在上述正面的认知评价和积极的情感感受的基础上，表达出明确的购买意向，决定“我要购买一双‘远足’牌的鞋子”或“我准备去专卖店购买‘远足’牌鞋子”，又或“我打算给父亲买一双‘远足’牌的鞋子”等。

综上所述，态度是由认知、情感和行为三种成分构成的复杂、稳定的心理活动系统。态度所包含的三种成分缺一不可。在一般情况下，态度的三种成分是协调一致的，这意味着某个成分的变化将导致其他成分的相应变化，这一点构成了许多市场营销策略的基础。一般地，营销者很难直接影响消费者行为，但可以间接地影响情感和认知成分。

当然在某些情况下，态度的三种成分之间也存在不协调、相互矛盾的情况，导致态度与行为的不一致性。这就是态度—行为背离现象。此时情感成分往往占据主导地位，决定着态度的基本取向与行为倾向。例如，某位消费者明知道无计划、冲动式的购物是不科学的、浪费资源的，但在购物过程中，有时难以抵制各种诱惑而选择冲动式购买；再如，消费者可能对某品牌的产品并不感兴趣，原本也不打算购买，但由于该企业高强度的“促销”刺激，导致实际购买行为与购买计划间大相径庭。这些现象都说明在态度的三大构成成分中，情感成分往往起着主导作用。

2. 态度的效应层级

根据认知、情感和行为在消费者态度形成过程中出现的先后顺序和效应大小，可以归纳出四类不同的效应层级：高介入学习层级、低介入学习层级、经验学习层级和行为学习层级（见图 4-2）。

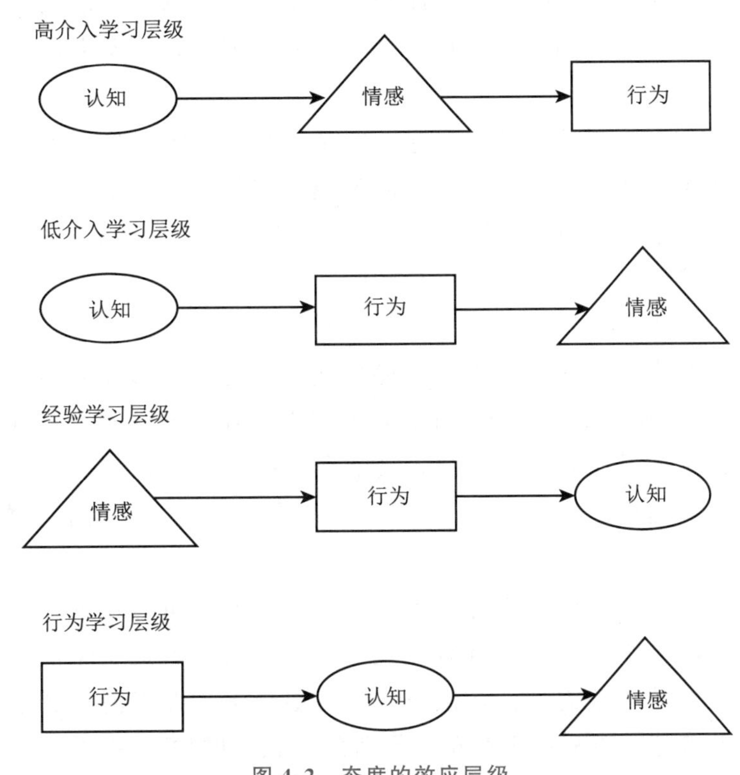

图 4-2　态度的效应层级

（1）高介入学习层级

这种学习层级也叫标准学习层级或理性学习层级，是最为常见的类型。在高介入学习层级下，态度三大成分的先后顺序依次为：认知—情感—行为，即消费者首先产生认知、判断和评价，其次产生情感感受和情绪体验，最后形成行为意向和实际行为。这意味着，在这种学习层级下，消费者在购买产品之前往往要进行广泛的信息搜集，经过复杂的决策过程，并且先于“行为”形成明确的“态度”。而且，这种“态度”一旦形成，营销人员就很难再说服他们选择别的品牌。消费者当面对价值较高、技术较复杂、风险较高的产品购买时，遵循的就是这一学习层级。例如，某消费者打算购买汽车，经过多方信息搜集、比较、筛选，发现最中意某知名品牌汽车，于是就决定购买该品牌的汽车。

（2）低介入学习层级

在低介入学习层级下，态度三大成分的先后顺序依次为：认知—行为—情感，即消费者首先产生认知、判断和信念，其次形成行为意向和实际行为，最后产生情感感受和情绪体验。在这种学习层级下，消费者依据较为有限的购买信息进行决策，然后购买和消费产品，并在此过程中，进一步形成更为完整的信念和明确的情感。消费者当面对价值较低、技术较简单、风险较低的产品购买时，采用的就是这一学习层级。例如，某消费者从超市的广告中看到某乳业公司的一种新的酸奶产品上市了，于是就买了一瓶，试喝之后，发现自己很喜欢这种口味的酸奶，而且爱上了这种酸奶。于是对该产品的积极态度就形成了。

（3）经验学习层级

经验学习层级也称为情感学习层级。在这种学习层级下，态度三大成分的先后顺序依次为：情感—行为—认知，即消费者在未了解购买对象属性的情况下，根据自己的情感、想象或联想采取购买行为，最终形成关于该产品完整的认知和信念。在这种情形中，消费者的主要购买动机在于其对购买对象的美好预期。

这种经验学习层级的观点强调了这样的观念：产品包装设计等无形属性和消费者对伴随刺激如广告、品牌名称和经历发生的背景环境等所产生的反应，都强烈地影响消费者的态度。消费者的冲动性购买行为就是最典型的表现。例如，某消费者看到自己的偶像所代言的产品，非常期待，于是就采取了购买行为，但在使用过程中发现该产品并不好，不适合自己。

（4）行为学习层级

在这种学习层级下，态度三大成分的先后顺序依次为行为—认知—情感（也有学者认为其顺序应该为行为—情感—认知）。这种学习层级意味着：消费者往往是受到外因的促使，在关于对象的认知和情感形成之前采取购买或消费行为。例如，某消费者因为群体压力或从众去某地旅游，去了之后才知道该旅游景点不仅路途遥远，而且品质不高，远低预期，尤其是性价比较低，于是产生后悔、失望之感。

态度的效应层级对于营销策略与消费者行为的意义，在于不同的效应层级可能引发不同的策略思考。例如，在高介入学习层级下，营销策略应该侧重于为消费者提供全面、详细的信息，以满足其大量信息搜集和理性决策的心理需求；在低介入学习层级下，由于消费者不需要大量信息，因此营销策略应侧重于为消费者适当重复提供简单、易懂的信息，增加与其“碰面”或“接触”的机会；在经验学习层级下，营销策略应强调经典条件反射理论的运用，采用体验营销，注重营造良好的环境氛围，激发积极的情感感受，创造完美的审美享受，塑造令人愉悦的消费体验；而在行为学习层级下，营销策略应强调为消费者提供消费刺激等各种正向强化，即提供各种“报酬”或“奖励”，如抽奖、试用、买赠等，使消费者产生操作条件反射。

拓展阅读

“年龄＝折扣，你的折扣你作主”

某时尚女装品牌曾经在某年的“三八妇女节”推出了“年龄＝折扣，你的折扣你作主”的活动。在促销活动期间，只要消费者出示能证明自己生日的有效证件，哪一年出生的就可以打几折，比如：1986 年出生的，打 86 折，1951 年出生的，就打 51 折。

这个促销活动会不会出现很多低折扣的销售？在促销的同时，能给企业带来利润吗？事实证明，最终销售的产品折扣大部分集中在 6～7.5 折，几单 5 折，没有出现 4 折，原因很简单，因为 1940 年前后出生的人已经 80 岁上下了，与“时尚女装”很难搭边，因此不会出来凑这个热闹，捡这个便宜。这个促销方式充分利用了人们爱占便宜的心理，为消费者提供了强有力的消费刺激，使其产生了操作条件反射。

三、态度的功能

态度的功能

态度功能理论最早由心理学家丹尼尔·卡茨（Daniel Katz）提出，被用来解释态度是怎样推动社会行为的。根据这种实证性方法的研究结果，态度之所以存在是因为它对人们具有某种功能。对消费者而言，态度有助于消费者更加有效地适应动态的购买环境，使之不必对每一新事物或新的产品、新的营销手段都以新的方式作出解释和反应。根据卡茨的四功能学说，消费者态度具有以下 4 种功能：

1. 效用功能

效用功能也被称为功利功能、导向功能、适应功能等，是指态度能够将消费者导向某种渴望的利益的功能。它与基本的奖惩原则有关，即消费者对某个品牌的态度主要取决于该品牌给其带来的效用：如果是正效用（奖励），则消费者对该品牌持积极态度；如果是负效用（惩罚），则消费者对该品牌持消极态度。这一理论部分地解释了消费者的品牌忠诚行为。例如，某消费者之所以重复选择某品牌的汽车，是因为该品牌的汽车为其带来了良好的驾驶体验和全面的安全保障。

2. 知识功能

知识功能也被称为识别功能、认知功能，是指态度能够帮助消费者认识世界，并为某种购买决策提供所需信息的功能。这一功能为消费者提供了一个参照标准，使其对周围环境的感知具有连续性、稳定性和有序性。因此，态度的知识功能部分地解释了消费者的品牌忠诚行为。如果消费者根据以往经验对某个品牌已经形成了明确的态度，则有利于简化购买决策，降低时间成本，提高决策效率。

3. 自我保护功能

自我保护功能是指态度能够帮助消费者保护人格和自我形象免遭威胁的功能。消费者对某个品牌或企业形成了强烈的忠诚态度以后，往往会像保护自己一样维护该品牌或企业在自己心目中的形象。这其实就是消费者对自我内心态度的保护。例如，早期的纸尿布或纸尿裤遭受消费者的排斥，就是因为它严重危及家庭主妇勤劳、节俭的良好形象。这就是消费者态度的自我保护功能。

4. 价值表现功能

价值表现功能是指态度能够体现消费者的核心价值观或自我观念的功能。态度能反映消费者的价值尺度，是消费者自我表达的驱动力。表现价值的态度有提高消费者自己表象的倾向。消费者对商品或服务的态度可以表现出消费者的个性特征、价值观念、生活背景、文化品位和爱好志趣等。

这时，消费者对产品的态度并不是取决于产品客观的属性和利益，而是取决于产品所代表的符号意义和象征价值。如消费者对 LV 包的态度并不取决于其属性和利益，而是取决于 LV 包背后所传递的社会符号和身份象征。

一种态度可能具有多种功能，但其中往往只有一种功能占据主导地位，具有支配作用。营销人员只要能识别出产品对于目标消费者的核心价值和主导功能，就可以在广告中对此加以强调。这类广告能帮助消费者建立更清晰的产品认知，消费者也更容易接受此类广告及其所宣传的产品和品牌。

研究表明，对大多数人而言，咖啡体现的更是效用功能而不是价值表达功能。因此，广告受众对效用诉求的广告反应会更为积极。例如，一则咖啡广告为："Sterling Blend 咖啡美妙、浓郁的口味和芬芳源于对最新鲜咖啡豆的调制。"而另一则广告说："你所喝的咖啡可以表明你的身份，它能显示出你独特而高贵的品位。"被试消费者对后者的反应就没有对前者那么积极。不过事实也不尽然，例如星巴克则通过自己强有力的营销活动，改变了消费者对咖啡主导功能的固有态度，使星巴克咖啡在众多强调效用功能的咖啡品牌中脱颖而出。

第二节 态度的形成

一、态度形成理论

众多学者提出了不同的态度形成理论，如认知失调论、自我知觉理论、认知—情感相符理论、平衡理论、社会判断理论等，但它们都建立在一个共同的基础上，即认知一致性原理。如前所述，态度由认知、情感和行为三种成分所构成，而且个体倾向于保持三者之间的一致性和协调性。这就是认知一致性原理。根据这一原理，如果构成态度的三种成分之间不一致，个体就会产生内心的冲突和心理上的不协调，这种心理状态驱使其设法改变其中的某个因素，以维持三者之间的一致和协调。

1. 认知失调理论

认知失调理论

认知失调理论由利昂·费斯廷格（Leon Festinger）于 1957 年提出。费斯廷格认为，个体内心存在多种认知元素，如有关各种对象（如人、事、物等）的信念、观点、看法和行为等。这些认知元素之间存在三种情况：①相互协调一致；②相互冲突和不协调；③相互无关。当第二种情况出现时，即为认知失调状态。在这种状态下，个体就会不由自主地通过调整认知减少这种心理冲突，以恢复和维持认知元素之间的协调一致。

为了证实认知失调理论，费斯廷格等于 1959 年做了一个著名的试验。该试验邀请一些大学生作为被试者，将被试者分成三个组：控制组、高奖赏组、低奖赏组。所有被试者被要求做 1 小时单调乏味的工作，而且除控制组外，两个奖赏组还被要求向门口的研究助理撒谎说："这份工作是十分有趣的。"作为对撒谎的回报，高奖赏组每人可以得到 20 美元，低奖赏组每人得到 1 美元。最后，所有被试者被要求在一个 10 等级量表上表明他们真正喜爱这项工作的程度。该试验的最终结果、结果分析与结论如表 4-2 所示。

表 4-2 费斯廷格的认知失调试验

组别	任务要求	试验结果	结果分析	试验结论
控制组	评价一项单调、乏味的工作（是乏味的还是有趣的），无其他任务要求	这两组被试大多认为这项工作枯燥无味，其平均得分值都比较低，且无明显差异	没有被要求撒谎，没有认知冲突，因而也没有失调感，未出现认知调整	当面对态度或行为之间的不协调时，个体会采取消除这种“不协调”的行动，可能是改变态度或者调整行为
高奖赏组	评价一项单调、乏味的工作（是乏味的还是有趣的），且向研究助理撒谎说“这份工作是十分有趣的”		由于受到高奖赏的外因影响，倾向于在两个认知之间加入一个辩解性理由，如“为了得到一笔可观的奖赏，撒个小谎是值得的”	
低奖赏组		该组认为此项工作是有趣的、愉快的，其态度平均得分值比较高	由于缺乏充足的外因为其撒谎行为进行辩解，只能从内因寻找理由对自己的行为予以支持。因而逐步认为“自己没有撒谎”和“工作是有趣的”，即逐步改变了工作认知	

费斯廷格等认为，虽然两个试验组都面临两个认知元素之间的冲突，“这项工作十分乏味”与“撒谎说这项工作十分有趣又是不对的”，都存在内心失调，却选择了不同的认知失调调整方式。从理论上来说，个体认知失调的调整方式可归纳为三类：一是改变其中的一个认知使之与其他认知相一致，上述试验中的低奖赏组选择的就是这种方式；二是改变行为，使之与其他行为相一致；三是在不改变原来两个认知元素的条件下增加新的认知，上述试验中的高奖赏组选择的就是这种方式。

认知失调理论可以有效地解释消费者“减少失调感”的购买决策类型。消费者当购买了一件产品之后，往往倾向于对其作出积极评价，或寻求别人的正面评价，以减少自己内心的失调感和不适感。由于认知失调的强度取决于不一致元素的重要性和数量，因此“减少失调感”的典型购买决策大部分出现在较为重要、消费者较为重视（高介入度）的购买决策中，如服装、汽车、饰品等。这种现象给营销者提供了一个有益的启发：由于消费者会积极地为他们的购买决策找论据，因此，营销者应该给他们提供额外的强化以便建立积极的品牌态度。

2. 自我知觉理论

正如可以通过观察别人的行为来了解其态度一样，自我知觉理论认为人们也可以通过审视自己的行为来判断自己的态度。这个理论其实是费斯廷格的认知失调理论的一种变形和延伸，对失调效果提供了另外一种解释。它实际上运用了“用行为倒推态度”的方法，与其他态度形成理论一样，其最终的理论基础仍然是认知一致性原理。

根据自我知觉理论，对消费者而言，当购买了某个品牌或产品之后，他就非常倾向于对其持积极肯定的态度，以保持认知一致性。其基本的语言逻辑是：“既然我决定购买它，那么我一定是喜欢它的。”当然，这一理论主要用来解释介入程度较低的购买行为。因为它涉及的是这样一种情形，即消费者在最初采取某种购买行为时，并不具有强烈的内在态度。事后，态度的认知和情感要素才得以统一。根据该理论，可以进一步延伸出两个被销售人员经常运用的营销策略，即“脚踏入门”技巧和“脸碰到门”技巧。

让人们先接受较小的请求，能促使其逐渐接受较大的请求，这就是“脚踏入门”技巧，也被称为“得寸进尺”技巧、“登门槛效应”。1966 年，美国社会心理学家弗里德曼（J.L.Freedman）和助手费雷泽（S.C.Fraser）通过试验证实了“登门槛效应”的存在。他们找来两位大学生，先让其中一位去访问家庭主妇，请求她们在一个有安全驾驶的请愿书上签名，两周后，另一位学生再次访问家庭主妇，要求她们在院内竖立一个很影响美观的呼吁安全驾驶的大招牌。结果签过名的主妇中有 55%的人接受这项要求，而没有接受第一个学生签名的主妇中只有 17%的人接受了这个要求。心理学对“登门槛效应”是这样解释的：人们拒绝难以做到的或违心的请求是很自然的，但如果人们对于某种小请求找不到拒绝的理由，就会倾向于接受这种请求，而当他卷入了这项活动的一小部分以后，便会对该活动产生某种认知和态度。这时如果他拒绝后来的更大请求，就会产生认知上的不协调和心理上的焦虑，这种心理压力就会使他继续接受更大的请求；或给予更多的帮助，并使态度变得更加持久。“脚踏入门”技巧经常被用于人力推销、问卷调查和公益募捐等领域。这种技巧的名字就来自逐户推销。敲开门后，销售员将一只脚迈到门里，以免主人“砰”的一声把门关上。一个优秀的销售员知道，只要能说服顾客把门打开并且交谈（小请求），顾客就有可能购买产品（大请求）。当然，这一技巧发挥作用的关键在于：“小请求”的合理选择、请求从小到大的适时、平滑过渡。总之，要把握好“得寸进尺”的度和节奏。

当人们拒绝一个很大的请求时，更倾向于接受较小的请求。这就是“脸碰到门”技巧，也被称为“吃闭门羹”技巧。这一技巧的心理学逻辑是这样的：人们往往会果断拒绝自己难以满足的请求，但内心会因此而产生“内疚感”（“我是一个善良的人，怎能如此无情?”）；而恰恰就在此时，请求者作出了较大的“妥协”和“让步”——“只需满足较小请求即可”。因而人们倾向于对请求者作出某种“补偿”（互惠原则），接受其较小请求。与“脚踏入门”技巧一样，这种技巧也非常适用于人力推销、问卷调查和公益募捐等领域，其关键仍然在于度和节奏的准确把握，即“大请求”的合理选择、请求从大到小的时机掌握。

3. 认知—情感相符理论

在现实中，人们经常因失去理智、情感冲动而采取可能导致某种负面，甚至严重后果的行为；在购买决策过程中，消费者也时常出现因感觉、情感、情绪等方面的良好体验而采取冲动性购买行为。对每个人来说，这种现象几乎都很难避免；唯一的区别在于这种行为的后果严重性及其出现频率的不同。

如前所述，在大多数情况下，构成态度的三个成分往往是协调一致的，但是当三者不一致时，情感往往占据上风。这说明，人们总是试图使认知与情感相符，信念或认知在相当程度上受感情支配，这就是认知一情感相符理论。

认知一情感相符理论警醒着人们：不能让情感总占据主导地位，尤其是当面临一些事关重大的决策时，绝对不能失去理智，信马由缰，任由情感主导一切，应该时刻紧握理性之缰，防止情感成为脱缰之马。同时，认知一情感相符理论为企业提供了改变消费者态度的一个有效方法，即营销者可以通过营造令人愉悦的消费氛围、塑造良好的品牌形象、提供优质的全过程服务等，促使消费者对品牌积极情感的形成，进而促进其品牌认知的改变，从而改变消费者对该品牌的态度和行为。例如，星巴克通过成功的体验营销，为消费者提供了不同凡响、令人愉悦、难以忘怀的情感感受和身心体验，成功改变了人们对咖啡的传统观念，确立了“星巴克不只是咖啡”的新认知，也最终成功塑造了消费者对星巴克的品牌忠诚。

4. 平衡理论

（1）理论内容

平衡理论是由海德（F. Heider）于1958年提出的。平衡理论涉及构成态度的一个三维关系，即一个认知主体（记为“P”）与两个态度对象——“关系人”（记为“O”）和“关系物”（记为“X”）之间的三角关系。因此，平衡理论也被称为“P-O-X”理论。其中，“关系人”和“关系物”被称为处于一个单元中的两个对象。平衡理论指出，认知主体希望三角中的三个元素之间是平衡的理想状态；如果是不平衡的，内心就会出现紧张、焦虑和不安的心理状态，这种状态促使认知主体通过改变某一认知来达到平衡，以缓解或消除这种消极心理状态。

（2）平衡状态的判断

认知主体P对两个对象O与X既有积极情绪，如喜欢和赞成（用正号“+”表示），也有消极情绪，如排斥和反对（用负号“−”表示）。认知主体所面临的三角关系平衡状态的判断规则为：若三角形三边符号的乘积为正，则为平衡结构，即为理想状态，见图4-3中的a、b、c；若三角形三边符号的乘积为负，则为不平衡结构，见图4-3中的d、e、f。

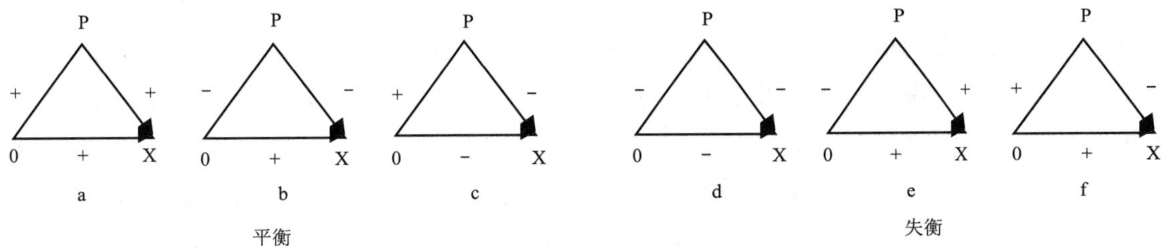

图4-3 认知主体面临的平衡状态

（3）失衡的调整

如果认知主体面临的是失衡状态，则产生内心冲突和失衡感，需要改变或调整某种认知。具体而言，认知主体调整失衡，恢复平衡的方法主要有五种：

①改变对关系人的态度；

②改变对关系物的态度；

③对关系人进行劝说，使之转变立场；

④将三维系统中的某两个元素转变为无关联；

⑤对三维系统中某两个元素之间的关系作出新的归因或解释。

应该特别指出的是，平衡理论并未指出认知主体在认知失衡状态下，最终会采取上述哪种方法进行调整，以恢复平衡。只是模糊地说明认知失衡将促使认知主体改变一种或多种认知。平衡理论之所以无法确定调整的方法和途径，根本原因就在其并未考虑三维系统中的关系强度，因而也就不能解释当认知主体处于失衡状态时，为何改变其中的一方而不是另一方以恢复平衡状态。

（4）营销启示

平衡理论为企业带来了非常有价值的营销启示，尤其是为明星广告提供了科学的理论指导。下面以明星广告为例，说明平衡理论在企业营销中的价值和应用。

在明星广告中，“P-O-X 理论”可具体化为“明星－粉丝（目标受众）－产品”。在这个三角形中，明星与其受众——粉丝（目标受众）之间的关系是积极的，即为“＋”号。明星与其代言产品之间的关系也应该是积极的，即为“＋”号，因为明星收了企业巨额的代言酬金，所以必须按照企业的要求为其产品“说好话”。而粉丝（目标受众）与产品之间的现实关系可能有两种：一种关系是消极的，即为“－”号，因为企业之所以要做明星广告，就是因其潜在目标顾客对产品的态度至少不是正面的，所以可以判定其关系为“－”号（如图 4-4 中 a 所示）；另一种关系是二者不存在任何关系（如图 4-4 中 b 所示）。

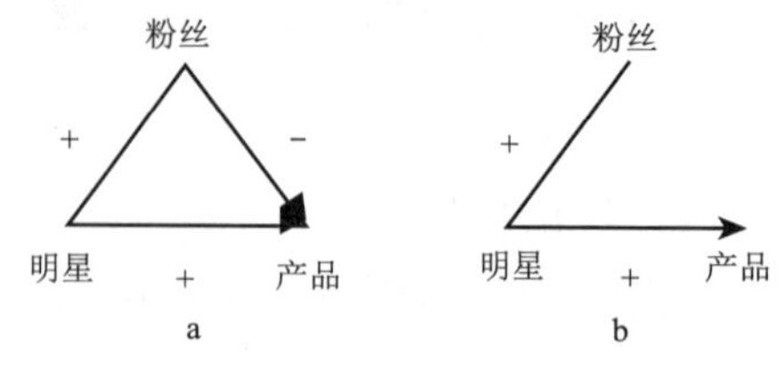

图 4-4　明星广告受众的平衡状态

根据平衡状态的判断规则，可知图 4-4 中 a 和 b 的平衡状态都是不平衡的。而这种不平衡状态会使粉丝（目标受众）产生不安和纠结感，进而驱使其采取措施改变现状。粉丝（目标受众）可以通过以下几个途径恢复心理上的平衡状态：

一是改变对“关系人”的态度。即粉丝改变该明星的好感和追捧。一般情况下，这种改变的可能性较小。因为粉丝尤其是忠诚度较高的“铁杆粉丝”很少仅仅因为明星做了一个“自己认为不该做”的广告，而改变对该明星的整体看法和态度，而是继续观看、聆听其作品或比赛。

二是改变对“关系物”的态度。即粉丝改变对明星所代言产品的态度。这意味着企业的明星广告达到了预期的目的——说服受众改变态度，喜欢并接受产品。这一改变是否发生及其发生的概率主要取决于明星广告是否符合“知觉整体性原理”。如果符合，即明星与产品之间有内在关联，属于一个“整体”，这一改变发生的概率则很高；如果不符合，这一改变发生的概率则很低。其实在现实中，相当数量的明星广告之所以没有达到预期效果，关键原因就是受众没有选择这一改变。

三是对“关系人”进行劝说，使之转变立场。即粉丝说服该明星不再说该产品的“好话”。一般情况下，这一行为几乎不会出现，即使出现也不可能达到说服目的。因为，明星拿了企业巨额报酬为其“说好话”是“理所当然”的，不会因为说服而改变。

四是将三维系统中的某两个元素转变为无关联或刻意忽略二者的关联。在这里粉丝最有可能选择将三角形中的“明星－产品”关系转为无效关联。即粉丝可能对该明星代言某个品牌这件事采取“鸵鸟政策”，而且二者之间本没有任何关联，因此采取“不注意、不在乎、不参与”的漠然态度。

五是对三维系统中某两个元素之间的关系作出新的归因或解释，即粉丝认为明星只是因为拿了代言费而不得不替产品“说好话”；或者认为该明星只是暂时遇到了经济问题，而不得不“出此下策”选择代言该产品或品牌。在这种归因条件下，目标受众认为该明星因受到外因（金钱）影响而缺乏“选择”的自由，而不是该明星因发自内心的喜欢该产品而替其“说好话”。

根据以上分析，许多明星广告之所以没有达到预期效果，就是因为受众（粉丝）选择了上述五个途径中的最后两个，即认为明星与其所代言产品是毫无关联的，或二者的关联仅限于“金钱”。

5. 社会判断理论

社会判断理论由萨夫·谢里夫（Muzafer Sherif）和霍夫兰德（C.I.Hovland）于 1961 年提出。该理论假设人们根据他们已知的或已有的感觉来吸收和同化态度对象的新信息。原有的态度被视为指导框架和主观规范，表现为一段区域，该区域由“接受区间”“模糊区间”和“拒绝区间”三部分构成，新的信息是否被接受取决于其落入原有态度的哪一区间（见图 4-5）。

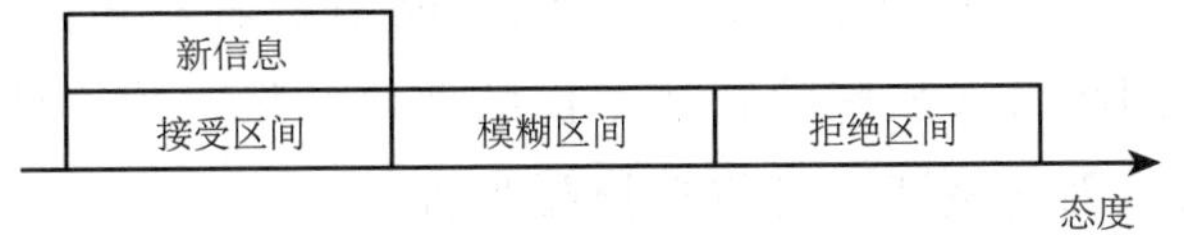

图 4-5　社会判断理论

对消费者而言，构成态度区域的三大区间的大小主要取决于其介入程度和品牌忠诚度。在高介入和高忠诚度的情境中，消费者的“接受区域”往往比较窄，而“拒绝区域”比较宽，这给竞争品牌的介入带来了很高的壁垒。这就很好地解释了其他手机品牌厂商很难说服苹果 iPhone 手机的顾客，使其改变态度，接受其品牌。因为苹果 iPhone 品牌手机的顾客对其怀有极高的忠诚度，其手机品牌的“接受区间”极小，甚至只有一个“点”，那就是“非 iPhone 品牌手机不买”。而在低介入和低忠诚度的情境中，消费者的“接受区域”往往比较宽，而“拒绝区域”比较窄。其实，这正是许多消费者购买决策时的常态。消费者对到底购买哪一个品牌的态度往往是模棱两可、犹豫不决的；毕竟，只有在很少情形中（如极端排斥或极端忠诚某个品牌），其品牌态度才是极其明确的。因此社会判断理论的“区间态度”观点非常符合消费者态度的模糊性、区间性特点。这也为营销者说服和改变消费者态度的营销努力提供了部分理论基础。

二、态度模型及其营销含义

多属性态度模型研究消费者如何根据他对产品的多个重要属性的信念来形成他对产品的态度。因此，多属性态度模型的运用意味着，可以通过得到这些特定的信念并将其综合起来，推导出一个测量消费者总体态度的方法，用来预测消费者对一种产品或品牌的态度。多属性态度模型比较适用于解释介入程度较高的态度形成。

1. 费舍宾模型

（1）基本模型

影响力最大、应用广泛的多属性态度模型是由马丁·费舍宾（Martin Fisherbin）提出的，因此称为费舍宾模型（Fishberbin Model)，其公式如下：

$$A_{kj}=\sum_{i=1}^{n}W_{ki}B_{kij}$$

式中：A 为态度；k 为消费者；j 为品牌；i 为属性；n 为属性的数量；W 为权重；B 为信念。

这个模型涉及并量化了态度的三个要素。

· 属性（Attribute)：是态度对象所具有的特性，例如，手机内存是智能手机的一个属性。

· 信念（Belief)：是态度对象拥有某种特定属性的程度的认知（信念强度)，例如，某个消费者对小米手机的内存评价很高。

· 权重（Weight)：反映了某一属性对消费者的相对重要性（信念评价)，例如，某个消费者认为内存对智能手机很重要。需要注意的是，虽然消费者认为态度对象具有多个属性，但是它们在消费者心目中并非同等重要，因此需要赋权。而且，这些权重也因人而异。

根据费舍宾模型的公式可知，消费者对某一个产品或品牌的态度，是消费者对该产品或品牌的属性的信念与其权重的加权求和。所得结果越大，则表明消费者对该产品或品牌的态度越积极。例如，表 4-3 是某个消费者对四个备选品牌的智能手机的评价结果。根据费舍宾模型，经过加权求和计算，品牌Ⅲ的评价得分最高，因此该消费者将选择品牌Ⅲ。

表 4-3 某个消费者对智能手机备选品牌的评价

属性	属性权重	对各品牌属性的信念			
		Ⅰ	Ⅱ	Ⅲ	Ⅳ
品牌	17	98	92	85	78
价格	10	60	70	98	90
内存	14	80	90	93	91
屏幕	12	90	88	81	85
CPU	15	82	91	89	85
RAM	13	81	85	88	90
摄像头	10	88	85	80	78
电池	9	78	75	80	81
总和	100	8331	8575	8698	8474

注：属性权重总和为 100；属性的信念评分满分为 100 分，分数越高，该品牌在某个属性上表现越好。对于负向属性（如价格），分数越高，该品牌在某个属性上表现越好，即价格越低。

（2）营销启示

对营销者而言，费舍宾模型提供了非常有益的启发，尤其是关于消费者态度的改变。根据费舍宾模型，只要其中任何一个变量发生了变化，就有可能引起消费者态度的改变。因此，可得以下改变消费者态度的策略。

①改变 i 和 n：其营销含义是通过改变消费者关于产品重要属性的有无及其数量的认知，影响消费者的品牌选择。例如，智能手机品牌Ⅰ、Ⅱ、Ⅳ可以激活新的属性（例如“手机发热”），让消费者认识到该属性为其带来的利益，使其在进行品牌选择时，将该属性纳入考虑范围。例如某品牌可以通过发起“你所不知道的手机发热现象”的软文宣传，使消费者开始重视“手机发热”问题。

②改变 W：其营销含义是通过改变消费者关于产品属性的重要性大小的认知，影响消费者的品牌选择。例如，智能手机品牌Ⅰ可以通过强调品牌、屏幕或摄像头等属性的重要性，使消费者重新审视并修改原有的属性重要性排序，并作出有利于自身的选择；而品牌Ⅲ则可以通过强调价格的重要性，突出自身的竞争优势，类似“同样的配置，更低的价格”或“同样的价格，更高的配置”就是这样的策略。

③改变 B：这一策略包含两层营销含义，一是通过改变消费者对品牌的信念，即改变消费者对品

牌拥有某种特定属性的程度的认知（得分高低），影响消费者的品牌评价结果。这种策略适用于这样的情况：某品牌因在某些属性上被消费者误解或不了解，而导致属性得分较低。例如，假设智能手机品牌Ⅳ在摄像头方面做了大幅度的技术革新，做到了虽然摄像头像素不高，却能实现更高的照片或录像质量。但是大部分消费者都根据摄像头像素来判断摄像头的好坏，可能对品牌Ⅳ的这一新技术不了解，导致评价得分较低。因此，该品牌可以大力宣传这一技术革新，使消费者真正认识到该技术的优势，从而改善对该品牌摄像头的评价得分。二是通过改变消费者对竞争品牌的信念，即改变消费者对某竞争品牌拥有某种特定属性的程度的认知（得分高低）——例如可用对比广告等方式，从而改变消费者对竞争品牌的固有信念。这种策略尤其适用于这样的情况：消费者关于某竞争品牌的感知绩效高于该品牌的实际绩效。此时该品牌就可以通过对比、暗示等方式点出消费者关于某竞争品牌的认知“错觉”。

④同时改变上述多项变量。

2. 费舍宾扩展模型

（1）基本模型

尽管费舍宾模型是一个比较完善且影响很大的多属性态度模型，但仍有一些缺陷。例如，该模型没有考虑别人对个体行为的影响，混淆了对客体的态度和对行为的态度等。因此，费舍宾后来对其进行了改善和扩展（见图 4-6）。扩展后的模型被称为费舍宾扩展模型，也被称为合理行为理论或行为意向模型。其公式如下：

$$B=f(BI)=f(A_{act}, SN)=A_{act}(W_1)+SN(W_2)$$

式中：B 为行为；BI 为行为意向；A_{act}为消费者对行为的态度；SN 为其他人是否希望消费者采取此行为的主观规范；W_1为 A_{act}对 BI 影响权重；W_2为 SN 对 BI 的影响权重。

由图 4-6 可知，消费者对采取某个购买行为的态度是其对行为结果的信念强度与其信念评价的乘积；消费者的主观规范是其对各种主观规范的信念强度与其遵从主观规范的顺从动机的乘积；行为态度与主观规范共同影响消费者的行为意向，而由于二者的影响权重不同，所以对二者加权求和，即为消费者的行为意向。最后，以行为意向预测消费者的行为。这就是费舍宾合理行为理论的完整内容。

根据图 4-6，费舍宾扩展模型的改进之处主要表现在以下几方面：

①区分了行为倾向与行为。费舍宾扩展模型用行为意向代替了行为，即态度所预测的是行为意向，而非行为本身。该模型认为，态度与实际行为之间还有一个中间变量，即行为意向。这就意味着某种态度是否会导致相应的行为出现，并且还受到其他因素的影响。

②考虑了社会压力。费舍宾扩展模型对费舍宾模型的最大改进就是考虑了社会压力（别人）对个体行为的影响。该模型为了考察这一点，引入了一个新的变量——主观规范（Subjective Norm，SN)。它是指消费者认为其行为是否别人所期待或支持的。在相当一部分情况下，消费者的购买行为往往受到别人观点和期待的影响。例如，“我打算在一家西餐厅邀请朋友吃饭，不知能否获得家人的支持”。主观规范的价值和影响取决于两个要素：A. 标准信念（Normative Belief，NB)，即别人认为一种行为是否应该发生的强度。例如，“我的家人非常希望我在一家不错的中餐厅请朋友吃饭”。B. 对信念的遵从动机（Motivation to Comply，MC)，即消费者在购买决策过程中，遵从别人预期的可

能性。例如，“我不太愿意遵从家人关于在一家不错的中餐厅请朋友吃饭的意见”。

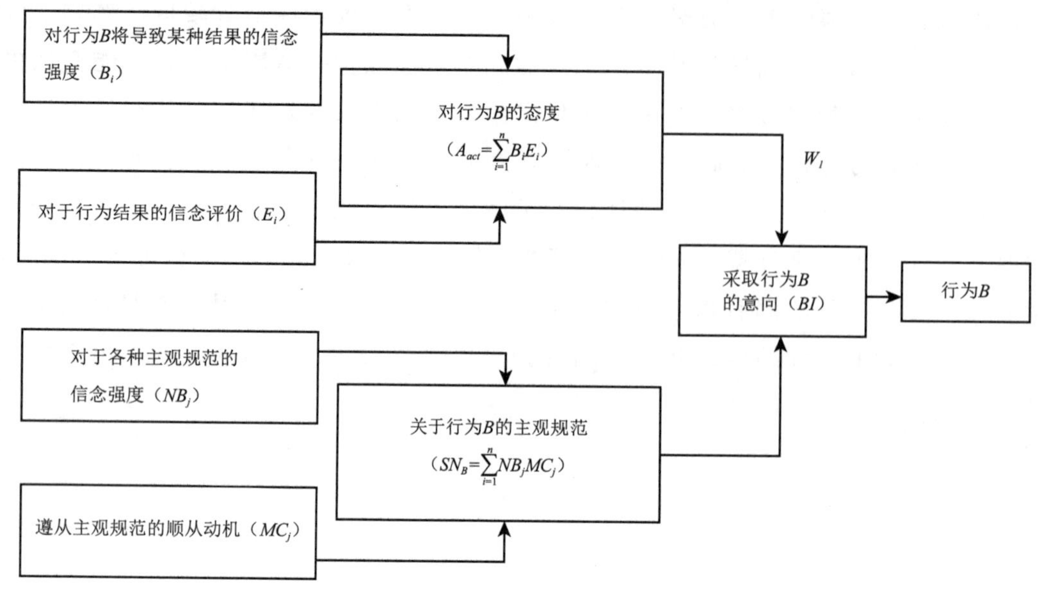

图 4-6　费舍宾扩展模型

③区分了对行为的态度和对产品的态度。费舍宾扩展模型与费舍宾模型的另一个关键区别就是态度对象不同。前者探讨的态度是消费者关于某一消费行为的态度，即行为态度；而后者研究的态度则是消费者关于某一产品品牌的态度，即产品品牌态度。而且前者比后者在预测行为上更有效度。

（2）营销启示

费舍宾的合理行为理论在营销实践中具有较高的理论指导价值，具体而言，有以下三点启示。

第一，营销者应该有效区分行为意向与行为。营销者应该特别注意：在消费者的行为意向与行为之间还有一定的距离。因此运用消费者行为意向预测其行为，需要注意一些特殊情况，如非自愿消费行为、冲动性购买、态度调查误差等。

第二，营销者需要注意行为态度和客体态度（产品态度）的不同。消费者对产品品牌的态度积极，并不一定意味着其行为态度也积极，更不一定意味着购买行为的出现。例如消费者普遍对苹果 iPhone 手机持有非常正面、积极的态度，认为其内外兼修，体验极佳，但由于缺乏购买动机（觉得没必要有一部 iPhone 手机）或购买能力（太贵了，超出自己的预算），因此对购买一部 iPhone 手机的态度就不积极，也就不会表达出相应的购买行为。

第三，消费者的行为意向受到行为态度和主观规范的共同影响，营销者应该区分二者到底是哪一种因素发挥着主导作用。一般地，具有典型外显性、象征性，与消费者自我概念、个性、气质、价值观等高度相关的产品，如服装、汽车、化妆品等，主观规范发挥着相对较大的影响力，营销者就需要在营销传播中强调相关的社会标准来支持和强化消费者的这种行为；反之，具有较强内隐性、功能性、价值性、个人化的产品，如药品、内衣、家电、日化等，营销者就需要在广告宣传中强调产品的功能性、利益性，以及使用过后的效果或感受等。

第三节　态度的改变

尽管消费者的态度具有相对较强的持久性、稳定性和一致性，但是这并不意味它是一成不变的。消费者态度不是在真空中形成的，而是受到消费者内外部多种因素的影响，而且这些因素具有较强的动态性。因此，随着时间的流逝、环境的变迁、情境的变化、信息的获取、群体压力的增加，以及说服行为的出现等，消费者的态度都将发生改变。

一、消费者态度改变的方式

消费者态度改变是指已经形成的态度在内外部各种因素的作用下而引起的变化。按照马克思主义哲学的观点，事物的变化都分为质变和量变，质变是量变的结果，量变是质变的前提。因此，消费者态度的改变也可分为：质变和量变两种。质变是指消费者态度发生了性质或方向性的改变，如消费者对某个品牌的态度由积极变为消极；量变是指消费者态度发生了程度或强度的改变，但方向保持不变，如消费者对某个品牌的态度由关注变为信赖。消费者对某个品牌持有高度信赖与忠诚的态度是企业长期营销努力的结果；同理，消费者对某个品牌持有极度消极与排斥的态度也是企业长期营销疏漏所致。因此，企业要想塑造和强化消费者的积极态度，就必须注意平时点滴营销努力的长期积累。唯有态度量的积累，方有态度质的变化。

需要注意的是，消费者态度的改变与说服既密切相关，又有所不同。消费者态度的改变不必然是说服的结果，也可能是态度自身发生的自然变化所致，如随着时间的流逝态度逐渐变弱或变强：说服不必然导致态度的改变，说服失败的例子不胜枚举。因此，前者是后者的主观目的，但未必是客观结果；后者不是前者的全部原因。

二、消费者态度改变的影响因素

霍夫兰德（C.I.Hovland）和詹尼斯（I.L.Janis）通过深入研究态度改变的过程及其主要影响因素，于 1959 年总结出了关于态度改变的说服模型。霍夫兰德认为，任何态度的改变都涉及个体原有的态度和外部不同的观点，二者之间的差异会导致个体心理上的不协调。为了恢复心理上的平衡和协调状态，个体或者改变原有态度，或者维持原有态度。霍夫兰德关于态度改变的说服模型，对于企业理解和引导消费者态度的改变具有重要的启发意义，可据此归纳出关于消费者态度改变的说服模型。根据该模型，可以归纳出消费者态度改变的影响因素有：信息源、信息传播、目标靶和情境四大类。

1. 信息源

信息源

信息源是指可以发出一定信息或传递一定信号的任何东西。它既可以分为有形的、无形的，又可以分为有生命的、无生命的，也可以分为有名的、无名的，还可以分为现实的、虚拟的。例如，一个明星代言人是有形的、有生命的、有名的、现实的，一个“典型”消费者代言人是有形的、有生命的、无名的、现实的，一个卡通人物则是有形的、无生命的、无名的、虚拟的，而一首自创广告音乐则是无形的、无生命的、无名的、现实的，等等。相同的信息通过不同的信息源传递，传播效果不大相同。其中，信息源的可靠性和吸引力影响最大。

（1）信息源的可靠性

信息源的可靠性是指信息源具备专业性和可信性两个基本属性的程度。

专业性是指信息源在某个领域所具有的专业水准和权威性，通俗地说，就是“懂得”该领域的程度。生物学和心理学对于长期使用大麻的科学报告作为一个可靠的信息来源，“在减少药物滥用上可以起到很重要的作用”。同样，如果消费者认为品牌代言人所属的专业领域与其所代言的品牌或产品高度一致，则其对消费者的态度具有较强的影响。例如格力空调之所以选择董明珠作为自己的品牌代言人，个中缘由，众说纷纭，但是其中有一点是可以肯定的，那就是在空调领域董明珠远比影视明星专业得多。

可信性是指信息源在接收者的心目中所具有的客观性、公正性和诚实性。信息源如果没有明显理由不提供完整、客观和准确的信息，将被视为是可信的。例如，消费者在主流权威媒体新闻报道中看到关于某个企业或品牌的新闻信息，则该信息源被认为是可信的。同样道理，尽管销售人员和广告主往往具有关于某个产品的丰富的专业知识，但许多消费者却怀疑他们观点的客观性和诚实性，致使其可信性大打折扣。营销信息源是否具有较高的可信性受到消费者的归因强烈影响，即他们如何判断信息传递者的立场，究竟是出于个人的偏见和自私的动机还是出于客观事实和责任良心。

当然，一个信息源如果既具备较强的专业性，又具有较高的可信性，他就成为最佳的“品牌代言人”。

（2）信息源的吸引力

信息源的吸引力或魅力是指信息传递者对目标受众所具有的社会价值或吸引力。这种吸引力可以表现为坦率、幽默、自然、平易近人的品质。而这些品质源自形象代言人的外表、个性、社会地位以及他与信息接收者的相似之处。于是以下品牌代言人策略经常被使用：

①以外表吸引力强的人做形象代言人。“爱美之心人皆有之”，这一策略的逻辑在于：人们对外表吸引力强的人易于产生“晕轮效应”，即认为长相漂亮的人显得更加热情、幸福、聪明、完美，在其他方面也更加出色。“晕轮效应”也可以用前述的认知一致性原理来解释。人们倾向于把其对一个人的全部评价统一起来，从而形成一种“一美遮百丑”的认知偏差。此外，用外表吸引力强的人做形象代言人也是一种暗示策略，即含蓄地告诉潜在消费者：“使用这种产品，你就会成为我这样有魅力的人。”因此，帅哥美女能吸引人注意和引起好感，且具有很强的暗示作用，自然其说服的效果较好。

外表吸引力的说服效果与外表吸引力的大小呈正相关。在广告领域，大部分研究证明，越是有吸引力的模特，所宣传的产品越是能够获得好的评价和积极反应。此外，外表吸引力的说服效果还取决于外表吸引力和产品之间的匹配性。二者的匹配性越高，则外表吸引力的说服效果愈好。例如，外表吸引力与化妆品、洗护发用品、护肤品、服装、首饰等产品的匹配性很高，其说服效果较好；而外表吸引力与洗涤用品、咖啡、农资等产品的匹配性很低，则其说服效果相对较差。

②以名人作为形象代言人。所谓名人，是指在某个领域具有广泛知名度和社会影响力的各界人士。根据记忆理论，根据莱斯托夫效应，越是突出、新颖、有特色的刺激物，越引人注目，且人们对

其印象越深刻，记忆效果越好。因此，名人代言可以有效地提高品牌或产品的知晓度和知名度，也强化了企业形象，是一种让品牌脱颖而出的有效策略。尤其是当消费者无法了解竞争品牌之间的差别时，这种策略更为有效。根据参照群体理论，名人往往是消费者心目中的渴望群体和意见领袖。其消费理念和行为对粉丝群有强烈的影响——或通过在无形中为粉丝群建立一个消费心理上的“规范”，或通过被粉丝群作为评价自己或别人是否符合“潮流”的标准，或二者兼而有之。因此，运用名人代言可以有效发挥其消费的榜样、示范和引领作用。总之，名人代言是一种较为有效的营销策略。例如，篮球运动员迈克尔·乔丹和姚明曾经分别作为耐克和锐步的品牌代言人，影响了许多潜在的消费者。

名人代言欲达到预期效果，其关键在于名人的选择。切忌仅根据知名度的高低选择代言人。一般地，企业在遴选代言人的过程中，应严格遵循三大原则：一是人—物相符原则，即代言人的个性、形象和气质要符合企业产品或品牌的特性、形象；二是明星粉丝群与目标顾客群重合原则；三是顺序原则，即要先确定广告传播的品牌特性，再据此选择合适的名人。至于具体的选择方法，一家市场调研公司提出了一种广泛使用代表质量（Q-Score）评估方法。这种方法可以确定一位名人是否可以成为代言人。它考虑两个方面的因素：消费者对一个名字的熟悉程度和喜欢这个名字的人的数量，即这些人指出某个人、某个计划或某种属性是自己喜爱的。这家公司每年评估近 1500 位名人（运动员超过 400 人）。

③以“典型消费者”作为形象代言人。以“典型消费者”作为形象代言人的策略是建立在“相似性”效应的基础上的。社会心理学认为，人们倾向于相信那些与我们相似的人。此所谓“物以类聚，人以群分”。同样道理，消费者也倾向于接受哪些与自己相似的消费者的说辞。布罗克（T. Brock）曾于 20 世纪 60 年代做过一个有趣的试验。他让一些化妆品的营业员劝说顾客购买一种化妆品，其中一部分营业员扮演有专长但与顾客无相似之处的角色，另一部分营业员则扮演与顾客身份相似但无专长的角色。结果发现，没有专长但与顾客有相似性的劝说者比有专长而与顾客无相似性的劝说者对顾客的劝说更为有效。但这并不能说明相似性总比可靠性更重要。相似性和可靠性哪一个因素具有更大的影响力？戈瑟尔斯（Goethals）和纳尔逊（Nelson）发现，这取决于某个主题侧重的是主观偏好还是客观现实。如果某种购买决策关系到个人价值、品位或者是生活方式等主观偏好，则相似性具有更大的影响力。但如果只是涉及对产品的主要成分、基本结构、理化属性、技术水准等客观事实做判断，则可靠性具有更大的影响力。因为一个陌生却具有专业性的人，能提供更加独立、客观的判断。

2. 信息传播

（1）信息内容

信息内容即诉求，是指信息传播者向目标靶所说的内容。诉求的最终目的在于帮助消费者形成认知，激发情感，并导向预期行为。营销者通常可以采取理性诉求、感性诉求等方式来影响和改变消费者的态度。

①理性诉求。理性诉求是指传播者将产品的功能、技术、结构成分、制造工艺、质量、效用、原产地、使用方法、使用情境、使用结果等“实际”的信息传递给受众的诉求方式。这种诉求方式的心理基础在于：消费者具有较强的求真和求实动机。在这种心理动机的支配下，消费者要求被全面、

准确、真诚地告知产品的“实际”信息，如实用性、耐用性和功能性等。正如美国广告“创意革命”的代表人物李奥·贝纳（Leo Bumett）所言：“我认为，做广告最伟大的成就是让人信服；而没有任何东西比产品本身更能说服人。”他曾经为明尼苏达流域罐头公司创作了一则名为《月光下的收成》的广告：“无论日间或夜晚，‘绿巨人’豌豆都在转瞬间选妥，风味绝佳……从产地至装罐不超过3小时。”他的这一成名作就是典型的理性诉求，突出了产品的新鲜、绿色。再如，佛山日丰的理性诉求——“日丰管，管用五十年”强调了产品的可靠耐用性；而乐百氏的理性诉求——“27层净化”则突出了产品复杂、严谨的生产流程和洁净的水质。

理性诉求方式的有效性与产品属性和潜在受众有关。从产品属性来看，当面对实用性、功能性、技术性较强的产品，或制造工艺、原材料、使用方法、使用情境等较为独特的产品时，这种诉求方式更为有效；从潜在受众来看，受到更好的教育或者善于分析思辨的人比受教育水平不高或不善于分析思辨的人更容易接受理性的说服。

②感性诉求。感性诉求是指传播者将产品或品牌涉及的情感、感觉、体验、个性、气质、生活方式、自我概念和价值观念等非具象信息传递给受众的诉求方式。这种诉求方式的心理作用基础在于：消费者具有较强的求同动机（社交需要）、求美和求名动机（尊重需要）、求异动机（自我实现需要）。在这种心理动机的支配下，消费者需要被感动、感染、认同，希望彰显个性和身份，渴望自我概念和价值观的展示。情感诉求有利于提高消费者对产品的关注程度，容易给人留下深刻的印象，而且对于那些追求享乐消费的目标群体或主要为消费者创造特殊体验的产品来说，情感诉求会有很好的效果。

感性诉求的心理作用机制是通过增加以下内容而促进态度的形成和改变：

- 广告吸引和保持受众注意力的能力；
- 大脑对广告信息的处理水平；
- 消费者对广告的记忆；
- 对广告本身的喜爱；
- 经由经典性条件反射形成对产品的喜爱；
- 经高介入状态处理而形成对产品的喜爱。

（2）信息表达

①差异。目标态度与消费者原有态度之间的差异会影响到说服的效果。而且差异的影响力还可能与信息源的可靠性产生交互作用。根据阿伦森、特纳和卡尔斯密斯的研究，如果存在一个可信、不容忽视的信息来源，那么一个与信息接收者差异很大的立场会引发最大限度的观点改变。反之，如果缺乏一个可靠的信息来源，那么这种差异在中等程度时，会引发最大限度的观点改变。当然，后者的改变量远低于前者（见图4-7）。

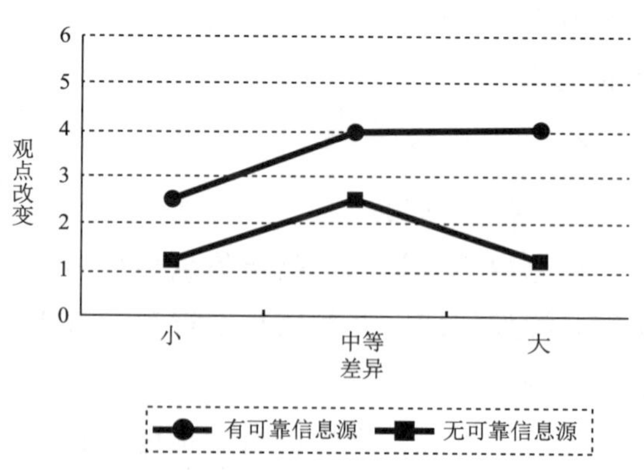

图4-7 差异与可靠信息源之间的相互作用

②单面论述与双面论述。一般地，一则说服仅仅包含正面、积极的信息或理由。这种论述方式称为支持性

论述或单面论述。而在说服中适当呈现负面信息的论述方式叫作反驳性论述。如果一则说服同时包含了正反两面的信息或理由，则称为双面论述。这种论述方式有时候能取得出乎意料的良好效果。沃纳（Werner）等在一个实验中显示，一个非常简单的双面信息，其对戒心的消除能够提高铝制罐头盒的回收率。他们在犹他州立大学教学楼的垃圾桶上贴上诸如此类的标签："请不要将铝制罐头盒投入垃圾箱！请将其投入一楼入口处的回收箱。"最后，当呈现一个有说服力的信息，同时承认并且回应了主要的反对观点时——"这样做可能会给你带来不便。但这的确很重要！"——回收率达到了80%（是没有任何信息时的两倍，而且要高于呈现其他信息的条件）。

对消费者而言，单面论述能够建立、巩固和深化消费者对产品的认知；双面论述则由于"坦诚""客观"告知消费者产品的"缺点"，而获得消费者更高程度的信赖。这两种策略，孰优孰劣，需视情况而定，无法一概而论。根据霍夫兰德等人的观点，当受众与传播者的观点一致，或对所接触的问题较为陌生时，采用单面论证说服效果更好；如果受众与传播者观点相左，且对所接触的问题较为熟悉时，采用单面论证往往被视为有失偏颇和公允，此时，采用双面论证说服效果更好，如图 4-8 所示。

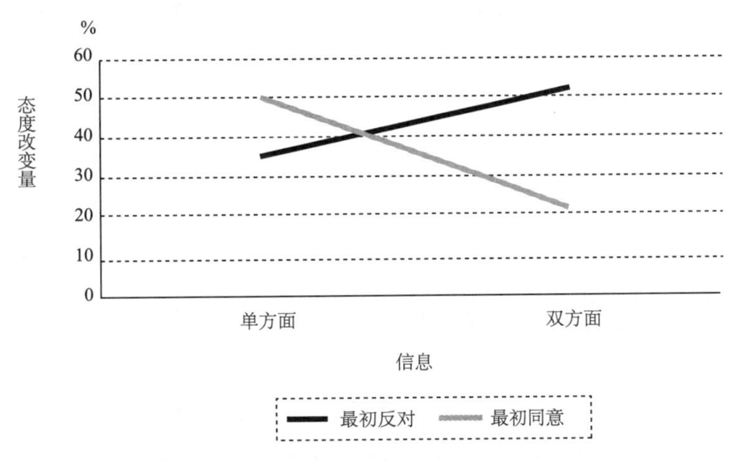

图 4-8 最初观点与单、双面说服的交互作用

3. 目标靶

目标靶是指信息传播的对象，即受众。消费者的个人因素，如态度坚定性、介入程度、预防注射（预防机制）、人格等因素也会影响到说服的效果。一般地，一个消费者对某个品牌的态度越坚定，则根据社会判断理论，其接受区间越小，越难以被说服；消费者在购买决策过程中，对产品的介入程度越高，越认真思考和评价所接触的信息，则其态度也难以被改变；消费者如果已经构筑起防御"敌对观点"的机制，则很难接受这种"敌对观点"；消费者的自尊心越强、受教育水平越高，则其越难以被说服。此外，目标受众的专业背景、擅长领域等因素也影响说服效果。

4. 情境

营销说服活动往往是在一定的情境中进行的。因此，说服效果也会受到许多情境因素的影响。

（1）预先警告

如果受众在接触说服信息之前，对劝说意图有所了解或被告知部分相关信息，就有机会组织反驳的论点，从而增强对劝说的免疫力。这就是预先警告效应。弗里德曼（J.L.Freedman）和西尔斯

（D.O.Sears）于1965年通过实验证明：在存在预先警告的情况下，说服人们的难度将增加。他们在一场报告开始前10分钟，警告一组加利福尼亚的高中生说他们将要听到一场演说——“为什么不许青少年开车”，而另一些孩子则在报告真正开始时才听到这一主题，结果发现，受到预先警告的一组被试者受报告影响的程度较小，没有改变原有态度；而未受到预先警告的被试者受报告影响的程度较大，改变了原有态度。当然，预先警告并不总是对受众起抵制说服的作用，有时也可能起反作用，主要取决于受众原有态度的坚定度及其介入程度。研究表明，如果受众原有态度的坚定度或介入程度很高，则预先警告的作用表现为抵制说服：反之，则预先警告会起相反的作用，即表现为促进态度的转变。

（2）分心

分心是指由于受众受到内外因的干扰而分散注意力的现象。这里的干扰因素即为“噪声”。“噪声”的存在致使受众分心，防止其组织有效的辩驳论点，从而提高说服的效果。当然“噪声”的大小要适度，才会对说服有积极作用。否则如果“噪声”太大，将淹没主要信息，导致受众感觉不到，则劝说等于没有发生。总之，适度的分心有助于态度的改变，过度的分心则会降低劝说效果，从而阻碍态度改变。例如，广告中的背景音乐，如果音量适中，既不至于反客为主，又能发挥适度分心、阻止反驳、促进说服的积极作用，还有抛砖引玉、衬托主题的良好效果；反之，如果声音太大、太引人注意，反而会喧宾夺主，影响受众对广告主题的感知和回忆。

本章小结

1. 消费者态度是指消费者在购买和使用产品的过程中对其表现出来的心理反应倾向。消费者态度通过三个机制发挥自身的影响力：影响认知和评价；记忆与学习效果；通过影响行为意向，进而影响实际行为。根据弗里德曼的ABC态度模型，态度是个体对某一对象所持有的相对稳定的情感上的感受、行为上的倾向和认知上的评价。根据认知、情感和行为在消费者态度形成过程中出现的先后顺序和效应大小，可以归纳出四类不同的效应层级：高介入学习层级、低介入学习层级、经验学习层级和行为学习层级。根据卡茨的四功能学说，消费者态度具有四种功能，即效用功能、知识功能、自我保护功能和价值表现功能。

2. 根据认知一致性原理，如果构成态度的三种成分之间不一致，个体就会产生内心的冲突和心理上的不协调，这种心理状态驱使其设法改变其中的某个因素，以维持三者之间的一致和协调。这构成了认知失调论、自我知觉理论、认知—情感相符理论、平衡理论、社会判断理论等态度形成理论的共同基础。这些理论从不同的角度解释了消费者态度的形成，且为营销者带来了诸多有益启发。影响力最大的态度模型当属费舍宾模型，其公式为 $A_{kj}=\sum_{i=1}^{n}W_{ki}B_{kij}$ ，即消费者对某一个产品或品牌的态度，是消费者对该产品或品牌的属性的信念与其权重的加权求和。费舍宾扩展模型的基本公式为 $B=f(BI)=f(A_{act}, SN)=A_{act}(W_1)+SN(W_2)$，消费者对采取某个购买行为的态度是其对行为结果的信念强度与其信念评价的乘积；消费者的主观规范是其对各种主观规范的信念强度与其遵从主观规范的顺从动机的乘积；行为态度与主观规范共同影响消费者的行为意向，而由于二者的影响权重不同，所以对二者加权求和，即为消费者的行为意向。最后，以行为意向预测消费者的行为。

3. 根据霍夫兰德的说服模型，可以归纳出消费者态度改变的影响因素有四大类：信息源（可靠性和吸引力）、信息传播（信息内容和信息传播）、目标靶（态度坚定性、介入程度、预防注射、人格）和情境（预先警告和分心）。

复习题

1. 态度的功能有哪些？
2. 消费者态度和消费者信念的区别和联系是什么？
3. 导致购买行为和态度不一致的因素有哪些？
4. 影响消费者态度转变的因素有哪些？
5. 商家可以通过什么途径来改变消费者的态度？

案例分析

汽车团购：经销商爱恨交加，消费者意兴阑珊

某周末，H汽车组织了珠三角多个城市的客户到珠海参加大型团购会。此次活动只针对佛山、江门、中山、珠海等8个城市的客户。消费者在活动当天享受到了购买骑士车型超过万元的优惠礼遇。同时，公司限量推出的某车型以10.58万元的低价回馈客户。此外，H汽车旗下其他车型也全部亮相此次活动，优惠力度最高达1万元。很多尚处于犹豫状态的客户，被现场火爆的销售氛围及优惠政策吸引，纷纷在现场下订单。

佛山在本次团购中订车13辆，而汽车保有量和销量均不如佛山的珠海在此次团购中收获了近50辆车的订单。是本次团购促销力度不大，吸引不了佛山消费者吗？某销售经理表示，此次佛山订单不多有部分原因是他们出发太早了，很多客户没有赶上，到现场的车主下单率达到40%左右。但更主要的原因是很多消费者对团购持怀疑态度，因此参与的热情不高。具体原因主要有以下三个方面。

一、团购活动太多，消费者难选择

汽车团购，不管是认识或不认识的消费者联合起来，增强与汽车经销商的谈判能力，以求得以最优的价格买到车。根据薄利多销的原理，商家可以给出低于零售价格的团购价给消费者。团购使消费者得利，增加销售商的销量，这个两全其美的事情缘何在佛山遇冷呢？汽车销售知名人士分析说，消费者自行组成购车团，或者参加专业团购网站、商家组织的团购等，提升客户与商家的议价能力，并最大限度地获得商品让利，从而获得了尽可能多的收益。正是这个貌似两全其美的事情使得团购这一销售方式变得越来越流行，甚至呈泛滥之势。在佛山各种各样的汽车团购活动就令人眼

花缭乱。有网站搭台、车商组织，或者消费者自行集结，汽车团购几乎每周都在上演。造成消费者对团购热情不高的原因主要是汽车团购活动非常多，让消费者无所适从，不知道该选择哪场团购会。有的消费者经常参加，结果发现每次谈来的价格都与自己的心理价位不符．因此再遇见类似的汽车团购都会认为是浪费时间和精力，也就不会主动去参与。

二、团购价格不透明，影响消费热情

近日，佛山某日系品牌经销商举行了一场“百人大团购”活动。尽管该场团购宣称让利幅度最大，甚至亏本抛货，但经过一个月的“集客”，真正到店的只有十多名客户，当天仅成交了 5 辆车，无论是到店客户还是成交量都未达到理想。禅城居民李某报名参加了此次团购活动，她到了现场都还不知道团购价是多少，优惠幅度有多大。十多个人在4S店分别与销售人员砍价，这和平时到4S店购车没有任何区别。销售人员不告诉你底价，你都不知道自己砍下来的价格是不是最低。价格不透明让消费者感觉没底，她当时觉得没有达到团购的心理价位，就没有订车。团购价的不透明影响了消费者参加团购的热情和信心，认为这只是车商花样翻新的促销噱头而已。

“我所理解的汽车团购应该是无需四处走动看车，更无需货比三家拼命砍价。但很多车商组织的团购往往不抛出底价，价格不透明让消费者很难得知自己究竟是不是买到价格最便宜的车，这是我不愿意参与车商组织的团购活动的原因。”南海居民罗小姐的观点很具代表性。为何车商不愿意公布团购的底价呢？某 4S 店总经理邓某表示：“团购价保密，这在汽车销售里算是一个普遍现象，因为团购价要考虑之前买车的消费者感受，还要能保证接下来的销售不受影响。团购本来是薄利多销的，但如果公布了团购价格，以后单一的消费者购车都以团购价为参考，我们卖车也就没有利润了。”

三、购买目标难统一，影响团购效果

有着相当丰富团购经验的徐某在 10 月参加了佛山本地一个网站组织的团购活动，最后有 20 多人参团报名。可到了 4S 店后，却发现大家虽然购买的是同一品牌，可具体的车型都不同。假设大家都是购买一汽大众车型，有的人购买迈腾，有的人要买速腾、宝来、高尔夫，即便是购买高尔夫，也有购买低配还是高配、1.4 发动机还是 1.6 发动机之分。由于车型不统一，根本达不到团购的效果。比如购买迈腾的可以获得 3.5 万元的最高优惠，比正常优惠要多 5000 元，可购买的人只有两个，对方无法给出团购的优惠价格。而购买速腾车型的人不可能为了 5000 元的优惠而改买迈腾。另外，其他车型价格比正常优惠只少 1000 元，根本达不到团购者的心理预期价位。徐某私下打听得知，网站组织的团购活动基本都与经销商达成返利、提成、广告置换等条件，这些都导致团购车价偏高。

“汽车团购，购买目标不统一，大家意见不一致，不够团结是民间组织难的一大症结。”徐某总结道。

讨论题：

1. 消费者团购汽车的态度受什么因素影响？
2. 佛山的消费者为什么对汽车团购意兴阑珊？
3. 如何改变消费者对汽车团购的态度？

第五章 消费者的自我与生活方式

学习目标

- 理解消费者自我概念的基本类型及其营销含义；
- 熟练掌握自我概念在企业营销实践中的应用；
- 掌握生活方式测量的基本方法，即 AIO 方法和 VALS 方法。

唯品会消费者的特点

首先，唯品会是一个专门做品牌折扣特卖的电商网站，消费人群中青年居多，20～40 岁的网民占很大比例。其“一站购物，时尚体验”的风格深受中青年消费者的喜爱。他们大部分人具有较高的文化水平，熟悉计算机操作，有较强的浏览阅读能力，是唯品会的主要用户。他们适应和欣赏唯品会购物网站营造出的氛围，感觉在这种氛围内购买产品就是一种享受。

其次，中等收入人员居多，这部分消费群体希望在唯品会类网站上淘便宜。这部分消费者的消费能力会很适合购买唯品会二三线品牌折扣价格产品。

再次，女性网购者居多，且增长速度快。唯品会的产品价格比商场的会便宜一些，另外，在网上看衣服款式，看服装搭配，满足了女性足不出户就能逛街的需要。

第一节　消费者的自我概念

自我概念已经成为社会心理学的研究热点，因为它有利于组织我们的思想并指导我们的社会行为。一个消费者如何看待和评价自己，即自我概念，强烈地影响着他的行为。例如，一个消费者买什么样的衣服，往往取决于其自我概念。

一、消费者自我概念的定义

自我概念（Self-concept），也被称为自我形象（Self-image），最早被詹姆斯（James）定义为“由纯粹的自我和经验的自我构成的个人自我意识”。这里采用所罗门和卢泰宏等的观点，自我概念是指一个人所持有的关于自身特征的信念，以及他对于这些特征的评价。它是个体对关于自身一切的感受、了解和认知，它全面描绘了个体的心理图景。一个人的自我概念是由其对自己的态度所构成的。例如，“我是谁”“我是什么样的人”“我应该是什么样的人”等都是一些关于自我概念的某个侧面，共同构成了消费者对自我概念的价值判断。

自我概念是一个极其复杂的结构。我们能够通过内容（Content，如容貌的魅力与头脑的智力）、积极性（Positivity，如自尊）、强度（Intensity）、长时间的稳定性（Stability）以及准确度（Accuracy，如自我评价与事实的匹配程度）来描述自我概念的特性。

按照自我概念理论，个人是基于他们的实际自我（Actual Self）和理想自我（Ideal Self）来形成自我概念的。因此，二者构成了自我概念的基本框架。自我概念理论主要基于两大原则：自我一致性（Self-consistency）和自尊。一个人为了维持自我一致性，必须遵循实际的自我；若要强化自尊，就必须追随理想的自我。

二、自我概念的意义

根据自我一致性原则，由于消费者需要在消费行为上与其自我概念保持一致，因此，其自我概念对消费者的行为具有很大的影响。

相关研究已证实了消费者的自我概念与情感、态度和行为反应之间的关联性。多力克（Dolich）经过深入研究消费者关于牙膏和肥皂的购买行为，发现被调查者往往偏爱那些他们认为与自己的自我概念高度一致的品牌。里金斯（Richins）的研究还发现，广告的宣传主题和广告形象往往会在实际的自我概念与理想的自我概念之间造成更大的差距。展示漂亮模特，描绘奢侈生活方式的广告呈现了一种令人无法企及的理想生活，因此，消费者通过比较实际自我与理想自我，只能产生一种无能为力的感觉。例如，一般的女性时装模特身高 5 英尺 9 英寸（约 175. 26cm），体重 123 磅（约 55. 8kg）；而一般的美国妇女身高 5 英尺 4 英寸（约 167. 56cm）。在扩大实际自我与理想自我差距的过程中，广告降低了消费者的自尊。

三、自我概念的类型

过去，人们一般认为消费者只有一个“单一的自我”（Single Self），而且仅对那些能满足这个唯一自我的产品感兴趣。然而，研究表明，把消费者看作具有多重自我（Multiple Selves）的人更有助于理解消费者及其行为。例如，同一个人在不同的情境中，往往表现出不同的自我。

自我概念是基于一个人的个性特征所构成的复杂的、多面的系统。一个人的自我概念（对自己是谁的认识）不仅包括其个人身份（你对自己个人属性的认识），也包括其社会身份。根据表 5-1 可知，自我概念由四大层面构成，形成四种组合。这四大层面分别为实际自我和理想自我，以及私人自我和社会自我。

表 5-1　消费者自我概念的不同层面

自我形象层面	实际自我	理想自我
私人自我	实际的自我概念	理想的自我概念
社会自我	实际的社会自我概念	理想的社会自我概念

1. 实际自我、理想自我与期待自我

实际自我是“我现在是什么样的人”，反映了一个人的真实本性（弗洛伊德心理分析理论中的“本我”）。而理想自我则是“我想成为什么样的人”，反映了一个人对自我的理想（弗洛伊德心理分析理论中的“超我”）。

还有学者提出一个与二者有密切关联的自我概念——期待自我。它是指存在于真实自我与理想自我之间的自我概念。

2. 私人自我与社会自我

私人自我是指我对自己怎么样或我想对自己怎样。社会自我则是别人怎样看我或我希望别人怎样看我。这一对概念是从自我概念的影响因素来源的角度来考察自我概念的。它们说明影响一个人

自我概念的因素不仅来自其自身，还来自社会；自我概念不仅为自己而“自我”，也是为别人而“自我”。这正是自我概念最为复杂的一面。

按照 Sirgy 的观点，基于人的个人属性和社会属性，可将自我概念划分为实际自我、理想自我和社会自我三个维度。就社会整体而言，这三个维度对自我概念形成作用的大小主要取决于社会文化和社会价值观。在西方个人主义价值观的指导下，个人往往认为他人的评价和自己所处的群体没那么重要，自尊更多的是个人的而不是群体的，个人是基于实际自我和理想自我而形成自我概念的，因此实际自我和理想自我对自我概念的形成相对更为重要。而在东方集体主义价值观的指导下，个人的自尊与他人的评价及其所属群体密切相关，自尊不仅是个人的也是群体的，因此实际自我和社会自我对自我概念的形成相对更为重要。从这里可以看出，无论是东方的集体主义价值观，还是西方的个人主义价值观，关于自我概念的形成有一点是共同的，即实际自我是自我概念形成的基础；它们的关键区别在于：在自我概念形成过程中，前者认为社会自我比理想自我更重要，而后者认为理想自我比社会自我更重要。

上述各类型的自我并不是各自独立的，而是相互联系的。实际自我是人们自我概念形成的基础，也是其他自我层面赖以存在的依据；理想自我是实际自我的参照依据，也是影响消费者行为的动机力量，当实际自我与其存在差距时，人们将努力实现理想状态。此时，理想自我成为人们追求自我完美的基本动力。而且，人们还希望自己的形象符合他人或社会的规范，并为此而努力按照这种规范自我调整。而期待自我折射出个体改变“自我”的现实机会，对营销来说，也许较理想的自我形象比现实的自我形象更有价值。

拓展阅读

中国女性消费者自我概念对营销策略的影响

自我概念，是处于一定社会地位的个体在社会化过程中逐渐形成的对自己的看法和态度，是个人将自身作为对象的所有思想和情感的总和。卢泰宏提出用 5 个维度可以较全面客观地反映女性消费者的自我概念。这 5 个维度是家庭自我（Family Self）、情感自我（Feeling Self）、心灵自我（Freedom Self）、表现自我（Fashion Self）和发展自我（Fervor Self），也称为 5F。女性消费者所表现出的不同的消费模式是自我概念系统结构动态变化的结果。

家庭自我是女性对自己家庭角色的感觉和观念。许多女性把家庭角色当成第一重要的角色，个人的需要和发展要服从家庭生活的需要，家庭共同消费重于个人消费。所以，如果女性家庭自我比较突出，在消费生活中则更加关注子女和丈夫的需求，甚至会忽视个人的职业、审美或情感角色。

中国女性也把情感角色看得很重。如果女性自我概念中的情感自我比较发达，她们在消费中比较喜欢感情用事，注重自己的主观感受，喜欢根据自己的感受评价客观世界，在消费生活中会表现出明显的感性消费特征。

表现自我是指女性对自己的外表形象或在他人眼中的形象的感觉和看法。同许多外国的女性相同，中国女性通过外表或其他方式来表现自己与众不同的个性气质，她们追求时尚、注重打扮，喜欢交际，这些都成为女性消费者表现自己、展露个性的重要手段之一。

发展自我的重心则在于追求事业成就和在职业上有目标导向。为了能够得到一定的社会地位，在职业生涯中获得更高职位，发展自我意识强烈的女性往往会忽视个人的情感需要，把职业发展和追求成功看成第一位的。

在中国女性消费者中，自我心灵的释放和自我心理平衡也是社会期望的角色模式。心灵自我是否强大，能够体现出女性消费者的自我概念系统中各种维度是否和谐。有着强大心灵自我的女性，可以做到家庭和事业、情感和审美的完美平衡，其行为模式表现为更高水平上的优雅风度。

女性的消费心理及行为与男性迥异，她们是相对较难把握的复杂的消费群体。在专属于女性消费者的产品营销"她世纪"的到来之际，面对社会、经济地位越来越独立的巨大的女性市场，企业营销人员可以根据自我概念的结构体系对庞大的女性消费群体进行全面的了解和细分，有针对性地设计，用不同的方式个个攻破。

3. 延伸自我

基于形象一致假设，消费者往往根据自我概念，选择与自己的自我概念相符合的产品或品牌。因为这些品牌能够引起消费者的一致性反应。罗塞尔·W. 贝尔克（Russell W. Belk）最先提出了延伸自我（Extended Self）的概念来解释这一现象。他说："人们通过自己所拥有的东西或物品，去寻求、表达、肯定，并确保自我的存在。"延伸自我将某些产品或品牌视为消费者自我概念的延伸和扩展，它由自我和拥有物两部分构成。这说明：我们倾向于部分地根据自己的拥有物来界定自我。例如，某些人一旦非自愿地失去（如被抢、被盗等）某些拥有物时，便会出现魂不守舍的现象；再如人们往往根据一个人的穿着打扮，推测其个性和品位。

根据产品外显性的不同，延伸自我可以分为四个层次：

（1）个体层次：这一层次的延伸自我包括个人财产中的相当大一部分（如首饰、汽车、服装等）。

（2）家庭层次：这一部分的延伸自我将消费者的住宅及内部陈设纳入其中。住宅几乎是家庭的唯一载体，也往往是身份的核心。

（3）社区层次：消费者常常将自己所在的地区也视为自我的一部分。这体现了消费者对归属感的需要。例如，我们常常按照自己所在的地区或城市来介绍自己。

（4）群体层次：消费者可能将对特定社会群体的依恋也视为自我的一部分。例如某个球迷将某个球队视为延伸自我的一部分。

消费者延伸自我的形成机制有三个关键环节，根据图 5-1，它们分别是：①消费者在参照群体和其他因素的作用下，形成完整的自我概念；②消费者根据自我概念寻找相对应的象征品；③经过象征品的扩展和延伸，形成延伸自我，并获得参照群体的接纳和认可。

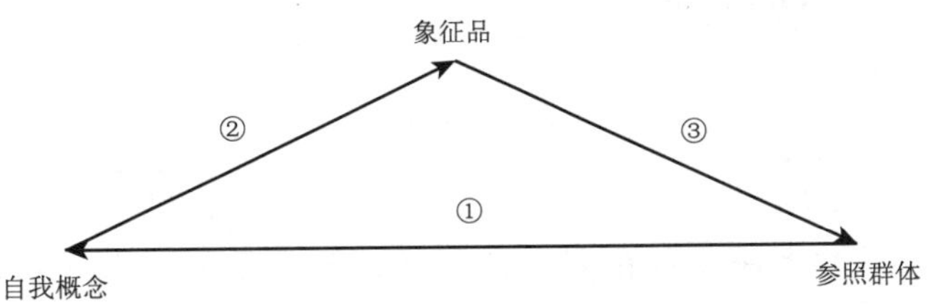

图 5-1　消费者延伸自我的形成机制

4. 虚拟自我

除了上述几种自我概念之外，还有其他的自我概念，如虚拟自我（Virtual Self）。虚拟自我，也称为网上自我（On-line Self），是指在虚拟的世界里所表现出来的、与实际自我不一致的自我。这些虚拟世界可以多种形式呈现，比如网络、游戏、影视、小说、图画、符号、面具等。在现实世界中，人们往往因需要符合“超我”的规范、责任、向善、良心、道德、个人形象等标准，不可能完全按照“本我”行事，不可能完全展现实际自我，只有寻求于虚拟世界。因此，在虚拟世界中，消费者往往呈现出与实际自我不一致，甚至大相径庭的另外一面。例如，影视明星周星驰在现实生活中本来是一位认真严肃、努力勤奋、不拘谨敏感、不善言辞、不苟言笑、不善交际的人，具有典型的抑制性气质；但他在影视剧中扮演的角色却大多是诙谐幽默、滑稽搞笑、无拘无束、无厘头的人物形象，具有典型的多血质气质。再如，某人在现实中可能就是一位喜欢安静、乐于思考、不喜喧闹的柔弱男士，却喜欢玩对抗激烈、场面热闹的网络游戏，而且喜欢扮演勇猛刚毅、疾恶如仇的角色。

四、自我概念与营销

自我概念与营销

如前所述，自我概念对消费者行为具有重大的影响。因此营销者基于自我概念，营销者有以下营销策略。

1. 尽力使品牌形象与目标消费者的自我概念（形象）保持一致

品牌形象是指品牌特性的传播及其在此基础上形成的消费者和社会公众对这些特性的感知和评价。如果消费者的这些感知和评价与其自我形象保持一致，就能够激发消费者强烈的一致性反应，这种现象叫作“共鸣”。一个品牌如果能够引发消费者心灵上的强烈“共鸣”，则是品牌管理的巨大成功。

例如，历史悠久的苏格兰威士忌尊尼获加（Johnnie Walker），凭着200年的漫长发展历史，成功孕育出了“优雅、酷、技艺精湛、进取、自信、有魅力、美观和一点点水仙花般的自恋”的品牌个性，并最终沉淀而成广为世人所知的、具有“Keep Walking”（永远向前）精神的“行走绅士”形象。这正是尊尼获加品牌形象的内核和精髓。而最为关键的是，“行走绅士”的品牌形象内核与其目标顾客——25岁以上的年轻群体“人生无界，行者无疆”的自我形象高度吻合。

应该特别指出的是，并非所有的产品或品牌都能够成为延伸自我的一部分，担当消费者自我形象的“代言人”，并与消费者产生“共鸣”。只有满足三个基本条件的产品或品牌，才有资格成为消费者延伸自我的一部分。这些条件分别是：①可见性；②区别性（有人能够拥有，有人无力拥有）；③拟人性。

拓展阅读

加里的香水选择

对于许多消费者而言，须后水、古龙香水、花露水是很有必要的。有些人简直就无法想象若不洒上他们喜欢的香水该如何出门。

几个月以来，加里一直期望与詹妮约会一次，今晚，他将如愿以偿，为了这一重大时刻，加里决定购买一瓶新的古龙香水，他可不想图侥幸。

加里将他的同伴丹尼斯也拖到商店，两个人在芬芳四溢的香水柜台前细细辨别鉴定每种香水。

香水及花露水应有尽有，从有着如 Cacharel Pour Homme 般千奇百怪的法国名字的女用香水的派生品，到朴实无华但有着男性魅力的品牌如 Brut，可谓品种齐全。

有这么多的香水可供选择，但哪种香水才能传达准确的信息呢？闻过几种样品之后，加里意识到事情并不像他想象的那么容易。有的香水有一股甜腻的香味，让他不仅想起他的老姑妈，有的香水则清新如橘。正当他准备放弃之时，丹尼斯让他注意一种名叫 Drakker Noir 的香水，这种香水装在一个纯黑色的小瓶子里，看上去颇具神秘意味。这正是他要为珍妮而塑造的形象——珍奇且具有一点神秘气息，加里抓起一瓶，兴冲冲地踏上了回家的路，在他身后撇下一路胜利的香味。

2. 巧妙运用消费者实际自我与理想自我之间的差距，激发消费行为

一般情况下，消费者的实际自我与理想自我之间往往存在一定的差距。而如果在营销传播中巧妙地暗示和提醒消费者这种差距的现实存在，则可以有效激发消费者的消费行为，努力弥补这一差距。例如，在化妆品、服装、首饰、手表、整形美容等产品广告中，广告代言人或广告模特强大的外表吸引力强烈地暗示消费者实际自我与理想自我之间的差距，唤醒其理想自我，激发其购买行为，以改善“现实自我”的形象。同样，另外一些产品，如汽车、美酒、家具等产品的广告也在刻意提醒并强化消费者实际自我与理想自我之间的差距，以说服其购买这些产品，缩小这一差距。

当然营销者在广告中所暗示或展现的二者之间的差距必须恰到好处：如果差距过大，则会给消费者带来一种无法企及的挫败感，从而严重降低消费者的自尊；而如果差距过小，则无法给消费者带来足够的心理期待，难以激发其消费行为。

3. 正确辨别消费者私人自我和社会自我之间的差异，采取有针对性的营销策略

私人自我是指我对自己怎么样或我想对自己怎样，而社会自我则是别人怎样看我或我希望别人怎样看我。这说明消费者整体的自我概念不仅受到“我”对自己的看法和态度的影响，还受到别人对“我”的看法和态度的影响。在实际的消费行为中，至于哪一种因素影响下的自我概念起主导作用，需视产品的属性及其与消费者的关系而定。一般地，如果该产品具有较强的私密性、内隐性、功能性、价值性，则私人自我影响下的自我概念起主导作用；反之，如果该产品具有较强的社会性、外显性、价值观表达性，则社会自我影响下的自我概念起主导作用。

例如，手机在过去的 10 多年内发生了巨大的变化，这一变化可能不是技术上的，而主要是对消费者的意义上的。在 10 年之前，手机对消费者来说主要意义就是打电话、发短信，消费者关注较多的是手机的工具属性和耐用性，购买动机是典型的求实动机和效用动机；而现在，手机对消费者的意义早已超出了打电话，消费者关注较多的是手机的情感属性、社交属性、时尚属性、外显性和个性表达功能，购买动机含有较多的求美、求名、炫耀成分。这一点在中国的年轻消费者群体中，表现得最为明显。凡是洞悉这一大趋势，并作出适应性调整和创新的手机企业皆成为当今行业的佼佼者；凡是未顺应这一大趋势，并作出自我革新的手机企业皆成为当今行业的淘汰者。因此，手机行

业的竞争格局发生了沧桑巨变：以摩托罗拉、诺基亚、爱立信等为行业巨头的格局逐渐演变为以苹果、华为等为行业领导者的格局。

4. 既要充分满足消费者现实自我所引发的大量现实需求，又要深入挖掘虚拟自我所隐含的营销机会

消费者的自我概念既有现实自我，也有虚拟自我。现实自我引发的需求更多的是现实需求。例如，某人的现实自我是一个专业产品的销售经理，与此相匹配，他所需要的产品可能包括笔记本计算机、智能手机、品牌西装和皮鞋、公文包、名片夹等。而虚拟自我所引发的需求中潜在需求则占有相当大的比例。由于受制于多种内外部因素，如个人隐私、个人形象、社会规范等，其自我概念中的“另外一面”无法彻底表现，而只能在虚拟世界中释放。因此，消费者的虚拟自我不仅是消费者的另外一种生活方式，更隐含着巨大的潜在需求。营销者应该创新产品类型、营销渠道、销售方式、广告策略等，以变现消费者虚拟自我所隐含的巨大商机。

例如，不少人希望在繁忙、辛苦的生活、工作、学习之余，找到一种展示自我“另外一面”的场所或方式。于是网络游戏作为一种低成本、低风险的此类产品就应运而生了，它既可以实现他们带领战士冲锋陷阵、歼灭敌人的“大梦想”，还可以满足他们社交、交友、消遣、休闲的微需求。再如，有一些人希望交友，期待友谊，渴望爱情，但在现实世界中囿于性格，碍于面子，不敢付诸行动；或屡战屡败，备受打击，因此他们在现实世界实现不了的愿望，只好寻求于虚拟世界。于是一些交友、聊天工具（如微信、QQ 等），一些交友、婚恋网站，一些婚恋节目，迎来了快速发展的机遇。又如，很多人内心里渴望购买一些私密用品（如情趣用品、情趣内衣、避孕药具等），但是由于不好意思、怕被人看见、怕被人笑话、害羞等负面动机影响，而不敢、不愿去传统的实体店购买此类产品。于是专门销售此类产品的网络店铺如雨后春笋般迅速发展，而销售比实体店更为火爆。这些都说明虚拟自我不仅仅是消费者的“另外一面”，更为相关营销者带来了巨大的潜在商机。

第二节 消费者的生活方式

一、生活方式的定义

生活方式（Lifestyle）（也被译为“生活形态”）的概念最早由心理学家艾德勒（Adler）于 1927 年首先提出。生活方式一般被认为是个体在成长过程中，在与社会诸因素交互作用下表现出来的活动、兴趣和态度模式。简言之，生活方式就是个体如何生活。

生活方式与自我概念之间既有密切的联系，又有明显的区别。首先，二者有着密切的联系。在许多情况下，我们的生活方式往往是我们自我概念的外在表现。即在个人收入和能力既定的条件下，一个人所选择的生活方式，很大程度上受到其自我概念的影响。例如，如果一个人认为自己是传统、保守、严谨、认真、爱思考的自我概念，则其生活方式很可能就是喜欢比较“宅”的生活，喜欢读书，喜欢听节奏舒缓的音乐，而不太可能将冒险、激烈、户外等活动作为自己的生活方式。其次，二者也有明显的区别。生活方式更多关注的是人们如何生活、如何消费、如何活动等外在表现，而自我概念则更多是从内心态度来考察人们的认知、情感等；生活方式更多是一个营销学、广告学术语，而自我概念则是典型的心理学概念。

二、生活方式的研究

生活方式的研究

首先，关于生活方式定义的研究。与心理学的其他许多概念一样，到目前为止，生活方式的定义也没有统一。Del J. Hawkins 等认为，生活方式就是我们如何生活，它由我们过去的经历、固有的个性特征、现在的情境所决定，一个人的生活方式是其内在个性特征的一种函数。Michael・R. Solomon 认为，生活方式是一种消费模式，它反映了一个人选择如何使用时间和金钱。菲利普・科特勒认为，生活方式被看作人们以活动、兴趣和观点的形式表现出来的在这个世界上的生活模式。这一定义影响较大。符国群的定义就是在这一定义的基础上提出的，他认为，生活方式是个体在成长过程中，在与社会诸因素交互作用下表现出来的活动、兴趣和态度模式。

Del J. Hawkins 等研究了生活方式与消费者行为之间的关系。他们认为，我们追求的生活方式影响我们的需求、欲望和消费行为。生活方式通常为消费行为提供了基本的动机和指南，虽然它往往是以间接和微妙的方式表现出来。生活方式决定了我们的许多消费决策，而这些决策反过来又强化或改变了我们的生活方式。尽管消费者很少明确地认识到生活方式在他们消费行为中所起的作用。

另外，生活方式的测量也是研究者关注的焦点。试图以量化的方式衡量生活方式最初被称为心理图论或心理地图（Psychographics，或心理绘图、心理图示），心理地图和生活方式经常被交替使用。在这方面有两个有代表性的、影响较大的生活方式测量方法，其一是 AIO 方法，这种方法是建立在菲利普・科特勒关于生活方式是人们的“活动、兴趣和观点”的观点上的。其二是 VALS 方法。VALS 方法是迄今为止，最受市场营销经理推崇的关于生活方式的应用研究。尤其是 VALS2 模型通过菲利普・科特勒的《营销管理》等书籍的介绍，其影响相当广泛。当前，我国消费者的观念和行为越来越复杂，以消费者为中心的市场竞争形势已使许多企业及广告公司采用 AIO 方法和 VALS 方法，下面会对这两种方法作详细介绍。此外，北京零点前进策略的吴垠在《中国居民分群范式的研究》一文中，基于美国 VALS 系统，结合中国的特殊国情和社会价值观，开发了 CHINA-VALS 模型。

三、生活方式的测量与意义

心理地图是使用心理、社会，以及个人的因素，根据消费者的性格倾向，以及他们对于产品、人们、理念，或者事物所持有的态度，或者他们所实际接触的媒体，来决定市场如何细分的一种工具。这一工具弥补了消费研究——动机研究和定量调查研究的缺陷。动机研究以深入的一对一访谈和投射技术测试得出大量的关于少数人的信息，而定量研究或大规模人口统计调查则得出很多关于很多人的很少量信息。因此，二者都无法充分满足有效营销决策的实际需要。而心理地图研究则综合了心理和人口统计两方面的研究，专注于研究诸如“为什么两个收入相同的人，消费者行为却完全不同”之类的问题，不仅能告诉营销者“谁购买”，还能告诉其“为什么买”。因此，心理地图研究对营销者来说，具有很高的实践价值和指导意义，它能够帮助营销者科学细分市场，并对自身的产品进行准确定位。

尽管不同的研究者具体运用的综合测量方法可能会有所不同，但一般都是在活动、兴趣和观点测量的基础上，加上对有关消费者态度、价值观、人口统计变量、媒体使用情况、产品使用率等方面的测量。目前，应用最广泛、影响最大的综合测量方法当属 AIO 方法和 VALS 方法。

1. AIO 方法

菲利普·科特勒认为，生活方式是以活动（Activity）、兴趣（Interest）和观点（Opinion）的形式表现出来的生活模式。心理地图最早研究的关注点就是人们的 AIO，通过这三个方面来描述人们的生活方式。因此，最初的测量工具叫作 AIO（活动、兴趣和观点）量表。下面简要介绍 AIO 量表的使用。

AIO 量表由大量（多达 300 个左右）陈述句组成，由大量被试者（一般为 500 人以上）表达对这些陈述句的同意或不同意的程度。这些陈述句涉及三大方面（见表 5-2）：第一是活动类，如消费者从事什么活动，如何消费，如何锻炼身体，如何打发时间等；第二是兴趣类，如消费者喜欢什么，偏好是什么；第三是观点类，如何看待我国的环保问题和污染问题，如何看待中国、看待中国的教育问题，如何看待中国的未来等。这些陈述句可以分为两大类型：一类是一般性问题，它适用于细分市场，如“宅一族”的消费者和“户外一族”的消费者。另一种是具体性问题，如消费者在哪里购买便利品，又在哪里购买家用电器。

表 5-2　AIO 的陈述句清单

活动	兴趣	观点	统计数据
工作	家庭	他们自己	年龄
爱好	家务	社会问题	教育
社会活动	工作	政治	收入
度假	社区事务	商业	职业
娱乐	流行	经济	家庭规模
购物	休闲	教育	居住
社会活动	食物	产品	地理
体育活动	媒体	未来	城市大小
俱乐部会员	成就	文化	生命周期阶段

Wells 和 Tigert 公司根据上述 AIO 的思想和方法，通过 300 个陈述句将消费者划分为价格意识型、时尚意识型、SOHO 型、关心社会型、从子女角度出发型、强迫性家务劳动型、自信型、自作主张领导型、信息搜寻型、厌恶家务型、裁缝型、罐装食品用户型、节食型、财政乐观主义者等 14 种类型。

2. VALS 方法

另一种在营销实践中更受欢迎的生活方式测量方法是“价值观与生活方式调查”（Value and Lifestyle Survey，VALS）系统。“价值观与生活方式”这一社会学概念最早由威廉·莱泽于1963年引入市场营销学领域。由于这一概念比社会阶层更为深刻而生动地揭示了人们的消费方式，因此逐步得到了来自营销管理学及消费行为学等方面的高度关注，而且在营销实践中也得到了应用。

斯坦福国际研究所（Stanford Research International，SRI）经过对大约美国1600户家庭的调查研究，研究开发出了VALS系统，将美国成年人分为9大类别。该系统是建立在消费者对各种社会问题是否赞同的基础上的。尽管VALS被广泛地运用，并被其他国家200多家公司和广告代理商运用于营销实践，但许多人仍觉得运用时有相当的困难。于是，SRI对VALS进行了改进，称为VALS2系统。VALS2较VALS有着更为广泛的心理学基础，而且更加侧重于活动与兴趣。VASL2更多地选择相对具有持久性的态度和价值观来反映人们的生活方式。VASL2划分人们生活方式的指标有两个：其一是自我取向，它决定了个人的世界观、价值观和行为导向，可以分为三类取向：①原则导向。其选择主要受他们的世界观、价值观等内在标准的影响。②地位取向。其选择严重地受到他人的态度和观点的影响。③行动导向。渴望社交或体能性活动，对行动、变化和冒险有着强烈的渴求。其二是资源丰裕度，包括收入、教育、精力、时间和购物热情等因素，反映了个人追求他们占支配地位的自我取向的能力。VASL2根据这两个指标，将美国成年人划分为8种类型：完成者、信奉者、实现者、成就者、奋争者、挣扎者、体验者和动手者（见图5-2）。他们的人口统计特征、产品拥有情况分别如表5-3和表5-4所示。

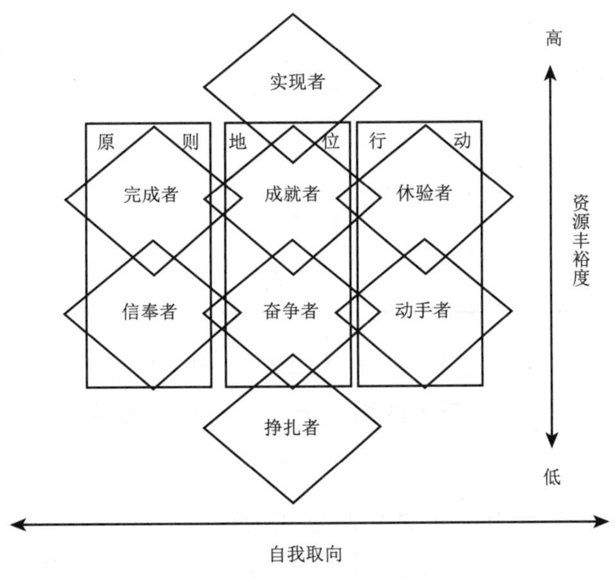

图5-2　VALS2系统

表5-3　VALS2各细分市场的人口统计特征

细分市场	人口统计特征						
	占人口百分比（%）	性别（男性%）	平均年龄	平均收入（美元/年）	教育（大学%）	职业（白领阶层%）	已婚（%）
实现者	8	59	43	58000	95	68	72
完成者	11	47	48	38009	81	50	73

续表

细分市场	人口统计特征						
	占人口百分比（%）	性别（男性%）	平均年龄	平均收入（美元/年）	教育（大学%）	职业（白领阶层%）	已婚（%）
信奉者	16	46	58	21000	6	11	70
成就者	13	39	36	50000	77	43	73
奋争者	13	41	34	25000	23	19	60
体验者	12	53	26	19000	41	21	34
动手者	113	61	30	23000	24	19	65
挣扎者	14	37	61	9000	3	2	47

表 5-4　VALS2 各细分市场产品拥有情况

产品拥有情况	细分市场							
	实现者	完成者	信奉者	成就者	奋争者	体验者	动手者	挣扎者
拥有 SLR 照相机	163	124	80	138	83	88	115	29
拥有超过 $150 的自行车	154	116	90	33	83	120	88	43
拥有 CD 唱机	133	108	119	97	96	94	94	69
拥有钓鱼器具	87	91	114	87	84	113	142	67
拥有家用电器	196	112	64	100	56	129	148	29
拥有个人计算机	229	150	59	136	63	82	109	20
拥有中小型汽车	133	117	89	101	112	92	112	54
拥有卡车	72	96	115	104	103	91	147	52
拥有运动型汽车	330	116	43	888	102	112	90	5

关于生活方式测量的方法，比较有名的还有英国益百利（Experian）公司研发的全球拼圈细分方法、巴黎的社会变迁研究所（RI SC）提出的细分方法、行为瞄准等。

3. 中国生活方式测量

北京零点前进策略的吴垠在《中国居民分群范式的研究》一文中，基于美国 VALS 系统，结合中国的特殊国情和社会价值观，开发了 CHINA-VALS 模型。该模型通过对全国 30 个城市的 70684 位消费者的入户调查，以被访者的生活方式为分类基础，将中国消费者分为三派、五层、十四族群，称为 CHINA-VALS 模型（见图 5-3），各细分市场及其特征描述如表 5-5 所示。

图 5-3 是消费者生活方式分群与社会分层的结构图（CHINA-VALS）。图中横坐标是生活方式，分为三种形态："积极形态派""求进务实派"和"平稳现实派"。从分类数据上看，"积极形态派"占比 40.69%，"求进务实派"占比 40.26%，"平稳现实派"占比 19.05%。从整体来看，"积极形态派"和"求进务实派"所包含的 11 个种族群占总体的 80%以上，反映了中国消费者普遍持有积极向上、务实进取的消费心态。图中纵坐标是社会阶层，基于职业、教育和个人收入将中国消费者分为五层：上层、中上层、中层、中下层和下层。其中，中层占比最高为 48.18%。

CHINA-VALS模型比较客观地反映了中国消费者“理性”与“非理性”的多元化及“理性中有非理性，非理性中有理性”的特征，并对探索社会趋势、更好地解释消费者行为、明确目标细分市场、提高企业的战略营销水平，指导开发不同产品满足不同层次需求，尽可能减轻新产品研发投资风险、提升广告主题、激发广告创意以及结合市场的普遍性与行业的特殊性，预测行情等能够发挥积极指导性作用。

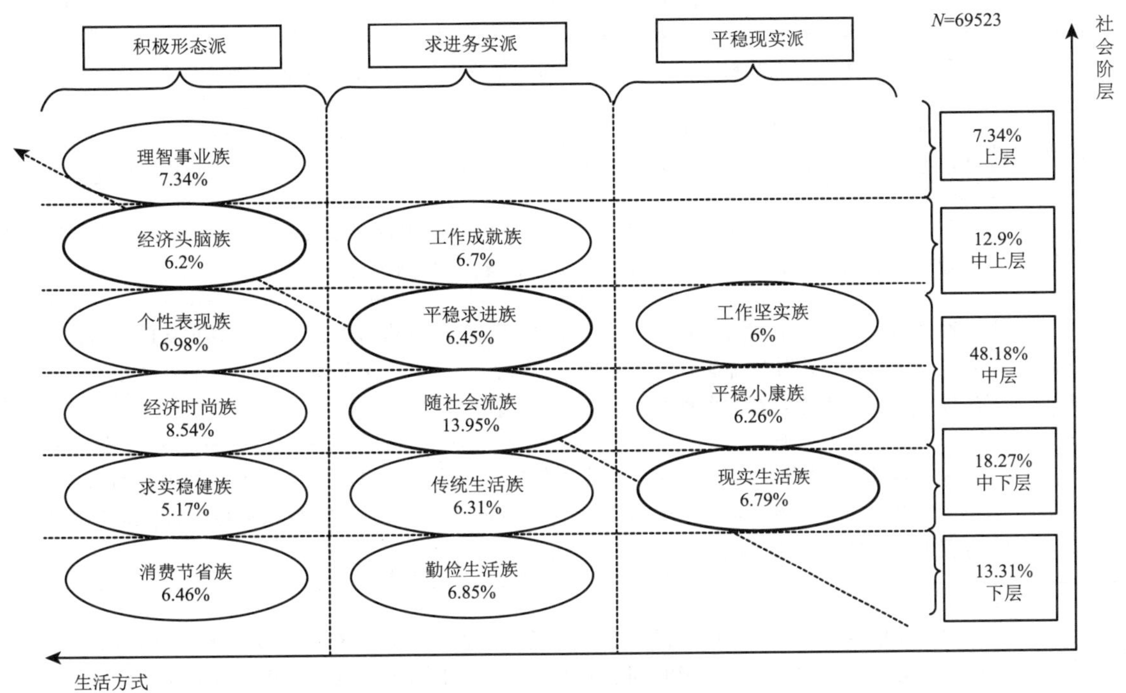

图 5-3　CHINA-VALS 模型

表 5-5　CHINA-VALS 各细分市场及其特征描述

经济头脑族	经济IQ型，消费经济意识强，货比三家，对金融投机具有冒险性。家庭观念弱。男性占六成以上，年龄分布较为均衡。企业管理人员、大专以上文化程度、中高收入倾向性高
求实稳健族	生活态度追求实际，更喜欢自主行事。注重平面媒体信息，对广告不注意，特别对名人广告持反对态度。购物比较注意包装说明。喜欢用现金，富余的钱存入银行。饮食比较讲究。注重工作稳定。男女比例基本平衡。党政机关/事业单位干部、中低收入倾向性高
传统生活族	重视家庭生活，消费态度较为积极，行为趋向集团性。女性占六成，工作特征倾向性不明显
个性表现族	家庭观念一般，行为倾向随心所欲，生活享乐。注重饮食。男女比例基本平衡。年轻人群占四点六成，个体户/自营职业者、自由职业者、中等教育程度、中等收入倾向性高
平稳小康族	行为稳重、实际，对平面媒体几乎没有阅读习惯。拥有自己的房子才会觉得稳定。男性占六成以上，个体户/自营职业者、自由职业者、中等教育程度、中等收入倾向性高
工作成就族	追求工作成绩比金钱更重视，经常有冲动行为，情感行为积极，有娱乐活动。喜欢购买具有独特风格的产品。注意广告、健身。成就欲强。专业人员、大专及以上文化程度、中等收入倾向性高，女性占六成，年轻人群居多

续表

理智事业族	事业成就欲望极强，饮食生活超脱社会水平。男性占七成，党政机关/事业单位干部、企业管理人员、大专及以上文化程度、高收入倾向性高
随社会流族	随社会潮流、个性主观性较弱，易受他人影响。男女比例、年龄分布较均衡。工作倾向性不明显
消费节省族	对消费十分谨慎，购物“货比三家”。理财行为保守。食物消费主要满足于生理层面的需求。购物时不太注重品牌。娱乐主要是看电视。工作为谋生。男女比例基本平衡。企业一般职工、初等教育程度倾向性高，党政机关/事业单位干部、专业人员、企业管理人员倾向性低
工作坚实族	工作是谋生的手段，生活方式求实。愿意多花钱购买高质量的物品，注意广告。拥有自己的房子才会觉得稳定。对股票概念具有冒险兴趣。男女比例基本平衡。大专及以上文化程度倾向性高
平稳求进族	工作并非谋生手段，生活态度趋于追求金钱以外的表现或变化。男女比例基本平衡。党政机关/事业单位干部、专业人员、大专及以上文化程度、中等收入倾向性高
经济时尚族	经济水平有限，消费行为相对谨慎，但是，生活意识趋向求新求异。对喜欢的品牌忠诚度最高并喜欢尝试新的（国外）品牌，认为名牌可以提高身份。注重健身。男女比例基本平衡。工作特征倾向性不明显，中等教育倾向性高
现实生活族	生活态度倾向传统意识，经济收入水平较低。品牌意识更愿意购买国产品牌。购物比较注意包装说明。男女比例基本平衡。55～64 岁者占三点四成。党政机关/事业单位干部倾向性略高，中等教育程度、中低收入倾向性高
勤俭生活族	对平面信息及广告关注度有限，有长时期看电视行为，存有投机发财的心理意识。女性占六成，55～64 岁者占三点五成。工作特征倾向性不明显。初等教育程度、中低收入倾向性高

此外，还有一些研究机构或研究者根据生活方式，把中国的消费者群体分为八种类型，即现实的温饱型阶层、积极的小康型阶层、富裕型阶层、保守的老百姓阶层、知识分子阶层、专门人员和管理人员阶层、新一代阶层、中年女性阶层，而每个层次的消费者阶层都有独特的消费或购买特点，见表 5-6。

表 5-6　新生代的中国消费者阶层特点

阶层	特点
现实的温饱型	安定、传统的中国式家庭生活，消费中档物品
积极的小康型	努力工作、追求高档消费品的小康型家庭
富裕型	首先购买的富裕人，人口数少，但购买力很强
保守的老百姓	比质量更重视数量的一般家庭，主要是低收入的城市居民和贫民
知识分子	开放性的，重视文化消费的知识分子
专门人员和管理人员	重视金钱、生活节奏快、从事专门或管理职业的白领人
新一代	缺乏传统观念，关心股票、体育、广告等
中年女性	做家务的普通家庭妇女

4. 生活方式测量的意义

由于生活方式聚焦于消费者的生活、消费和活动方式等，因此生活方式的测量对企业的营销活动具有重要指导意义。

（1）挖掘市场新机会。生活方式测量综合了消费者的心理动机和人口统计数据，因此，更有可能从整体市场中发掘出新的蓝海市场。例如，女性面霜的营销者惊讶地发现，他们的主要市场竟是由老年寡居的妇女组成的，而不是他们的诉求所定位的年轻且爱好交际的女性。

（2）制定科学的营销战略。生活方式测量方法，无论是 AIO 方法，还是 VALS 方法，以及其他一些方法，都超越了简单的人口统计数据或产品使用情况描述，为营销者提供了科学的市场细分依据；在此基础上，营销者可以根据自身的资源和能力，从中选择一个或几个最适合自己的细分市场，即为目标市场。而且，这些生活方式测量所提供的丰富信息，使营销者能够针对目标市场的生活方式特征，进行准确的市场定位。

（3）制定有效的营销策略。营销组合中的产品策略、价格策略、渠道策略和促销策略的制定，都需要科学、系统的消费者行为研究提供足量、有效的信息。例如，产品的设计、包装等要符合目标顾客的兴趣、偏好、价值观和审美观：而价格的制定和渠道的选择都要符合这一点，至于广告主题和广告诉求的选择更是离不开消费者行为研究的有力支撑。而测量目标消费者的生活方式是提供这些必要信息最有效的方式之一。

本章小结

1. 自我概念是指一个人所持有的关于自身特征的信念，以及他对于这些特征的评价。一个人的自我概念不仅包括其个人身份，也包括其社会身份，其类型包括实际自我、理想自我、期待自我、私人自我、延伸自我、虚拟自我等。营销者基于自我概念，营销者有以下营销策略：尽力使品牌形象与目标消费者的自我概念（形象）保持一致；巧妙运用消费者实际自我与理想自我之间的差距，激发消费行为；正确辨别消费者私人自我和社会自我之间的差异，采取有针对性的营销策略；既要充分满足消费者现实自我所引发的大量现实需求，又要深入挖掘虚拟自我所隐含的营销机会。

2. 生活方式一般被认为是个体在成长过程中，在与社会诸因素交互作用下表现出来的活动、兴趣和态度模式。简言之，生活方式就是个体如何生活。关于生活方式的研究，主要集中于以下几个方面：一是关于生活方式定义的研究。二是关于生活方式与消费者行为之间的关系的研究。三是关于生活方式的测量的研究。应用最广泛、影响最大的生活方式测量方法当属 AIO 方法和 VALS 方法。北京零点前进策略的吴垠开发了 CHINA-VALS 模型，将中国消费者分为积极形态派、求进务实派和平稳现实派三派，上层、中上层、中层、中下层和下层五层，以及理智事业族、经济头脑族等 14 族群。

复习题

1. 自我概念具有哪几种类型？
2. 产品成为传递自我概念的符号或象征品应具有的特征是什么？
3. 生活方式如何测量？

案例分析

雅芳的相关事业营销

1993 年，乔安娜·玛祖尔基被委以重任，负责让雅芳的名字与妇女问题和家庭问题挂上钩。"我们深知顾客需要的不只是口红，她们要选择购买能象征某种意义的公司产品，（这是）……合乎商情的推断，因为这是我们不同于其他化妆品竞争对手的独到之处，这有助于提高我们的企业形象。"玛祖尔基把提高人们预防乳腺癌的意识作为雅芳在美国的营销策略。其理由很简单：雅芳的消费者以及美国 415000 名销售代表多为女性。研究表明，乳腺癌已成为流行病，是女性健康的头号敌人。59％的妇女早期觉察不到，而政府和私立机构用于这方面防治和教育的经费又明显不足。雅芳赞助此项事业已有 5 年，并开发了为提高预防乳腺癌意识的粉红色护肤品丝带，由其 2000 名店内销售员和店外销售代表分发给人们。1993 年最后一个季度，雅芳以每条丝带 2 美元的价格售出 600 万条，其收益全部用于乳腺癌的防治教育和早期诊断。用玛祖尔基的话说："相关事业营销超出了普通营销项目的意义，这成为公司与顾客融洽关系和提高营销声望的法宝。这种营销项目能有力地调动销售人员的积极性，其价值怎么高估也不过分。"由于美国和英国是乳腺癌的高发区，所以雅芳选择把赞助乳腺癌的预防和教育作为其在英美的营销策略。而在马来西亚、泰国，其营销策略的重点分别为预防针对女性的暴力、孩子的养育和艾滋病防治。在不同的国家，其营销策略与当地消费者和销售代表所关注的问题相一致。

讨论题：

1. 类似雅芳的相关事业营销实践提出了一个什么样的生活问题？
2. 从雅芳以及它所赞助的事业的角度，对雅芳的相关事业营销策略分别加以评述。

第六章 经济文化因素与消费者行为

学习目标

- 了解亚文化的基本概念和形成条件；
- 了解文化仪式的内涵、仪式的四个因素；
- 掌握文化差异对消费者行为的影响；
- 掌握亚文化对消费者行为的影响；
- 了解中国文化的特点与消费者行为。

关东文化

“关东文化”是指山海关以东，基本上包括辽宁、吉林、黑龙江三省在内的地域文化圈，它是与东北地域文化相联系的。“关东文化”对当地居民及游客的消费行为都产生了影响。

由于东北地区具有较为发达的饮食文化，既有东北菜这样的大菜系，也有地方著名的各种小菜，如关东煮等。具体而言，东北菜是指辽宁、黑龙江与吉林三省的菜肴，主要以炖、酱、烤为特点，虽然外形缺乏精致，但口味佳而浓，如酱大骨、酱猪蹄、锅包肉、猪肉炖粉条以及大锅菜等。另外，关东煮是典型的特色小吃，其中有鱼豆腐、香肠、丸子等。除此之外，冷冻食品也属于东北地区人民的典型食俗，由于天气寒冷，所以当地生产各种冻豆腐、冻干粮、冻水果等，不但储存期长，而且口味极佳。

东北地区具有许多吸引人的民俗，其中有扭秧歌、二人转以及东北小品等，深刻影响着旅游者的娱乐需求。具体而言，可从二人转说起，它属于东北土生土长的民间艺术，其形式主要是走唱类曲艺，语言通俗易懂、搞笑诙谐、富有生活韵味，反映了东北民歌、民间舞蹈与口头文学的精华。另外，就东北小品来说，幽默诙谐、以小见大，富有生活哲理，可谓生活的升华。由此可见，东北的特色民俗文化有利于满足旅客们的旅游娱乐需求。

第一节 文化概述

消费者行为并不是生来就有的，而是后天学习的结果。文化对消费者行为的影响是通过价值观和规范反映出来的。文化影响消费者的购买行为，因为购买行为反映了消费者从社会中学习到的价值观。在不同的国家、不同的地区，不同的时代，消费者行为会有所不同，这是因为，消费本身是一种社会化的行为，受到消费者所处社会文化环境的影响。

一、文化的概念

文化是理解消费者行为的重要概念，可以视为社会的个性。它不仅包括一个群体所生产的物质产品和提供的服务，如汽车、服装、食物、艺术和体育，而且包括它所重视的抽象的观点，如价值观和道德观。文化是一个组织或社会的成员共有的意义、仪式、规范及传统的积累。

“文化”一词在西方来源于拉丁文 culture，原意是指农耕及对植物的培育。自 15 世纪以后，逐渐引申使用，把对人的品德和能力的培养也称为文化。在中国的古籍中，“文”既指文字、文章、文采，又指礼乐制度、法律条文等。“化”是“教化”“教行”的意思。从社会治理的角度而言，“文化”是指以礼乐制度教化百姓。汉代刘向在《说苑》中说：“凡武之兴，为不服也，文化不改，然后加诛。”此处“文化”一词与“武功”相对，含教化之意。南齐王融在《曲水诗序》中说：“设神理以景俗，敷文化以柔远。”其“文化”一词也为文治教化之义。“文化”一词的中西两个来源，殊途同归，今人都用来指称人类社会的精神现象，抑或泛指人类所创造的一切物质产品和非物质产品的总和。

在近代，给“文化”一词明确定义的，首推英国人类学家E.B.泰勒。他于1871年出版了《原始文化》一书。他指出：“据人种学的观点来看，文化或文明是一个复杂的整体，它包括知识、信仰、艺术、伦理道德、法律、风俗和作为一个社会成员的人通过学习而获得的任何其他能力和习惯。”

英国人类学家B.K.马林诺夫斯基发展了泰勒的文化定义，于20世纪30年代著《文化论》一书，认为“文化是就那一群传统的器物、货品、技术、思想、习惯及价值而言的，这个概念包容着及调节着一切社会科学”。他还进一步把文化分为物质的和精神的，即所谓“已改造的环境和已变更的人类有机体”两种主要成分。用结构功能的观点来研究文化是英国人类学的一个传统。

英国人类学家A.R.拉德克利夫·布朗认为，文化是一定的社会群体或社会阶级与他人的接触交往中习得的思想、感觉和活动的方式。文化是人们在相互交往中获得知识、技能、体验、观念、信仰和情操的过程。他强调，文化只有在社会结构发挥功能时才能显现出来，如果离开社会结构体系就观察不到文化。例如，父与子、买者与卖者、统治者与被统治者的关系，只有在他们交往时才能显示出一定的文化。

英国人类学家R.弗思认为，文化就是社会。社会是什么，文化就是什么。他在1951年出版的《社会组织要素》一书中指出，如果认为社会是由一群具有特定生活方式的人组成的，那么文化就是生活方式。

法国人类学家列维·斯特劳斯从行为规范和模式的角度给文化下定义。他提出：“文化是一组行为模式，在一定时期流行于一群人之中，……并易于与其他人群之行为模式相区别，且显示出清楚的不连续性。”

美国文化人类学家A.L.克罗伯和K.科拉克洪在1952年发表的《文化：一个概念定义的考评》中，分析考察了100多种文化定义，然后他们对文化下了一个综合定义：“文化存在于各种内隐的和外显的模式之中，借助符号的运用得以学习与传播，并构成了人类群体的特殊成就，这些成就包括他们制造物品的各种具体式样。文化的基本要素是传统（通过历史衍生和由选择得到的）思想观念和价值，其中尤以价值观最为重要。”克罗伯和科拉克洪的文化定义为现代西方许多学者所接受。

在文化定义现象中还有一种典型的情况，就是各种学科对于文化的不同定义。社会学家在文化的定义方面与人类学家最为相近，美国社会学家戴维·波普诺在分析文化定义时认为，社会学家与人类学家对文化的共同定义是：文化是人类群体或社会的共享成果，这些共有产物不仅包括价值观、语言、知识，而且包括物质对象。

在不同学科对于文化的定义方面，诸如政治学、经济学、历史学、哲学、语言文学等，都有许多有益的观点。总的来看，各个学科对文化的定义有共同点，也有不同点。

我国当代文化学者余秋雨在自己博客里为文化做了定义。他说：“文化是一种精神价值以及与此相呼应的生活方式，它的最终成果是集体人格。”这个定义的第一个关键词是精神价值，这就使文化从现象论进入价值论，有了灵魂。由此可以说明，文化是人类摆脱原始状态的一个精神标志和价值分界。而且也说明了为什么不同的文化有那么多自觉地认同和拒绝。这个定义的第二个关键词是生活方式。这是前面讲精神价值的具体实现，但也有可能是精神价值的异化形态。但不管怎么样，文化在绝大多数情况下，它应该是质感的、可体验的、寻常的、全民参与的。这个定义的第三个关键词是集体人格。说明文化以人为终点，而且不仅以人为终点，而且是集中在人格当中沉淀下来保持某种稳定。这个观点来自欧洲的文化人类学家荣格，他认为文化的最终沉淀物是人格，特别是以集体无意识的形态出现的集体人格。

二、文化的特性

文化的特性

1. 文化的继承性

文化是社会遗产，而不是生理的。动物遗传一些能力是它们的本能。费孝通在《乡土中国》中对于文化的传承是这样说的："人靠了他的抽象能力和象征体系，不但积累了自己的经验，而且可以积累别人的经验。文化是依赖象征体系和个人的记忆而维持着的社会共同经验。这样说来，每个人的'当前'，不但包括他个人'过去'的投影，而且是整个民族的'过去'的投影。历史对于个人并不是点滴的饰物，而是实用的、不能或缺的生活基础。"上海海纳百川、各方杂处的特性为民族传统文化的传承提供了良好的条件。在近代中国，中国百戏之祖的昆剧在其发展过程中都因得到上海这块土地的滋养而发扬光大，越剧、淮剧等起源于外省的剧种也因进入上海而发生质的飞跃。上海本地的艺术品种如沪剧、滑稽戏也在本土文化的培育和外来艺术的影响下，成为具有独特风格的剧种。

2. 文化的习得性

一个人具有什么文化并不取决于他的种族，而是取决于他生活的文化环境。饥、渴、性等生物性驱力，都永无止境地受到文化的再塑造和重整。不仅语言、习俗、风尚、信仰是通过后天习得的，而且连一些表面上看来是生而有之的现象实际上也是在社会中习得的。人的饮食习惯和口味也是后天获得的。一个民族所厌恶的食物可能是另一个民族的佳肴。有些民族不吃鸡蛋和鸡，另一些民族不仅吃鸡蛋，而且喜欢吃臭蛋；大部分人对于把昆虫当饭吃感到恶心，但澳大利亚土著人把树里的一种毛虫当作美味。有些生理性的动作似乎与文化无关，例如，打喷嚏是一种生理现象，但在英美人中却有说"God bless you"（上帝保佑你）的习惯，广东人也有说"吉星"的习俗。打喷嚏是不需要学习的生理现象，但在别人打喷嚏之后你应该说什么却是需要学习的。也就是说，人们在生理现象的外面裹上了一层文化的外衣。不仅儿童可以学习其他民族的文化，成年人也可以有意识地吸收其他民族的文化。我们注意到学习不同语言的学生在学习语言的同时也有意无意地学习所学语言国家的文化。

3. 文化的无形性

研究文化的困难之一在于文化的大部分存在于人的潜意识中。人们在行动时并不意识到自己的文化在支配着自己。相反，却觉得一切都十分自然，如同人呼吸氧气一样，只是在人们缺氧时，才会突然感到氧气的重要。我们对于自己的文化的许多方面都视为当然，只是在与其他文化接触时，才会感到自己文化的独特之处。服饰、食物、建筑、文学艺术作品、科学技术的成果等都是可以看到的，并立即联系到某种文化，而习俗、观念、信仰、人与人之间的关系、人与自然的关系、世界观等都是我们看不到的。正因为如此，人们若问我们什么是中国文化，我们可能首先想到的是文物古迹、中国的烹调、经典文学作品、各种节日庆祝的形式等，我们可能想不到我们日常的行为中充满了中国文化。例如，在家穿什么，上学、上班、购物、看电影穿什么。大多数情况下，在不同的场合人们会有不同的穿戴。当然，人们穿着的观念也发生着变化，很多时候工作环境也越来越休闲，男人不再穿西服打领带，女人不再穿套装。相反，符合潮流的宽松裤子、宽松上衣、牛仔裤以及休闲服饰越来越畅销。

4. 文化的民族性

文化总是根植于民族之中，与民族的发展相伴相生。民族文化是民族的表现形式之一，是各民族在长期历史发展过程中自然创造和发展起来的、具有本民族特色的文化。民族文化就其内涵而言是极其丰富的，就其形式而言是多姿多彩的。常常是民族的社会生产力水平越高，历史越长，其文化内涵就越丰富，文化精神就越强烈，因而其民族性也就越突出、越鲜明。例如，美国十分强调个人的重要性，是一个高度个人主义的国家。其实美国也是一个高度实用主义的国家，强调利润、组织效率和生产效率。英国文化的典型特征是经验的、现实主义的，法国文化则是崇尚理性的，由此导致英国人重视经验，保持传统，讲求实际，法国人喜欢能够象征人的个性、风格和反映人精神意念上的东西。

5. 文化的动态性

文化一旦形成就具有一定的稳定性，但同时又是不断变化的。在几千年的历史中，我国的文化经历了巨大的变化。在社会剧烈变动的情况下，文化的变化就更快。百年以来，我国的文化经历了翻天覆地的变化。无论是人们的服饰、生活方式、语言、风俗习惯或是思想观念都发生了深刻的变动。旧时我国有磕头、作揖的礼仪，以后又有鞠躬礼。现在握手是比较流行的方式，但在边远偏僻的农村，不少年纪大的农民直到现在还不习惯握手的礼俗。

三、文化的要素

1. 信仰

信仰是关于世界如何运转的观念。文化传统是传统文化背后的精神连接的链条，它是看不见的，它是由文化精神的规则、秩序特别是信仰构成。信仰是构成传统的必要条件，如果没有信仰的参与，传统便无法形成。传统之所以有力量，在于它的神圣感，由于有信仰的因素渗透其中。信仰是个人的核心价值，信什么往往左右人的选择和思想。所以信必是求真，才有益。

2. 价值观

价值观是道德评价的标准。价值观是指一个人对周围的客观事物（包括人、事、物）的意义、重要性的总评价和总看法。价值观一方面表现为价值取向、价值追求，凝结为一定的价值目标；另一方面表现为价值尺度和准则，成为人们判断事物有无价值及价值大小的评价标准。个人的价值观一旦确立，便具有相对稳定性。但就社会和群体而言，由于人员更替和环境的变化，社会或群体的价值观念又是不断变化着的。传统价值观念会不断地受到新价值观的挑战。对诸事物的看法和评价在心目中的主次、轻重的排列次序，构成了价值观体系。价值观和价值观体系是决定人的行为的心理基础。中国的传统文化是仁、义、礼、智、信，这突出儒家文化的价值观。儒家传统讲忠讲孝，但是忠孝有时候是不能两全的。君与父之间有冲突的时候，你要以父为先，以孝为先。例如，中国古代皇帝招你做官的时候，你家中的父母年迈，你以这个理由为借口，皇帝不能勉强你去当官。这是受传统社会以孝为先的影响。

3. 规范

规范是行为的指导方针。规范是人们行为的准则，有约定俗成的如风俗等，也有明文规定的如法律条文、群体组织的规章制度等。各种规范之间互相联系，互相渗透，互为补充，共同调整着人们的各种社会关系。规范是人类为了满足需要而设立或自然形成的，是价值观念的具体化。规范体系具有外显性，了解一个社会或群体的文化，往往是先从认识规范开始的。例如，我们的饮食习惯是由文化决定的。人感到饥饿，这是生物现象，但什么时候吃、吃什么、怎样吃则是文化范围内的事。一日三餐似乎是天经地义的，实际上这是一种文化现象。有的民族由于生活方式不同，并不是一日三餐，而是一两天才吃一餐。在狩猎到猎物时饱吃一顿，此后一两天可能什么都不吃。吃什么不吃什么在很大程度上也是由人们的文化决定的。不仅不同的民族在饮食习惯上存在区别，地区之间也有很大的差异。文化还提供了如下规则：吃饭的地方选择繁忙的餐饮店，因为这里的食物可能更好；早餐最好喝粥，中餐、晚餐最好吃正式的饭加炒菜；宴会上最好大家坐下来吃饭；野餐时可以烧烤。同样，文化也提供了穿着的规则：在西方，葬礼上人们穿深色的衣服，婚礼上穿白色代表圣洁；在中国，葬礼上一般穿黑色礼服戴白花，婚礼上穿红色代表喜庆。人们为什么会这样做、这样看？这是因为人们头脑中有一套规范，而这些规范就是文化。

4. 符号

符号是观念和价值观的表征。文化符号是指具有某种特殊内涵或者特殊意义的标示。文化符号具有很强的抽象性，内涵丰富。文化符号是一个企业、一个地域、一个民族或一个国家独特文化的抽象体现，是文化内涵的重要载体和形式。如在中国，红豆表示相思，白鸽代表和平。如果企业能够巧妙地使用符号的象征意义，它就能通过文化与企业及其产品或服务的联系增加产品对消费者的吸引力。

文化符号可能是言语的，或是非言语的。言语符号包括电视广告或杂志中的广告。非言语符号包括通过数字、颜色、形状甚至结构之类的符号把额外的意义赋予广告、商标、包装或产品设计。如白色代表纯洁，红色代表热情，黑色代表误伤，绿色代表生命等。但在不同的国家，相同的颜色可能具有完全不同的象征意义。蓝色在美国大多数时候代表男子汉形象，而在英国或法国用红色来表示。在日本，灰色同廉价商品联系在一起，而在美国，灰色代表昂贵、高质量。

就营销而言，消费者在解读产品消费符号内涵时，不应只是限于产品本身，价格、营销渠道、产品代言人等都可能赋予产品某种符号意义。例如，LV 皮包价格高昂，对某些人可能是身份地位的象征。

5. 仪式

仪式是指以一个固定顺序重复出现的一连串具有象征性意义的行为。人的一生充满各式各样的仪式，如生日、结婚、新年、毕业等，都有内容丰富的仪式。这些仪式可能是公开的、精心的、宗教的或文明的典礼，也可能随着时间的变化反复发生。如学校召开一年一度的运动会前要奏国歌，升国旗；大学生的毕业典礼上，校长不仅要发表演说而且要当“模特”，与每个学生合影留念；生日聚会上，寿星一定要吹蜡烛、许愿，然后再切蛋糕。

从营销的角度，最重要的是仪式过程要使用各种各样的产品（见表 6-1）。例如，婚礼上一对新人要互戴结婚戒指，大学生毕业要穿毕业服戴毕业帽。因此，现在很多时候营销人员创造仪式，商家有意无意地把仪式导入更多的消费层次，利用仪式来增加或刺激消费。其实，没有某种仪式，很多消费行为会变得不好“玩”，或没有动机与期待。比如，看电视或许可以不吃零食，但看电影不买个爆米花，就会有点奇怪，除非电影院禁止或价格太贵。

典型的仪式中包括：象征物、仪式脚本、扮演角色、观众四个元素。从营销的角度分析，仪式的重要性来源于仪式过程中使用的各种增加其内涵的商品。我们称这一有效用的商品为象征物，例如生日蛋糕与生日蜡烛、中秋节的月饼、端午节的粽子，这些仪式上使用的商品都是象征物。表 6-1 列举了一些仪式及相关的象征物。消费者经常使用仪式脚本来描述仪式象征物的相关事宜，这包括象征物本身使用这些仪式象征物的顺序，以及谁来用这些象征物等。如毕业典礼、谢师宴都有一套标准化的仪式脚本。仪式上还有各种相关人物所扮演的角色。最后，还有观礼的人，他们扮演观众的角色，没有了观众，仪式也就没有了意义。

表 6-1　仪式与相关的仪式用品

仪式	典型的礼仪用品
结婚	婚纱，礼服，香槟酒．喜糖，婚戒，礼花
生日	蛋糕，蜡烛，贺卡，礼物
结婚周年纪念	贺卡，礼物，展示夫妇共同生活的照片
毕业	贺卡，鲜花，毕业照，毕业纪念册，公仔
新年	香槟酒，聚会，贺卡，鲜花，新年礼物
去健身房	毛巾，运动衣，水
退休	公司聚会，纪念品，照片
葬礼	葬礼礼服，花圈，挽联，慰问礼，卡片

拓展阅读

颜色的文化内涵

1. 红色

红色是热烈、冲动、强有力的色彩，它能使肌肉的机能和血液循环加快。由于红色容易引起注意，所以在各种媒体中也被广泛地利用。除了具有较佳的明视效果之外，更被用来传达有活力、积极、热诚、温暖、前进等含义的企业形象与精神。另外红色也常用来作为警告、危险、禁止、防火等标示用色，人们在一些场合或物品上，看到红色标示时，常不必仔细看内容，就能了解警告危险之意。在工业安全用色中，红色即警告、危险、禁止、防火的指定色。大红色一般醒目，万绿丛中一点红；浅红色一般较为温柔、幼嫩，如新房的布置、孩童的衣饰等；深红色一般可以作衬托，有比较深沉热烈的感觉。红色与浅黄色最为匹配；大红色与绿色、橙色、蓝色（尤其是深一点的蓝色）相斥，与奶黄色、灰色为中性搭配。

2. 橙色

橙色是欢快活泼的光辉色彩，是暖色系中最温暖的色，它使人联想到金色的秋天、丰硕的果实，是一种富足、快乐而幸福的颜色。橙色稍稍混入黑色或白色，会变成一种稳重、含蓄又明快的暖色，但混入较多的黑色，就成为一种烧焦的色；橙色中加入较多的白色会带来一种甜腻的感觉。橙色明视度高，在工业安全用色中，橙色即警戒色，如火车头、登山服装、背包、救生衣等。橙色一般可作为喜庆的颜色，同时也可作为富贵色，如皇宫里的许多装饰。橙色可作为餐厅的布置色，据说在餐厅里多用橙色可以增加食欲。橙色与浅绿色和浅蓝色相配，可以构成明亮、欢乐的色彩。橙色与淡黄色相配有一种很舒服的过渡感。橙色一般不能与紫色或深蓝色相配，这将给人一种不干净、晦涩的感觉。由于橙色非常明亮刺眼，有时会使人有负面低俗的意象，这种状况尤其容易发生在服饰的运用上。所以在运用橙色时，要注意选择搭配的色彩和表现方式，才能把橙色明亮活泼、具有口感的特性发挥出来。

3. 黄色

黄色的灿烂、辉煌，有着太阳般的光辉，象征着照亮黑暗的智慧之光。黄色有着金色的光芒，象征着财富和权力，是骄傲的色彩。在工业用色上，黄色常用来警告危险或提醒注意。如交通标志上的黄灯，工程用的大型机器，学生用雨衣、雨鞋等，都使用黄色。黄色在黑色和紫色的衬托下可以达到力量的无限扩大，黄色与绿色相配，显得很有朝气，有活力；黄色与蓝色相配，显得美丽、清新；淡黄色与深黄色相配，显得最为高雅。淡黄色几乎能与所有的颜色相配，但如果要醒目，不能放在其他的浅色上，尤其是白色，因为它将使你什么也看不见。深黄色一般不能与深红色及深紫色相配，也不适合与黑色相配，因为它会使人感到晦涩并有垃圾箱的感觉。

4. 绿色

在商业设计中，绿色所传达的清爽、理想、希望、生长的意象，符合了服务业、卫生保健业的诉求；在工厂中为了避免劳作时眼睛疲劳，许多机械也是采用绿色；一般的医疗机构，也常采用绿色作为空间色彩规划，即标示医疗用品。鲜艳的绿色是一种非常美丽、优雅的颜色，它生机勃勃，象征着生命。绿色宽容、大度，几乎能容纳所有的颜色。绿色的用途极为广阔，无论是童年、青年、中年，还是老年，使用绿色都不失其活泼、大方。在各种绘画、装饰中都离不开绿色。绿色还可以作为一种休闲的颜色。绿色中渗入黄色为黄绿色，它单纯、年轻；绿色中渗入蓝色为蓝绿色，它清秀、豁达；含灰的绿色，是一种宁静、平和的色彩，就像暮色中的森林或晨雾中的田野；深绿色和浅绿色相配有一种和谐、安宁的感觉；绿色与白色相配，显得很年轻；浅绿色与黑色相配，显得美丽、大方；绿色与浅红色相配，象征着春天的到来。但深绿色一般不与深红色及紫红色相配，那样会有杂乱、不洁之感。

5. 蓝色

蓝色是博大的色彩，天空和大海这些辽阔的景色都呈蔚蓝色。蓝色是永恒的象征，是最冷的色彩。纯净的蓝色表现出一种美丽、文静、理智、安详与洁净。由于蓝色沉稳的特性，具有理智、准确的意象，在商业设计中，强调科技、效率的商品或企业形象，大多选用蓝色当标准色、企业色，如计算机、汽车、影印机、摄影器材等。另外，蓝色也代表忧郁，这是受了西方文化的影响，这个意象也运用在文学作品或感性诉求的商业设计中。蓝色的用途很广，蓝色可以安定情绪，天蓝色可用作医院、卫生设备的装饰色，或者夏日的衣饰、窗帘等。在一般的绘画及各类饰品设计中也绝离不开蓝色。不同的蓝色与白色相配，表现出明朗、清爽与洁净；蓝色与黄色相配，对比度大，较为明快；大块的蓝色一般不与绿色相配，它们只能互相渗入，变成蓝绿色、湖蓝色或青色，这也是令人陶醉的颜色；浅蓝色与黑色相配，显得庄重、老成、有修养；深蓝色不能与深红色、紫红色、深棕色和黑色相配，因为这样既无对比度，也无明快度，只有一种脏兮兮、乱糟糟的感觉。

6. 紫色

由于具有强烈的女性化性格，在商业设计用色中，紫色也受到相当的限制。除了和女性有关的商品或企业形象之外，其他类的设计不常采用紫色为主色。紫色是波长最短的可见光波。紫色是非知觉的色，它美丽而又神秘，给人深刻的印象。它既富有威胁性，又富有鼓舞性。紫色是象征虔诚的色相，用紫红色表现神圣的爱与精神的统辖领域，都是紫色带来的表现价值。紫色处于冷暖之间游离不定的状态，加上它的低明度性质，构成了这一色彩心理上的消极感。与黄色不同，紫色不能容纳许多色彩，但它可以容纳许多淡化的层次，一个暗的纯紫色只要加入少量的白色，就会成为一种十分优美、柔和的色彩。随着白色的不断加入，产生出许多层次的淡紫色，而每层次的淡紫色，都显得那样柔美、动人。

第二节　亚文化

亚文化是一个相对的概念，是总体文化的次属文化。研究亚文化对于深入了解社会结构和社会生活具有重要意义。

亚文化的概念和特征

一、亚文化的概念和特征

1. 亚文化的概念

亚文化又称小文化、集体文化或副文化，指某一文化群体所属次级群体的成员共有的独特信念、价值观和生活习惯，是与主文化相对应的那些非主流的、局部的文化现象。通常在主文化或综合文化的背景下，属于某一区域或某个集体所特有的观念和生活方式。一种亚文化不仅包含着与主文化相通的价值与观念，也有属于自己的独特的价值与观念，而这些价值与观念是散布在种种主导文化之间的。

亚文化是整体文化的一个分支，是由各种社会和自然因素造成的各地区、各群体文化特殊性的方面。如因阶级、阶层、民族、宗教、职业差别以及居住环境的不同，都可以在统一的民族文化之下，形成具有自身特征的群体或地区文化即亚文化。

2. 亚文化特征

（1）独特性：一个亚文化越是倾向于维持它的特色，其对该文化下消费者的影响就越大。

（2）同质性：一个亚文化越是表现出高度的同质性，它对于该文化下消费者的潜在影响越大。

（3）排他性：一个亚文化越排斥社会，或是被社会排斥，则它越孤立于社会之外，其规范与价值的维持越强，因而对消费者潜在的影响越大。

3. 影响亚文化形成的因素

（1）年龄：年轻一族通常比老年一族更容易接受新鲜事物。

（2）性别：男主外、女主内是中国传统文化对性别角色的认识。

（3）职业：白领阶层相对于蓝领阶层穿着西装的机会更多，出席正式社交场合的机会也更多。

（4）地域；北方人与南方人有着较大的饮食品位的差别。

（5）种族：不同的种族有着不同的肤色，其穿着、生活习俗、习惯有着各自的特点。

（6）宗教：不同的宗教有着不同的戒律，产生不同的消费行为。

（7）收入：高收入的人比低收入的人更能承担高经济风险的事物。

（8）家庭：子女的生活习惯受到父母的影响，不同的家庭生活习惯有着较大的差异。

二、亚文化与消费差异

亚文化有各种分类方法，亚文化可以分为人种亚文化、年龄亚文化、生态亚文化、地理亚文化、性别亚文化等。年龄亚文化可分为青年文化、老年文化；生态亚文化可分为城市文化、郊区文化和乡村文化等。由于亚文化是直接作用或影响人们生存的社会心理环境，其影响力往往比主文化更大，它能赋予人一种可以辨别的身份和属于某一群体或集体的特殊精神风貌和气质。不同的亚文化群体有着不同的消费特点。

1. 性别亚文化

所有社会都会把某些特征与角色分配给男性，而把另外一些特征与角色分配给女性，如男性历史角色是养家糊口，女性的历史角色是操持家务，照料孩子。社会上有很多消费品都与性别有关，如男性的剃须刀、领带，女性的手镯、化妆品、香水。当然，也有些商品性别诉求概念越来越模糊，如男性越来越多地使用香水。

2. 年龄亚文化

不同年龄阶段的人有着不同的价值观，以及对商品的不同偏好。生活中，你会发现，你与父母听不同的歌，穿不同的衣服，看不同的杂志，欣赏不同的电视节目。很显然，一个人在从处处依赖他人的小孩成长为一个退休的老人的过程中，他对特定类型的产品或者服务的选择也在不断地发生着重大的变化。例如，现在的“90后”成为社会的中坚，“00后”也逐渐成为重要的亚文化群体，被人津津乐道。在市场上，无论服装、饰品还是食品都会针对年龄亚文化群体进行市场的细分。

3. 地理亚文化

自然环境是人们物质文化生活的必要条件之一。地处山区与平原、沿海与内地、热带与寒带的民族在生活方式上存在的差异是显而易见的，如江浙一带以大米为主食，东北一带以面粉为主食；湖南人、四川人爱吃辣，上海人、南京人爱吃甜；新疆人吃羊肉抓饭，内蒙古人喝酥油奶茶。就早餐而言，不同地区显著不同，如南方人喝粥，北方人吃烙饼，中部地区人吃锅贴、面窝，西部地区人吃拉面等。

4. 宗教亚文化

随着人类历史的发展，宗教在不同民族里又经历了极为不同和极为复杂的人格化，它是一种有始有终的社会历史现象。有着不同的宗教信仰和宗教感情的人们，就有不同的文化倾向和戒律，存在着不同的信仰性消费习俗和禁忌性消费习俗。

5. 民族亚文化

一个社会文化中，可将不同民族可分为若干文化群。如美国有爱尔兰人、波多黎各人、波兰人、华人等亚文化群。民族亚文化可以影响消费行为，如东、西方民族的生活习惯、价值观念等就大相径庭。美国人的价值观是个人中心论，他们强调个人的价值、个人的需要、个人的权利，他们努力改变客体以满足主体的需要，因此，在消费行为上喜欢标新立异，不考虑别人的评价；中国人不习惯于成为社会中独特的一员，而习惯于调节自身以适应社会，消费行为上常常考虑社会习惯标准以及别人怎么看自己、评价自己。我国拥有 56 个民族，各个民族都有自己的社会政治和经济发展历史，有自己的民俗民风和语言文字等，由此形成了各民族独具特色的消费行为。

6. 种族亚文化

种族亚文化亦称人种亚文化，如白种人、黄种人、黑种人、红种人和棕种人。人种是同一起源并在体质形态上具有某些共同遗传特征的人群。由于各色人种有发色、肤色、眼色的不同，有体形、眼、鼻、唇的结构上的差异，这些都会对消费行为产生影响。如对某些商品颜色的选择就不同，一般黑种人爱穿浅颜色的衣服，白种人爱穿花衣服，黄种人爱穿深色的衣服。在我国，随着改革开放，外国人来中国旅游或者工作、学习的情况越来越多，种族逐渐成为营销中不可忽视的重要因素。

拓展阅读

西方人请客送礼的习俗

一般而言，西方人请客、送礼，与中国人有很大的不同。某一天，当你受到盛情邀请时，如果没有特殊情况就应当欣然接受，并口头表示感谢：“Thank you. It's very kind of you toinvite me. I'd like to come.”

首先来说一说送礼。西方人一般不大喜欢相互赠送礼物，除非是在生日或重大节日的喜庆场合，而且这种馈赠也仅限于家人或亲密朋友之间。因此，来访者不必为送礼而劳神，主人绝不会因为对方未送礼或礼太轻而产生不快。

比如美国人，除节假日外，应邀到美国人家中作客甚至吃饭一般不必备厚礼，他们忌讳接受过重的礼物。只要送些小礼品如鲜花、美酒和工艺品即可。如果空手赴宴，则表示你将回请。

德国人送礼不注重礼品价格，只要送其喜欢的礼品就行，包装则要尽善尽美；法国人将香槟酒、白兰地、糖果、香水等视为好礼品，体现文化修养的书籍、画册等也深受欢迎；英国人喜欢鲜花、名酒、小工艺品和巧克力，但对饰有客人所属公司标记的礼品不大欣赏。

在其他西方国家，当你受邀去吃饭时亦不必拿贵重的礼物，送礼也只是一束花或一瓶酒就可以了。若有几个人一同赴宴，只需一个人代表大家即可。当然，若能赠送一些具有中国特色的礼物，如剪纸、手绢、花瓶等，主人们都会特别高兴。

应当强调的是，西方人即便接受礼物，方式上也与我们中国人不同。中国人收受他人礼物时，喜欢推来推去的，以示谦让和客气，并且在收到礼物后虽然满心欢喜，也会对礼物搁置一旁。西方人则不然，他会认为你送的礼物是经过千挑万选的，最能匹配主人，所以既然有人送来了，就毫不客气地“笑纳”，并且还要当着你的面打开看看，除了要惊叹一声，还要再盛赞送礼者一番。

在请客方面，无论东西方存有多大差异，关键是在这种加深友谊、礼尚往来的过程中，首先需要明确一个前提，“请”则约见。在西方，只有主人跟你事先约定了时间和地点时，才表示他们真正把你当成了贵客。否则十有八九是随便说说的客套话而已，千万不可当真，避免脱口而出造成尴尬。另外，西方人普遍认为，无论双方是谁请客都一定要守时，不要早到，也不要太晚到，比约定的时间晚一点点最好，否则会被视为没有礼貌。掌握了以上原则，让我们来看看在西方不同国家“主”与“宾”的待客之道。

一般来说，美国人请客吃饭，属公务交往性质，多安排在饭店、俱乐部进行，由所在公司支付费用；关系密切的亲朋好友才邀请到家中赴宴。在家中，他们的待客之道主张经济实惠、不摆阔气、不拘泥于形式。宾主围桌而坐，主人说一声“请”，每个人端起一个盘子，取食自己所喜欢的菜饭，吃完后随意添加，边吃边谈，无拘无束。并且美国人请客人吃顿饭并不一定要求对方作出报答，如有机会对方回请就可以了。但是在吃完饭后，客人千万不要忘记对主人尤其是女主人的盛情款待表示特别感谢。

在澳大利亚却大有不同，与澳大利亚人共进午餐时是先定“协议”后吃饭。要特别注意记住哪一顿饭该由谁付钱，如果你付钱过于积极或忘记付钱都是不礼貌的。在一般情况下，你提议喝酒，通常由你付钱，不可各自付钱，除非事先说好。

但是这种待客之道在东方，如印度请客时却完全行不通。在印度的一些地区，如果同商业谈判对象和朋友共进晚餐，他们会自然地说：“你的资本比我的多，所以这笔餐费应该由你付。”这种“我吃饭你付钱”的待客方式，常常使不熟悉情况或初来乍到的客人啼笑皆非。在印度人眼中，似乎钱多的人或是受欢迎的人应该付钱，他们认为这是对你的尊重，与抠门或挨宰不能相提并论。

如此说来，东西方请客吃饭的待客之道确有不同，最好事先了解一下当地风俗习惯为妥。而且，虽然说“主”与“客”之间通过这种方式增进友谊、加深交往，但是在吃饭的过程中不要忽略了其他一些礼仪。例如在富裕国家瑞士，精打细算，节约成风。即便举办世界性的活动，一日三餐也是固定供应量且每人一份，或是把这份餐费发给个人，让你自己找地方去吃。除此之外，对每人只能免费供应一杯茶。谁要是多吃多喝，得自己另外付钱。在这里国内外的客人一视同仁，概不例外。

而在亚洲一些国家和地区，你被邀请吃饭必须用大吃大喝来表示感谢，这样才表示主人招待客人十分诚恳。如果你吃得差不多了，对主人说“够了，我不想再吃了”，主人会不理睬你，你必须继续吃下去，吃得越多，对方越高兴，那才是礼貌。如果随便吃几口就停嘴，对方会不高兴。到这些地方去做客，需事先带点助消化的药才行呢。

中国文化对消费者行为的影响

第三节　中国文化对消费者行为的影响

文化的重要属性之一就是它的民族性、国别性或群体性。世界各民族都在自己特殊的自然环境和社会历史条件下创造了风格各异的民族文化。中国文化是中华民族在东亚这片广袤的土地上创造的一种独特文化。它必然深刻地影响着中国人的消费模式和消费习惯。

一、中国文化的核心价值观

中国传统文化的核心价值观，是指在中国传统文化的各种价值观念中居于核心地位、起着主导作用的价值观。中国传统文化的核心价值观包含两层意思：其一，是指中国传统文化的组成部分，即儒、道、佛三家各自的核心价值观；其二，是指儒、道、佛三家共同形成的中国传统文化所体现的核心价值观。

儒家是中国传统文化的主体，道、佛二家则是作为儒家文化的补充而成为中国传统文化的重要组成部分。中国人“学焉各得其情性之所近”，优游于三种文化传统之中，尊其一而容其二，形成了中国传统价值观的多样性和丰富性，为中国人的精神翱翔提供了广阔的思想空间，也为今天社会主义核心价值观的构建提供了宝贵的文化资源。

二、中国文化对消费者行为的影响

文化作为企业重要的宏观环境因素，对消费者行为，进而对企业的影响是广泛而且深远的。下面结合中国文化特点，讨论文化对消费者购买行为的影响。

1. 根文化

中国自古以来的文化传统重家、重族、重国，生命血统的延续是头等大事，因此望子成龙、望女成凤，以期光宗耀祖。根文化深植于中国人的心灵深处，影响着人们消费的方方面面，产生了中国人独特的根消费现象。主要包括教育消费（对下一代）、祭祖消费（对上一代）、仪式消费（婚丧嫁娶、添丁满月、新房搬迁、升学就业）、房地产消费、节庆消费（春节、中秋节）等。

2. 和文化

中国人认为人类是自然的一部分，人与自然是“和谐”的关系。受中国古代自然崇拜、天地崇拜的影响，中国人注重和谐与统一，并努力“顺其自然”，与身处的环境保持和谐。在消费行为方面，中国消费者一般喜欢新鲜的、原汁原味的食物，这也是这种文化对消费者行为影响的一种体现。在产品的包装及其文化背景方面，体现和谐与统一。企业应将此精神融入产品的设计中去，使其既能满足人们生活的需求，又能体现出中国文化的人文精神。在商品的宣传、交易过程中尽可能地“和气生财”，体现各种不同思想文化的交互渗透和包容，形成符合中国人习惯的平和心态的消费模式。

3. 关系文化

关系文化是中国特色文化之一，被视为了解中国消费者行为的核心概念。在关系文化条件下，消费者的交易活动往往不是单纯的经济利益算计，还有人情往来、互惠交换、面子问题等微妙复杂的方面。消费者的购买行为往往不仅仅是一次经济交易，而且是一种社会互动和关系交往。中国文化一向看重人情往来，中国向来有“礼仪之邦”之美称，送“礼”是普遍存在的现象，它存在于不同时代的各个时期、各个地区，是人们互相传递感情、美好愿望的一种必不可少的手段。中国人送礼注重包装、内容和价格，包装越豪华、越高贵，往往意味着礼品越高档，也就越显示出送礼人的“诚意”，也就是注重门面。

4.“面子与公众”文化

中国人很注重“面子”，“面子”在中国人的消费行为中起了很大的作用。对于中国人来说，社会地位不仅意味着成就，而且是一个人及其家庭、亲属乃至宗族地位的确定标志。因此，中国人往往通过以“为了强化别人眼中自己的形象”为购买动机的消费，来维护自己的“面子”和自身的社会地位。与中国人面子观相关的消费行为集中体现为攀比消费、炫耀消费和象征消费，于是，在各种消费的相互攀比中，中国人追求世界顶级名牌、奢侈品等。

5.“安土乐天”文化

中国文化富于安土乐天的情趣，不像西方文化那样追求冒险和刺激。在消费行为上主要体现为：对于时兴的、不确定的、非传统的产品或购买渠道都心怀芥蒂。不愿意尝试和冒险是中国消费者的显著特点。中国文化一向比较怀旧恋古，对故乡的眷念，对往事的回忆，对先人旧友的缅想，往往超过了对未来的憧憬。在消费上，这种“思古之幽情”加上现代科技的包装，像“采传统秘方之精髓，集高科技研究创新之大成”，或者“重新发现了久已失传的”之类的广告用语似乎都让人觉得可信。

本章小结

1. 消费者行为并不是生来就有的，而是后天学习的结果。文化对消费者行为的影响是通过价值观和规范反映出来的。

2. 文化具有继承性、习得性、无形性、民族性、动态性的特征。文化由信仰、价值观、规范、符号、仪式等要素组成。

3. 亚文化又称小文化、集体文化或副文化，指某一文化群体所属次级群体的成员共有的独特信念、价值观和生活习惯，是与主文化相对应的那些非主流的、局部的文化现象。影响亚文化形成的因素有年龄、性别、职业、地域、种族、宗教、收入、家庭等。

4. 亚文化有各种分类方法，可以分为人种亚文化、年龄亚文化、生态亚文化、地理亚文化、性别亚文化等。

复习题

1. 什么是文化？文化有哪些特征？
2. 亚文化的特征有哪些？大学校园里的一个年级的学生群体是否可以看作一个亚文化群体？
3. “文化为行为设定了边界”这句话意味着什么？
4. 赠送礼物时的消费者决策与其他购买决策有何不同？
5. 中国“90后”的成长带来的营销启示是什么？
6. 中国关系文化对消费者行为有哪些影响？
7. 营销人员为什么要重视对文化的研究？

案例分析

“怀旧经济”悄然时兴

前几天，室内设计师宋先生在淘宝网上花80元给自己买了两件纯棉海魂衫，花10元给儿子买了两个带发条的铁皮玩具。收到包裹后，父子俩都很开心。海魂衫可说得上是非常经典的一款单品，它本是海军的军服，却受到普通人的追捧，流行了一代又一代。如今经典回潮，海魂衫又成了新的流行风向标，由新一代继续传承。

宋先生是“80后”，他是怀旧商品的忠实“粉丝”。这几年他已买过十几双解放鞋，家中墙上贴的是20世纪60年代的海报和画报。有人问宋先生为什么喜欢买怀旧商品，他的回答是，这些国货无论是款式设计还是质量都非常不错，而且还让他常常回忆起儿时的生活。

在物质相对匮乏的20世纪80年代，自制弹弓、木头刀等玩具非常流行，玻璃弹珠、套装小人书、上发条的绿皮青蛙等商品也曾伴随着很多人成长。像宋先生这样的怀旧消费者有一大批，更多的时候我们怀念的不单单是一个个体，而是那些承托在这些物件上的记忆与感情引起了人们强烈的共鸣。相比国外，中国消费者则有着更加一致的回忆，从而更容易产生品牌内容与自身之间的共鸣。有人说，回想起童年时无忧无虑的日子，还有那些曾经给自己带来过快乐的商品，心情便会轻松许多。

怀旧不仅仅是集体记忆的宣泄，也是个性的表达。谁也没有预料到，“70后”“80后”儿时最常见的“梅花牌”运动服、回力鞋和海魂衫，如今会成为时尚达人的潮流单品。穿上它们出入夜店、派对和秀场，没有人会觉得你品位低下。淘宝网上有间网店名为“国潮地带”，主营“梅花牌”运动服、回力鞋和海魂衫，也掺杂贩卖铁皮和塑料铅笔盒、旧款儿童电子琴。店主唐先生给店铺的定位语是“小时候那点事儿”。店里生意很好，每天的订单络绎不绝。一件“梅花牌”运动服卖到了 148 元，还是难以阻挡顾客的购买冲动。

以被称作“童年高尔夫”的玻璃弹珠为例，很多网店这样介绍：除了小时候的玩法外，还可以把它放在玻璃花瓶、鱼缸和盆栽里做装饰品；可以用作教学用具，教孩子数数；还可以洗脚的时候放在水盆里进行足底按摩。一位卖玻璃弹珠的网店老板说，那些看起来微不足道却足以打动人心的创意，才是人们愿意为怀旧商品掏腰包的原因。

虽然现代社会的品牌选择更多，产品功能诉求更加细化，还是有很多人对经典国货有深刻感情。谢馥春鸭蛋粉、蜂花洗发水、百雀羚护肤脂，除了感情和便宜，还因为它们经过了岁月的洗礼和考验，让消费者觉得更加值得信赖。2012 年一则名为《花露水的前世今生》的视频短片从 6 月底在各个网络平台发布后不到一个月，总点击数超过 1200 万次。这个视频的发布方正是经典国货——六神品牌团队。视频里从 20 世纪老派上海的“十里洋场曾经的潮品”，到童年时光中的一张凉席、一台电风扇、一瓶花露水的夏天，既重温了品牌的衍生历史，让消费者怀念了自己的美好童年，也让他们与品牌更加亲近，对品牌更加有好感。

社会学家认为，怀旧是社会发达和进步的表征。国家愈发达，其人民愈怀旧。怀旧本身也是文化建构的方式；怀旧消费不仅是一种文化现象，也成为一种经济现象。在中国消费者越发自信的文化背景下，种种情感的需求便会成为消费的动力，怀旧情结演变成现实的怀旧消费并爆发出巨大潜力。

讨论题：

1. 怀旧文化对消费有什么影响？
2. 如何利用消费者的怀旧心理去实现企业的怀旧营销目的？

第七章 社会群体因素与消费者行为

学习目标

- 了解与消费者密切相关的社会群体；
- 掌握参照群体的概念与功能，参照群体的分类，参照群体对消费决策的影响，参照群体对消费者行为的影响程度；
- 掌握意见领袖的概念，意见领袖出现的情境，如何识别意见领袖，建立在意见领袖上的营销策略。

引导案例

小米集团董事长新年直播带货

2020 年 12 月 28 日，备受米粉期待的小米新款旗舰小米 11 发布了，并于 2021 年开年零点全渠道开售。据统计，仅 5 分钟销售额便突破 15 亿元，成为继小米 10 系列后又一高端系列“爆款”，再一次巩固了小米品牌在高端市场的地位。

2021 年 1 月 1 日 20:00，小米集团董事长兼 CEO 雷军在众多米粉的期待中准时走进抖音直播间，开启了新年首场直播。在此次直播活动中首发的限量小米 11 雷军签名版，5 秒便被抢购一空。普通版的小米 11 也在直播间进行售卖，上架后的短短几秒内，30000 台就销售一空。在直播临近尾声时，最大的惊喜莫过于小米 11 代言人的发布环节。雷军宣布接下来一个月，他将带着米粉的信任与热爱，担任小米 11 代言人，而且展示了代言海报，该海报将很快在首都机场和米粉们见面。雷军作为小米 11 新晋代言人的官宣将此次直播推向了高潮。

小米官方发布的相关数据显示，在 1 月 1 日晚间的抖音直播活动中，“带货”清单近 30 件，直播到访人数高达 3849 万人次，销售金额超过 1.88 亿元。

第一节　群体类型

一、群体的概述

群体或社会群体是由具有一套共同的价值观或信念的两个或者两个以上的个人组成的集体，他们通过一定的社会关系结合起来进行共同活动，在追求共同目标或者价值中相互影响、相互依赖。群体的规模可大可小，大到可以是几十个人组成的班集体、社团；小到可以是经常一起上街购物的邻居、朋友、室友等。群体的人员之间一般比较经常接触和交流，从而对彼此产生影响。

社会成员要想构成一个群体，应具备以下基本特征：①群体成员需要有一定的纽带联系起来。比如说以血缘为纽带组成的小家庭或者大家族，或者以地缘为纽带组成的邻里群体，以学业为纽带组成的宿舍或班级，以爱好为纽带的社团群体等。②成员之间要有共同目标和持续固定的交流互动。公交车里的乘客、电影院里的观众、旅游景点的游客、停车等待红绿灯的人都不能称为群体，因为他们之间是偶然地或者临时性地聚集在一起，过了此刻不会再有交集，不会有交流互动，不能对彼此产生影响。③群体成员要有认同感、归属感和共同的行为规范。为了实现目的，群体必须有行为规范，否则各行其是，群体就会像一盘散沙。④群体有一定的边界。边界的概念使得群体之间可以相互区分。边界由成员的从属关系反映出来（某个人是否属于某个群体）；也可以通过认同感反映出来（比如说身在曹营心在汉）。

默扎菲尔·谢尔夫对群体界限进行了实地研究：一群互不相识的11～12岁男孩，来自中产阶级家庭，信仰新教。这群孩子是被告知去进行夏令营，没有被告知用来做实验。莫扎菲尔·谢尔夫提出了几条假设。

群体竞争→敌意；相互接触并不能有效减少群体紧张和冲突；

共同需要→联合；合作成功，即使有敌意也会变得友好。

（1）第一个六天。孩子们分两组各自不知道对方的存在。有各自的设施用于游泳、划船、开篝火晚会等。在吃饭，玩游戏的过程中，各组的孩子们彼此依赖，形成了很强的群体凝聚力。结束时各自取名“鹰”“蛇”。各小组组织内部也形成等级、角色和各种规范。

（2）第二个六天。通过篮球、橄榄球、拔河、寻宝等各种竞争性比赛使两个组接触。活动给各小组加分而非个人。虽本着友谊第一，比赛第二的精神，但慢慢两组都丧失友好情绪，开始对骂，冲突越来越多。一次比赛输给对方后，鹰组把蛇组的旗帜烧了。第二天蛇组开始抢夺鹰组的旗帜，冲突越演越烈。通过对孩子们进行社会距离尺度测量和有关群体内外行为的问卷调查，进一步证实了假设。

（3）第三个六天。安排两个小组群体一起看电影、放爆竹、同一个大厅吃饭等，非但没有减少冲突，反而提供更多制造冲突的机会。接下来，研究者切断公共水源，假称敌人破坏了，要修复水源，每个人都有大量工作。孩子们并肩工作修复水源后要求再放一部电影，孩子们一起投票选择影片并共同付费，然后一起欣赏电影。此过程中群体摩擦消失，个人越群体界限建新友谊。

此实验说明，边界的存在是群体构成的基本要素，边界的存在可以加强成员对自己群体的忠诚、认同感和归属感，有助于加强群体内部的凝聚力，特别是存在群体之间的冲突时。

二、社会群体的类型

按照群体成员之间群体内部规范的正式程度分为正式群体和非正式群体，按照群体成员交流的亲密程度分为主要群体（初级群体）和次要群体（次级群体），按照群体成员的归属感分为隶属群体和参照群体。网络时代出现了相当多热门的族群，比如月光族、淘宝族，拍客、背包客等。

1. 正式群体与非正式群体

正式群体诸如现代社会的社会组织等，其成员的地位、角色和规范，以及权利、责任和义务都有明确的规定，并有相对固定的成员身份的群体，如企业、机关、军队、学校等。正式群体的组织化、正规化程度高，其成员间的互动采取制度化、规范化的方式。非正式群体是指人们在交往过程中，由于共同的兴趣、爱好或者看法而自发形成的群体。群体成员之间没有资格规定、职责规定，也不受规范约束。例如企业研发部门是正式群体，但是里面的几个女同胞都特别喜欢某个品牌的衣服，她们经常一起逛街，看电影，这几个人就组成了非正式群体。企业的研发部门和营销部门都是正式群体，但是研发部门和营销部门的两个人志同道合，经常一起外出旅游，他们两个人也是非正式群体。由此我们可以看出来非正式群体可以是建立在正式群体内部，也可以是建立在正式群体之外，跨越几个群体的。非正式群体的成员之间联系比较轻松自由。非正式群体所产生的“社会舆论”对每个成员的观念和行为会产生重要影响。

2. 主要群体（初级群体）与次要群体（次级群体）

主要群体或初级群体是指由面对面交流互动所形成的、具有亲密的人际关系和浓厚的感情色彩的社会群体。这类群体主要包括家庭、邻里、大学室友等，一般都是小规模的。在主要群体中，成员之间不仅有密切的接触，而且有强烈的情感、道德、习惯联系，正因为如此，像家庭、朋友等关系密切的主要群体，对个体来说是不可替代的。次要群体或次级群体是指人们为实现特定社会目标，执行一定的社会职能，并根据一定的程序和规章相互协作、共同活动的社会群体。次要群体规模一般比较大，人数比较多，比如说职业群体、社团。次要群体成员不能完全接触或者接触比较少。典型的次级群体是各类社会组织，如公司、政府机构、学校等。次级群体的规模也可小，如一个医院的科室、学校的一个班组。也就是说在较大的次级群体中，一般总会出现一些较小的初级群体，如军队中的战友群、工厂中小工友团以及学校里的“哥们”群体等。

3. 隶属群体与参照群体

隶属群体是消费者实际参加或者隶属的群体，如家庭、学校等。参照群体是指能给某一群体成员提供某种参考对象并试图效法的群体，是人们心目中想要加入或理想中的群体，其价值观和规范体系常是参照者个人的目标或标准。参照群体是个体在某种特定情境下作为行为指南而使用的群体。如，一流大学的大学生群体是那些想考上大学的高中生，甚至是二流大学大学生的参照群体；一些球迷把某个著名球队或者其中一个球星看作参照群体等。参照群体概念最早是由美国社会学家海曼于 1942 年最先使用，用以表示在确定自己的地位时与之进行对比的人类群体。当个体积极参加某一群体的活动时，该群体通常会作为他的参照群体，他会自觉或不自觉地用该群体的价值观来对照自己的行动。也有一些个体，虽然参加了某一群体，但加入进去之后发现该群体可能并不符合其理想标准，他可能会以其他群体作为参照群体。

三、与消费者密切相关的社会群体

与消费者密切相关的社会群体

为了更全面、深入地理解具体的社会群体对消费者产生的影响，下面对与消费者密切相关的六种基本社会群体做一简要介绍。

1. 家庭

人的一生，大部分时间是在家庭里度过的。家庭成员之间的频繁互动使其对个体行为的影响广泛而深远。个体的价值观、信念、态度和言谈举止无不打上家庭影响的烙印。不仅如此，家庭还是一个购买决策单位，家庭购买决策既制约和影响家庭成员的购买行为，反过来家庭成员又对家庭购买决策施加影响。例如，家庭观念比较保守的家庭的人，购买衣服时都会选择比较保守的衣服，相对来说观念比较开放的人则比较喜欢尝试一些比较个性的衣服。

2. 朋友

朋友构成的群体是一种非正式群体，它对消费者的影响仅次于家庭。追求和维持与朋友的友谊，对大多数人来说是非常重要的。个体可以从朋友那里获得友谊、安全，还可以与朋友互诉衷肠，与朋友讨论那些不愿和家人倾诉的问题，总之，它可以满足人的很多需要。不仅如此，结交朋友还是一种独立、成熟的标志，因为与朋友交往意味着个体与外部世界建立联系，同时也标志着个体开始摆脱家庭的单一影响。女性购物时更容易受朋友因素的影响，也更容易发生集体冲动性购买的行为。

3. 正式的社会群体

像某某学校校友会、业余摄影爱好者协会等组织均属于正式的社会群体。人们加入这类群体，可能基于各种各样的目的。有的是为了见识新的朋友、新的重要人物，有的是为了获取知识、开阔视野，还有的是为了追求个人的兴趣与爱好。虽然正式群体内各成员不像家庭成员和朋友那么亲密，但彼此之间也有讨论和交流的机会。群体内那些受尊敬的成员的消费行为，可能会被其他成员谈论或模仿。正式群体的成员还会消费一些共同的产品，或一起消费某些产品。比如，高尔夫球俱乐部的成员要购买高尔夫球杆、高尔夫球和很多其他用品。

4. 购物群体

为了消磨时间或为了购买某一具体的产品而一起上街的几位消费者，就构成了一个购物群体。购物群体内的成员，通常是有空余时间的家庭成员或朋友。人们一般喜欢邀请乐于参谋且对特定购买问题有知识和经验的人一起上街购物。与他人一起采购，不仅会降低购买决策的风险感，而且会增加购物过程的乐趣。在大家对所购产品均不熟悉的情况下，购物群体很容易形成，因为此时消费者可以依赖群体智慧，从而对购买决策更具信心。

5. 消费者行动群体

在西方消费者保护运动中，涌现出一种特别的社会群体，即消费者行动群体（Consumer Action Groups）。它可大致分为两种类型：一种是为纠正某个具体的有损消费者利益的行为或事件而成立的临时性团体；另一种是针对某些广泛的消费者问题而成立的相对持久的消费者组织。大多数消费者行动群体的目标是唤醒社会对有关消费者问题的关注，对有关企业施加压力和促使它们采取措施矫正那些损害消费者利益的行为。

6. 工作群体

工作群体也可以分为两种类型：一种是正式的工作群体，即由一个工作小组里的成员组成的群体，如同一个办公室里的同事、同一条生产线上的装配工人等；另一种是非正式工作群体，即由在同一个单位但不一定在同一个工作小组里工作，且形成了较密切关系的一些朋友组成。由于在休息时间或下班时间，成员之间有较多的接触，所以非正式工作群体如同正式工作群体，会对所属成员的消费行为产生重要影响。

第二节　参照群体

一、参照群体的概念与功能

参照群体也可以称为参考群体、相关群体、参照组等，是指那些直接或者间接影响消费者的行为和看法的那类群体。对消费者而言参照群体是非常重要的。该群体的观点和价值观被个人作为其当前行为的基础，在一些特定的情境中可以作为消费者购买行为的指导，对消费者的观点看法、欲望或行为产生影响。物以类聚，人以群分，我们可能渴望加入某些群体，当我们加入了某个群体，并积极地参与该群体的活动时，群体中的成员会成为参照群体。我们可能同时是某几个群体的成员，或者我们参与的群体会随着时间空间的改变而改变。有时候，不光自己所在的群体会对自己的行为有参照作用，自己喜欢的群体（渴望群体），讨厌的群体（厌恶群体）也会对自己的消费行为起到参照群体的作用。

参照群体具有比较和规范两大功能。大家都知道中国人的攀比现象比较严重，有的时候购买某个东西不是自己需要的，可是自己所在的群体人人都有的，所以自己也会去购买。或者说有时候我们买东西的时候会比照人家买什么，我也买什么，这都是参照群体的比较功能。比较功能，是指个体把参照群体作为评价自己和别人的出发点和标准，如自己在布置、装修自己的房子的时候，可能以邻居或仰慕的某位熟人、名人的家居布置场景作为模仿的对象。都要求老师要有为人师表的样子，原因就在于老师要以身作则教育学生，很多小朋友会受到老师的影响，他们会模仿老师的个人行为、说话方式、价值观等，这就是参照群体的规范功能。规范功能在于有一定的行为标准并能够使得个体遵从这一标准，比如受父母的影响，子女在食品的饮食习惯的营养标准、穿衣打扮的风格、到哪些地方购物等方面形成了某些根深蒂固的观念和态度。父母、老师对个体所产生的影响对个体行为具有规范作用。

二、参照群体的分类

参照群体的概念最早是由美国社会学专家海曼（Hyman）于 1942 年提出来的。后来越来越多的专家学者开始加入参照群体的研究队伍，也开始对参照群体进行分类。分类的标准不一样，得到的结果也不同。比较有代表性的是学者维布雷宁根据消费者与参照群体之间接触频率的大小和影响的轻重进行划分。维布雷宁将相关参照群体划分为三类：第一类是主要群体，是指那些与消费者接触非常频繁对消费者影响非常大的一类非正式群体，包括家庭成员、亲戚朋友、公司同事、邻居等；第二类是次要群体，是与消费者接触次数有限相对较少，对消费者行为影响程度相对较弱的一类群体，包括消费者归属的一些社会团体、一起参加的教会组织、一些学术组织论坛等与自己有关的不定期参加一些其他的社会群体；第三类是渴望群体，是自己十分想成为的那类人，或者是自己非常喜欢但是不能见到的那类人，包括影视明星、歌星、体育明星、社会名流、各行各业的成功人士等，这类参照群体消费者是不属于该团体的，但是非常崇拜、期望能够归属其中，会效仿其生活方式和消费行为。比如，红遍亚洲的电视剧《还珠格格》一开播，挽救了当时很多濒于破产的企业，不管是上到外套下到裤子、袜子都被印上了剧里的人物，还有各种盥洗用具也都印上了剧中人物的标记，因为只要有了此标志立马会被抢购一空。

此外，还有一类特殊的群体——消费亚文化群体。这类群体消费者的购买行为受到社会文化的影响。这类群体共同选择某个产品、某种品牌或者某种消费行为在此基础上形成了具有鲜明特色的消费模式。比如学生和老师的穿衣打扮，受到文化因素的影响。老师为人师表穿衣要整洁、大方等，学生是与社会人士区别开来的，他们的穿衣打扮更运动、阳光。试想一下有一天，班上的某位同学来上课穿得比较正式，你会觉得很另类，你会觉得他是不是刚刚参加过面试，这都是约定俗成的一些文化理念在潜移默化地影响着你。

作为参照群体当其具备以下性质时才能更好地影响成员的行为：第一是内聚性，群体中的成员要有共同的价值观和规范；第二是经常交往性，群体成员只有彼此之间互相走动得比较勤才能有更多的机会影响其成员，俗话说得好，远亲不如近邻，感情是沟通出来的。第三是排外性和独特性，加入群体会让成员获得很多的外部效应，比如能够提高别人对自己的评价，让人能够产生自豪感，这样才不会脱离现有的群体。

三、参照群体对消费决策的影响

参照群体对消费决策的影响

人们总会希望自己可以不受外界的影响，可以我行我素，但是处在这个社会中避免不了的要与人相接触，无形中的影响无处不在。不管你是否察觉，即使是很有个性、很与众不同的人，都会与自己的群体相互影响。比如在学校里面大家都穿得中规中矩的，很少有人穿奇装异服，这不是从众，只是自己在遵从群体的规范，通常我们潜意识里面都会向群体看齐。参照群体通过多种途径影响消费者，研究为什么我们会受到他人影响这一问题的学者已经识别出了五种社会性权利：

（1）奖赏性权力，参照群体或者个人因拥有分配报酬能力而产生的影响。

（2）强制性权力，参照群体或者个人因能够执行惩罚而产生的影响。

（3）参照性权力，因被影响群体想要与某些人一致或者希望自己成为那样的人而产生的影响。

（4）专家/信息权力，因被影响人倾向于听从专家意见或者听从那些拥有他们没有的信息的人而产生的影响。

（5）法定性权利，因被影响人的责任感而产生的影响。

群体对消费者的影响，通常表现为 3 种形式，即行为规范性影响、信息性影响、价值表现上的影响。我们要根据影响的方式来制定相应的营销策略，因此对这几种方式作出区分很重要。

1. 规范性影响（与奖赏性权力和强制性权力相关，会导致服从）

规范性影响是指由于群体内部行为规范的作用而对群体内部个体的消费行为产生影响。只要有群体存在，不必经过任何语言沟通和思考，规范就能够发挥作用。规范性影响之所以能够起到作用，主要是由于奖励和惩罚的存在。群体中的成员为了获得赞赏或者为了避免惩罚，都会按群体的规范行事。例如在学校中，学生为了避免惩罚一定会在某种程度上遵守学校的规章制度，学校禁止使用大功率电器，他们可能就不会购买。大部分的企业都要求员工穿工装，大家为了避免惩罚自然省下了一大部分购买服装的费用。如果广告商声称使用某种产品，就能得到社会的接受和赞许，利用的就是群体对成员的规范性影响。同样，如果宣称不使用某种产品就得不到群体的认可，也是运用规范性影响。情境以及参照群体的规范性影响如图 7-1 所示。

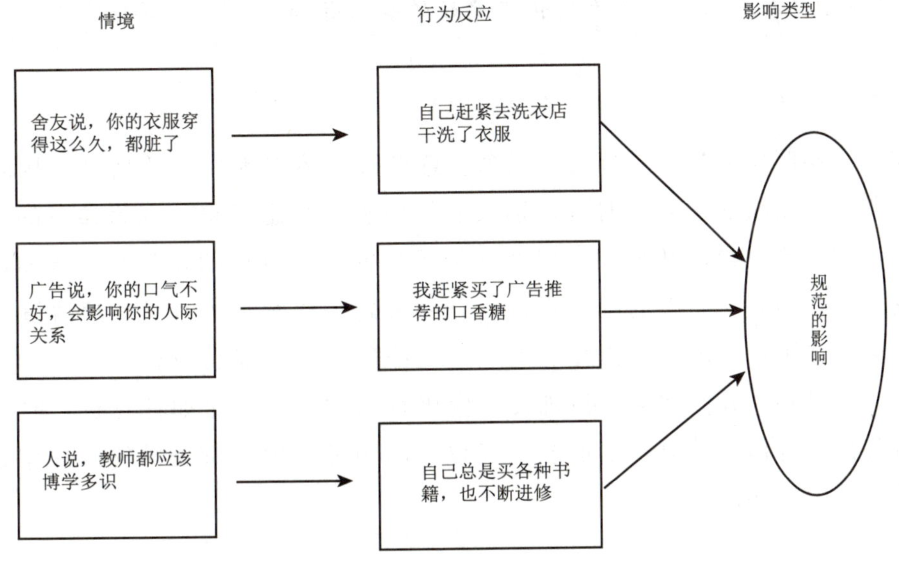

图 7-1　情境以及参照群体规范性影响

拓展阅读

群体压力

群体压力是指群体对其成员的一种影响力。当群体中个体的意见或行为与群体意见或规范发生冲突时，为了维持与群体的关系，群体成员遵守群体意见或规范，而改变自己的意见或行为时，所感受到的一种无形的心理压力。群体压力的表现形式就是从众行为。所谓从众是指个人在群体中因受到群体的压力，使其在判断或者行为上倾向于与群体中多数人一致的现象。经典的从众的实验是阿希实验。

阿希实验是一个线段实验。实验非常简单，就是给来参加面试的人员呈现两张纸，一张纸上印着一条线段，被试者需要在另一张印有 3 条线段的纸上找出与刚才那条长度相同的线段来。实验需要测试多组不同的被试者，7 个人一组，每组要做 18 个测试，每次测试被测试人员按照座位顺序一个一个来回答。其实 7 个人中只有一个被试者是被实验的，剩下的都是阿希的助手来当托儿的。18 次测试中，有 12 次助手一起选择了错误的答案。结果，这项测试被试者的最终正确率为 63.2%，单个人做实验时回答的正确率接近 100%，也就是说被试者从众的平均百分比大约为 37%，甚至有 5%的人从头到尾跟随着大部队一错到底，也有 15%的被试者，从众行为的次数占实验次数的 75%。只有 1/4～1/3 的人可以一直坚持自己的正确的观点，同时也是正确的观点。不发生从众行为。从众对消费者行为影响很大。例如，你本来打算买件得体时尚的上衣，却看见商店里人头攒动在争相购买某种款式衣服，购买者都对这件衣服赞不绝口，加之营业员的推销，估计连砍价都不卖力了。如果经过这家店的时候没有人估计也不会看中这件衣服。有时候广告也会利用人们的从众心理，很多人购买的话说明该商品具有可靠性。例如大家熟知的苹果手机的消费是不是一种跟风消费呢？看着你身边的人一个一个都买了苹果手机，为了取得周围朋友的认同，或者寻求心理平衡，买不买的问题一直围着自己，影响自己的消费行为，这是群体压力导致的跟风消费，当然也不排除苹果手机本身具有的优点导致的口碑营销。

2. 信息性影响（与参照性权力相关，会导致认同）

信息性影响是指参照群体成员的行为、观念、意见被个体作为参考的信息，从而影响其消费行为。当消费者对所购产品缺乏了解的时候，别人的使用和推荐意见将被视为参考的证据，其影响程度取决于被影响者与群体成员的相似性，以及施加影响的群体成员的特长性。例如，大学宿舍的同学，发现其他室友都在用某一品牌的洗发水，当自己去购买洗发水的时候就想着试一下这个品牌的洗发水，因为大家都在用，肯定是适合大学生的，或者宿舍里面都在用这一品牌，当你购买时他们也会介绍你试试。有时候，我们购买一些科技含量比较高的产品（比如计算机）时，我们往往会听取那些有计算机背景或者精通计算机的朋友的建议，因为觉得他们所提供的信息比较权威。情境以及参照群体的信息性影响如图 7-2 所示。

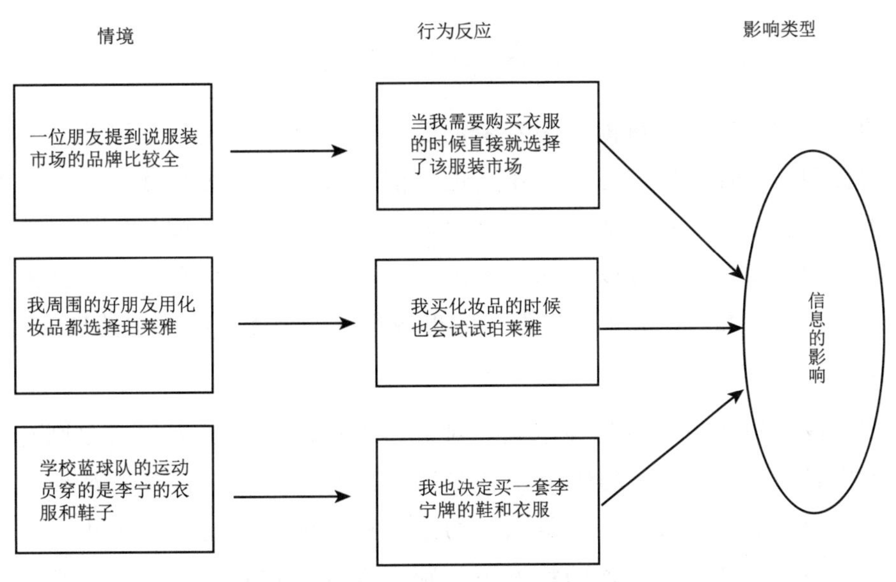

图 7-2　情境以及参照群体的信息性影响

3. 价值表现上的影响（与专家/信息权力相关，会导致内化）

价值表现上的影响是指个体在与成员接触中受到群体潜移默化的影响。从心理上认可并自觉遵循相关群体的信念和价值观，体现在选择和购买商品时。例如，某位消费者觉得那些有艺术气质的人，通常是留长发、不修边幅、穿衣打扮不拘一格，于是他也留起了长发、络腮胡子、邋里邋遢。此时，该消费者就是在价值表现上受到参照群体的影响。这类影响的产生以个人对群体价值观和群体规范的内化为前提。从心底里认同是不需任何外在的奖惩或奖励，个体就会依据群体的观念与规范来行事。情境以及参照群体的价值表现影响如图 7-3 所示。

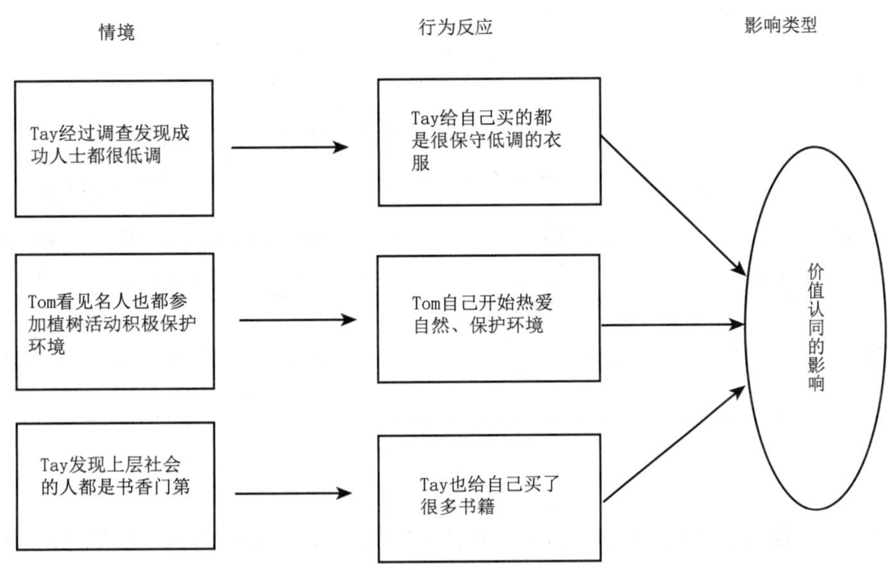

图 7-3　情境以及参照群体的价值表现影响

四、参照群体对消费者行为的影响程度

在某一特定的情境中参照群体可能对消费者的购买不会产生影响，也可能会影响到某类产品品牌的选择、产品的类型的选择或者产品的使用，也可能会影响某一类品牌比如自己所在的群体都不买奢侈品，我也不会想着去买高档的奢侈品，有时候也会影响一组品牌的购买。哪些因素会影响参照群体对消费者的影响强度？主要有以下几个方面：产品使用时的可见性、产品的必需程度、产品与群体的相关性、产品的生命周期、个体对群体的忠诚程度、个体在购买中的自信程度。

1. 产品使用时的可见性

一般而言，产品或品牌使用时可见性越高，对群体的影响力就越大，反之则越小。比如维生素和衣服，相对于维生素的食用，衣服的使用才能够被人们看得见。看得见的消费，效果又比较好的话，人们更容易购买。比如朋友买了一件很漂亮的连衣裙，你估计也会有去买一件一模一样的衣服的冲动。当你使用一种产品别人不知道的情况下，别人很少给你建议，或者说别人使用产品自己不可见，或者产品的功效别人不可见的情况下，你想买东西就没有参照，参照群体就不能起到作用。

2. 产品的必需程度

对于食物、日常用品等一些生活必需品，消费者经常使用的自己本身就比较熟悉，大多数情况下都已形成了购买习惯，参照群体对这类产品的影响相对较小。相反，对于奢侈品或非生活必需品，如时装、名包、高档汽车、游艇等产品，购买时受参照群体的影响较大。学术界也有很多研究探索了不同的产品领域参照群体对产品与品牌选择所产生的影响，其中，拜尔顿（Bearden）和埃内尔（Etzel）的研究从产品可见性和产品的必需程度两个层面将消费情境进行分类，然后分析在这些具体情形下参照群体所产生的影响如表 7-1 所示。

表 7-1　两种消费情境特征与产品和品牌的选择

因素	需要程度	
	必需品	非必需品
可见	公共必需品 参照群体影响力：对产品弱，品牌强； 例子：汽车、手表	公共奢侈品 参照群体影响力：对产品、品牌都强 例子：滑雪、健康俱乐部
隐蔽	私人必需品 参照群体影响力：对产品强，品牌弱； 例子：冰箱、家电	私人奢侈品 参照群体影响力：对产品、品牌都强 例子：家庭娱乐中心

3. 产品与群体的相关性

某种活动与群体功能的实现关系越密切，个体在该活动中遵守群体规范的压力就越大。例如，对于只是偶尔在宾馆住或在一个星期中偶尔打一场篮球的群体中的成员来说，着装对其影响就比较小，而对于经常出入豪华餐厅和五星级宾馆等高级场所的群体成员来说，着装则显得非常重要的。

4. 产品的生命周期

产品的生命周期包括导入期、成长期、成熟期、衰退期。亨顿认为，当产品处于导入期时，消费

者的产品购买决策受群体影响很大，但品牌决策受群体影响较小。在产品成长期，参照群体对产品及品牌选择的影响都很大。在产品成熟期，群体影响在品牌选择上大而在产品选择上小。在产品的衰退期，群体影响在产品和品牌选择上都比较小，如表 7-2 所示。

表 7-2　产品生命周期与产品购买、品牌决策受群体影响

产品生命周期	产品购买受群体影响	品牌决策受群体影响
导入期	较大	较小
成长期	较大	较大
成熟期	较小	较大
衰退期	较小	较小

5. 个体对群体的忠诚程度

群体成员对群体越忠诚，就越可能遵守群体内部的规范。当某个人突然有一天要参加一个渴望群体的宴会时，在选择衣服时，他们会焦虑不安、会不知道穿哪件衣服比较好，因为他们可能更多地会考虑他渴望的群体的期望，而当他要参加一些自己不是很重视的群体晚宴的时候，他们可能会根据自己的爱好进行选择，不会考虑群体内部的规范。有些专家学者提供了一个案例，研究发现，那些非常强烈认同西班牙文化的拉美裔美国人，比那些微弱认同西班牙文化的人，更多地从价值和规范两个层面受到来自西班牙文化的影响，而文化会不同程度地影响消费者的购买决策，强烈忠于西班牙文化的那群人购买决策会受到其影响，不认同的人则不会考虑其影响。

6. 个体在购买中的自信程度

有研究表明，个人在购买彩电、空调、冰箱、衣服、家具、汽车、保险、杂志书籍和媒体服务时，最容易受参照群体影响。这些产品，如保险的消费，与人身安全或者个人生活息息相关的，但是他既非可见的又与群体相关性不是很大，并且大多数人对保险拥有的知识与信息又很有限。这样的情况下群体的影响力的大小就取决于个体在购买这些产品时候信心是否足够，是否能够坚持自己最初的选择。信息不足的时候很容易受到参照群体的影响。例如，我们参保的时候很多推销员在你举棋不定的时候会说一句话“很多人都会选择这一款或者选择另外一款保险”，这种情况下你对自己的选择信心不足的话，就会选择参照群体的决定，但如果你很自信自己的选择，你会告诉销售人员，就要自己选中的这一款产品。

大家可能都觉得对产品所具有的知识水平直接关系到购买产品的自信程度。拥有的知识或者信息越充足，越会坚持自己的意见。只有在知识不充足时才想参考别人的意见。其实自信程度并不一定与所拥有的产品知识的多少成正比。研究发现，汽车知识丰富的购买者在购买过程中需要考虑的因素比较多，可能不同品牌的产品满足他不同的考虑因素，因为知道得比较多，才会考虑得比较多，往往举棋不定，相比较那些买车新手来说，他们更容易在信息层面受到参照群体的影响，喜欢与那些同样拥有丰富汽车知识信息的小伙伴交换意见。新手则对汽车没有太多概念，收集的产品信息也不全，对这些信息也是一知半解，他们购买的时候更容易受到广告和推销人员的影响。

拓展阅读

DT公司的大豆彩色蜡笔

DT公司新开发出了一种用大豆做原材料的彩色蜡笔，这种蜡笔的品牌名称定为“Prang牌”。它的优点主要存在以下几个方面：

以前绝大多数的蜡笔都是石油衍生品——石蜡做成的，化学成分比较多，但是这种蜡笔是纯天然无添加的绿色食物——大豆制。

因为不是与石蜡有关的材料，因此这种蜡笔不会打滑。

以前的蜡笔在使用的过程中颜色总是会脱落，弄得手上、衣服上都是染料，这种蜡笔使用过程中不会脱落。

这种蜡笔还可以混合或者一层层添加颜色。

基于以上优点，按道理“Prang牌”蜡笔应该会畅销，但是事实并非如此。竞争品牌无论从广告、分销渠道还是销售量上来看都是属于市场上的领导品牌。竞争对手除了生产普通蜡笔，还生产建筑师常用的蜡笔，这种蜡笔在不同的纸张上都可以表现出很逼真的色彩效果。除了这些，竞争对手公司还提供很多与蜡笔配套的工具，比如小刀、橡皮、纸张等。

五、建立在参照群体影响基础上的营销策略

参照群体在消费者购买行为中起非常重要的作用。对于营销人员来说可以根据参照群体对消费者行为的这种影响制定出一套科学、有效的营销策略，通过参照群体来影响消费者的行为。

1. 广告策略

名人如影视明星、体育明星、歌星等，作为参照群体对公众尤其是对喜欢他们的人来说具有巨大的影响力。因此可以通过名人效应来施加信息影响。例如请明星来代言某个产品，请明星为某个产品或某个品牌、连锁店站台，请明星谈自己使用产品的体验等，都能够影响消费者的行为，这是目前最常见的广告方法。

有时候也可以利用专家效应来施加信息影响。可以请一些专业领域的专家来介绍、推荐产品与服务，专家所具有的丰富知识和经验，使其比一般人更具权威性，从而产生专家所特有的公信力和影响力。

有时候也可以利用普通人的效应施加信息影响。很多人觉得无论是专家还是明星做广告都有商业的成分在里面，理性的消费者不会因为是某个专家或者某个明星推荐才使用某种产品，专家和明星更多是以赚钱为目的的。他们相信大众小人物才是现实的选择。例如电影《失恋33天》刚开始宣传的时候并不是一味地搞什么宣传会、见面会，而是做了一组有关小人物的故事，从全国各地的人中抽出一些人说出自己的失恋感受。这样才更贴近生活，更容易让人信服，从而使广告诉求更容易引起共鸣。宝洁公司、北京大宝化妆品公司都运用过“普通人”证词广告，效果不错。

自20世纪70年代以来，越来越多的企业在广告中用公司总裁或总经理做代言人。这些人平时对

经济社会都作出了贡献，传达的信息也更容易让人接受。

群体规范常常导致从众行为即个体与群体保持态度和行为的一致性。对一种值得信赖的奶粉品牌、一款时尚的发型的称赞都是广告商在模仿社会认同的例子。

2. 推销策略

很多人可能都有这样的经历，尤其是在一些小城镇。有一些人会去推销一些产品，他们把这个产品说得天花乱坠，并且各种功能也都一一演示给大家看过了，可是这个时候不一定会有人购买，可能会怕上当受骗，这个时候有一个人大叫一声“我要买”，一会儿又有几个人说要买，慢慢地大家开始争相购买，这是典型的从众心理。这也就是为什么街上会出现那么多的托儿骗人的把戏。在销售中，销售员也可以利用人们的这种从众心理来促成交易。比如，销售员可以对客户说“大家都购买这个东西，反应很不错，是我们的明星产品，经常缺货”，或“隔壁和对面的太太或者小区里面像你这样的阿姨都在使用我们的产品”。事实上，这个“大家”是否真的购买了，不能验证，也不重要。因为对于消费者来说，只要讲到“大家”，就可以激起他们的购买欲望。

利用客户从众的心理又称为“推销的排队技巧”。比如，某商场的一个产品前排了一条很长的队伍，商场里经过这个地方的人就很容易加入这个排队的队伍中去。因为人们看到这类场景的第一个念头就是：那么多人围着一种商品，一定物有所值，不能错失机会。如此一来，排队的人就会越来越多。很多超市在卖鸡蛋和买新鲜时令水果时都会采取这种办法。有的超市在卖葡萄的时候，价格便宜但是不能自己装、自己挑，只能等人家包装好，很多人排队购买，也不管超市推销员给装的是好还是坏，总觉得即使有点坏，这么多人买，一定值得排队。事实上，这些排队的人中真正有购买意图的没几个，人们不过是在相互影响，其他人的这种购买倾向总比销售人员推销来得真实。销售人员在进行销售时，就可以利用客户的从众心理来营造营销氛围，影响人群中的敏感者接受产品，从而达到整个人群都接受产品的目的。

日本的“尿布大王”多川博，就是利用消费者的从众心理来打开销售市场的。创业之初，多川博创办的是一个生产销售雨衣、游泳帽、防雨斗篷、尿布等橡胶制品的综合性企业。这样一来，公司泛泛经营，没有核心业务，销量不是很稳定，面临倒闭的困境。一个偶然的机会，多川博从一份人口普查数据中发现，日本每年出生的婴儿约为 250 万人，即使每个婴儿两条尿布轮换着用，一年全国就需要 500 万条尿布。于是，他们决定放弃其他产品，实行尿布专业化生产。

尿布生产出来了，质量一流也花了很大的精力去宣传。但是在试销的过程中，根本无人问津。多川博万分焦急，后来他终于想出了一个好办法。他让他的员工假扮成客户，排成长队来购买尿布。一时间，公司店面门庭若市，一排排长长的队伍引起了行人的好奇：“这里在卖什么？”“什么东西这么畅销，吸引了这么多人？”如此，也就营造了一种尿布旺销的热闹氛围，于是吸引了很多“从众型”的买主。随着产品不断销售，人们逐步认可了这种尿布，买的人越来越多。后来，多川博公司生产的尿布在世界各地都畅销开来。

尿布的畅销就是利用客户的从众心理打开市场的，但是前提是尿布的质量好，在被客户购买后得到了认可。因此销售最终还是要以质量赢得客户的，而利用其心理效应只是一个吸引客户的手段。

3. 口碑营销

传统的口碑营销是指企业努力吸引消费者的注意力，使其通过亲朋好友之间的交流将自己公司的产品信息、品牌传播开来。16 世纪英国的一个小镇上，果农的葡萄大丰收，结果导致葡萄的价格非常低，也很难卖掉，有很多都烂在了果园里。一个庄园主从外地购买了一批苹果，顾客每买 2.5 千克葡萄可以获赠两个苹果。苹果在当时是非常昂贵的水果，在这个小镇更是稀有水果。于是大家奔走相告，把这家庄园围得水泄不通，争相购买。

4. 游击营销

游击营销是一种在非常规地点运用密集的口碑活动来推广促销的策略。这些活动常常招募当地的消费者统一参加某种街头剧场或其他活动，以便说服其他人使用产品或者服务。例如，Scion 常常通过街头团队接触其年轻的购买者，这些街头团队派发商品，并且在尽可能多的地方贴出醒目的海报，鼓励 20 岁左右的年轻人在网上找到视频多角色游戏。

5. 病毒营销

很多学生都热衷于使用 hotmail 免费邮箱服务。但是天下没有免费的午餐，hotmail 在每条发送的信息中都插入了一则小广告，这就使得每个使用者都成为他的推销员。该公司在第一年就拥有了 500 万个用户，而且这个数字一直在呈指数形式增长。

病毒营销指的就是让访问网站的人在网上向他们的朋友提供信息，从而让更多的消费者了解产品的策略——通常是通过创建网上娱乐性的或普通的语言内容。

第三节 意见领袖

一、意见领袖的概念

意见领袖（Opinion Leader）又叫舆论领袖，是指从大众媒体或其他营销来源中获取信息，然后将它传达给他人，在传播信息的过程中同时对他人施加影响的人。他们在大众传播效果的形成过程中起着重要的中介或过滤的作用，由他们将信息扩散给受众，形成信息传递的两级传播。

意见领袖一般是参照群体中的一员。由于他有特别的知识、技术、个人地位或其他特点，所以能够对他人产生影响。社会各个阶层都有意见领袖。对于某个人来讲可能在某种产品上他是“意见领袖”，但在另外一些产品上他可能是观念追随者。例如，在你的朋友圈中，你们打算去逛街，这时你们大家老爱拉着某个人去，觉得他的眼光比较好，挑选的东西大家都说好看，那这个人就是你们朋友圈中的意见领袖。有时候，你们朋友圈想买其他不太熟悉的产品，并且这种产品对你十分重要，如一辆汽车、一台计算机等。你们是怎样作出购买决策的？如果说只要碰到买这方面的东西，你们都很可能跑去向一个你们认为非常熟悉该产品的人咨询的话，那这个人就成了你这个领域的意见领袖。所以，营销者应该努力找出消费者消费各种产品时的意见领袖，并在接下来把营销活动对准他们。

如何识别意见领袖？意见领袖有什么特征？最大的也是最明显的特征是对某一类产品较群体中的非意见领袖有着更加长期和深入的介入。意见领袖主要通过人际沟通和观察来发挥作用，而这些沟通和观察活动，最常出现在有着相似人口统计特征的个人中间，因此意见领袖在人口统计特征上与他们所影响的人并没有显著差别。但是，一般而言，意见领袖比其他人更加合群，对相关媒体的接触水平远较非意见领袖高，对产品更加专业。通过分析与意见领域相关的媒体，为识别意见领袖提供线索。通过寻找群体（俱乐部和社团）中的活跃分子来识别意见领袖。某些产品领域有职业性的意见领袖，例如房地产从业者本身就是购房行为的意见领袖。市场通是指乐于与他人讨论产品和购物，也向他人提供市场信息的一些人，他们一般是跨领域的意见领袖，例如一般是家装行业意见领袖的人，也极有可能是住房行业的意见领袖，这在寻找意见领袖时同样可以借鉴。

二、意见领袖出现的情境

首先了解一下什么是高度介入产品和低度介入产品。顾客购买一种产品都需要花费时间和精力，根据消费者购买决策过程中购买者投入的程度把产品分为低度介入产品和高度介入产品。这里说的介入不包括产品的价格。消费者经常购买，不必费时费力就能作出购买决策的产品是低度介入产品，例如便利品，他的购买不会影响消费者的生活性质和生活方式，对消费者没有太大影响。消费者需要花费很长的时间成本和人力成本后才能作出购买决策的产品，是高度介入产品。例如，那些令顾客迟疑徘徊于其价格或购物支出安排的商品。汽车、住房、全套厨房设备和豪华游艇度假都是高度介入产品。一般当购买的产品会给消费者生活方式上带来改变的时候，该产品就是高度介入产品。比如，手机刚刚流行的时候，你第一次购买手机可能买的价格比较低，有了手机之后，你的生活方式将会和以前有所改变，这就是高度介入产品。但是，随着科技的发展，手机越来越普遍，人们换手机的频率也越来越高，哪怕这时候你买的那些手机价格再高，也不是高度介入产品了。寻找意见领袖的可能性与产品介入和产品知识两个因素有关，如表 7-3 所示。

表 7-3　寻求意见领袖的可能性

产品/购买 介入程度	产品知识	
	高	低
高	中	高
低	低	中

高度介入的产品，同时你对这个产品知之甚少的情况下，可能会涉及向意见领袖咨询。如果对于高度介入的产品，你拥有的产品知识比较高的情况下，就看你对自己的决策是否自信，不自信的话也可能会征询意见领袖的建议。在低度购买中，你经常购买的东西人们很少会向意见领袖征询意见。你可以想一下，你会去向你的朋友咨询购买什么种类的盐比较好吗？有时候，例如买燃料是低度介入产品，但是如果一个对车或者环境保护比较关心的人呢，可能会寻找对燃料环保比较在行的人进行咨询。

三、如何识别意见领袖

意见领袖可以通过社会学技术，或者关键信息的提供和自行设计的问卷来识别。

如何识别意见领袖

如果想要知道一个产品在全国范围内的意见领袖，又当如何呢？意见领袖的辨认是不容易的，因为他们与被影响的人们十分相像。意见领袖大量地使用大众媒体，尤其是那些与其意见领域相关的媒体，由此为识别意见领袖提供了线索。例如，耐克推测《跑步者世界》的订阅者可能是散步鞋和跑鞋等产品的意见领袖。同时，由于意见领袖很合群，喜欢加入俱乐部和社团，耐克也可将当地跑步俱乐部的成员，特别是俱乐部的活跃分子作为意见领袖。某些产品领域有职业性的意见领袖。对于家禽产品、乡村推广机构一般都颇具影响力；理发师和发型师可以充当护发产品的意见领袖；药剂师则是很多保健护理品的重要意见领袖；计算机专业的学生，也自然而然地成为其他打算购买个人计算机的学生的意见领袖。

1. 自我指定法

识别意见领袖最常见的方法是直接询问个人消费者是否认为自己是意见领袖，这是自我指定法。表 7-4 是研究人员使用的意见领袖自我指定法量表。

表 7-4　意见领袖量表的最新修订版

请你根据你和朋友、邻居的互动，在下列尺度上为自己打分。					
1. 一般来说，你和朋友邻居是否经常谈论？	很频繁				从不
	5	4	3	2	1
2. 在你和朋友、邻居谈论的时候，你是否提供很多信息？	提供很多信息				提供很少信息
	5	4	3	2	1
3. 在过去的半年中，你向多少人介绍过一种新的产品？	很多人				没有
	5	4	3	2	1
4. 与你的朋友圈子相比较，你有多大可能性会被问及关于某种新的产品？	很有可能				根本不可能
	5	4	3	2	1
5. 在谈论新的产品时，以下哪一项最有可能发生？	你向朋友介绍				你的朋友向你介绍
	5	4	3	2	1
6. 在你和朋友、邻居的讨论中，总体而言，你：	常常被看作建议来源				不被看作建议来源
	5	4	3	2	1

2. 社会测量法

社会测量法是用于描绘群体成员的沟通模式。这些方法使研究者能够系统地描绘群体成员之间的互动。通过采访参加者，询问他们向谁征询产品信息，研究者就能够识别谁是产品信息的来源。这种方法最为精确，但是实施起来难度大且成本高，因此需要对小群体的互动模式进行近距离的研究。因此，社会测量法在人数有限且独立的社会环境（如医院、监狱及军事基地）中具有最好的应用效果，因为这些地方的成员在很大程度上与其他社会网络隔离了。

四、建立在意见领袖上的营销策略

意见领袖的重要性在不同的产品、不同的目标市场上存在很大的区别。因此，在使用意见领袖时，第一步是通过调查或凭经验或逻辑来确定意见领袖在目前环境中的角色。这一步完成后，就可以利用意见领袖制定营销策略了。

1. 广告策略

广告应力图激励消费者模仿意见领袖。激励包括设计一些活动情境，鼓励现在的产品使用者谈论产品或品牌，或者让潜在的购买者向现在的使用者询问他们的感受。模仿意见领袖涉及找到一位众所周知的意见领袖——如为跑步器材找到乔伊娜（Florence Joyner）或卡尔·刘易斯（Carl Lewis），使他们认可某一品牌。

中国的社交网络服务（SNS）网站，这是一种提供信心展示、交流、互动的平台。例如，校内网这样的社交网络，以前的广告种类只有为目标受众定制的显示广告。2009年的校内网和开心网都是沿着这一思路开展广告业务的。两个网站以前都是简单的登录首页，慢慢地出现了品牌广告，站内的页面也分成了小块，用以放置小广告。广告还可以与游戏场景融合形成植入广告。但是越来越多的人选择的广告模式是由意见领袖引导的用户卷入模式，即广告主先找出社交网络中的意见领袖（通过用户的点击频率、知名度、活动参与度等找出意见领袖）将其带入品牌的活动中，然后意见领袖有偿地进行对网络其他用户开展营销活动，或者无偿地进行营销活动（可能是为了获得某种体验满足感等），渐渐地大量的用户被卷入与该广告有关的对话或活动，从而取得良好的营销效果。网上经常发起的关于某种的投票就是这种广告营销模式。

2. 口碑营销

大家去商场里面买东西，可能送的东西都比买的东西还多。有时候赠送样品也是一项非常有意义的传播信息的手段。当然这些样品要尽可能地分发到可能成为意见领袖的人的手中。克莱斯勒公司为了把新汽车推向市场，向6000名可能的意见领袖提供这款新车，让这些人免费试用两天。这些人包括企业高管经理和社区首脑。随后的市场调查发现，有32000多人驾驶或乘坐了这种汽车，并且试驾之后有很多的人争相购买，其口头赞誉流传更广。

通常情况下消费者会同其他消费者谈论自己使用过的有关产品、商店和服务的经历。因此，生产者和销售者提供满足甚至超过消费者期望的产品或价值是非常重要的，也就是说一定要赢得好的口碑。在口碑营销中有一个关键点，那就是控制“信息源”，而在信息源的控制中有一个核心，那就是要找到传播信息的载体——那些对某个市场具有强大影响力的“意见领袖”。意见领袖并不集中于特定的群体或者阶层，而是均匀地分布于社会上任何群体中。腾讯在做QQ推广时，就非常注重对意见领袖的找寻和锁定。他们定位的用户平均年龄19～21岁，这是一部分时尚、对新潮流感应敏锐的人群。他们对QQ这种便捷新兴的在线通信方式没有任何的抵御能力，能很快接受并乐于去传播它。企业完全不能忽略意见领袖，因为他们的反应可能会影响大多数消费者。这些人可能也代表高度消费力，可以带给企业更多的收益。

3. 个人推销

零售商或推销员有成千上万的机会使用意见领袖。服装店设计了“时尚意见委员会”，由目标市场中可能成为服装款式意见领袖的人组成。面向青少年的商店使用的活跃分子和班级干部也是意见领袖。餐馆老板也可以向目标市场中的可能领袖作出特别邀请，或提供二兑一的赠券以及菜谱等。

零售商或推销员可以鼓励现有顾客向潜在的新顾客传达信息。例如，一位现有的顾客带来一位朋友看车时，汽车推销员或经销商就可以为他免费洗车或加油。不动产商可以为顾客或可以带来新顾客的其他人提供一张在豪华餐厅享用双人餐的赠券。

五、角色

角色是在群体内部划分和界定的。角色是指社会对具有某种地位的个体，在特定情境下所规定和期待的行为模式。虽然个人必须按某种方式行动，但这种被期待的行为是基于地位，而不是基于个人产生的。比如，身为学生，人们就会期望他有某些行为，如上课和学习，但是这些行为也是人们对所有学生的期待。总之，角色建立的基础是地位，而不是个人。

尽管一个班上的所有学生都被期待着展现某些行为，每个人实现这些期待的方式却各不相同。有的学生早早来上课、记笔记、问问题；有的学生虽然坚持上课，却从不提问；还有的学生偶尔才来上课。角色参数代表了可以接受的行为范围。惩罚是个人违反角色参数时受到的处罚。一个不上课或者扰乱课堂秩序的学生会受到处罚，视情节轻重，处罚从温和的批评到开除不等。

我们所有人都扮演着各种各样的角色。当一个人试图承担超越其时间、精力和金钱所允许的更多的角色时，角色超载便出现了。另外一些时候，两种角色要求有不同的行为。例如，一个典型的学生也许要承担学生、书店雇员、室友、女儿、女生联谊会会员、校足球队队员和许多其他角色。很多情况下，这位学生会面临互不相容的角色要求。例如，足球队员的角色要求她每晚练习，但学生的角色却要求她去图书馆，这就是角色冲突。大多数事业型的人，特别是已婚妇女，会经历作为家庭成员的角色与事业角色之间的冲突。

随着时间推移，个人所扮演的角色并不是静止不变的。个人会获得新的角色——角色获取，或放弃现有的角色——角色删除。由于角色常涉及产品，个人必须学会使用适合他们新角色的产品。比如刚才那个学生，她可能很快就放弃了学生、室友、校足球队员和书店雇员的角色，而获得其他角色，如经理助理、未婚妻和联合之路（United Way）志愿者等。为了有效地扮演新的角色，她要学会新的行为，消费与原来不同的产品。比如，适合学生角色的服装，在新的角色扮演中可能就不合适了。

角色模型是人们对符合某种角色的理想人物所具有的设想。我们大多数人对医生、律师或小学老师的外貌和行为特点，具有相同的观点。闭上眼睛，想象这些职业中的一种。你脑中的形象很可能与你的同学所想象得十分相似。对营销经理来说，很多人具有这样共同的印象是很有意义的。涉及医生、祖母、老师等角色的广告，常会使用与目标市场的角色模型相接近的演员或个人。

本章小结

1. 人活在这个社会上不可避免地要与人沟通交流，家人朋友的意见和建议我们都会拿来参考。群体或社会群体是由具有一套共同的价值观或信念的两个或者两个以上的个人组成的集体，群体可以分为正式群体与非正式群体、大群体与小群体、隶属群体与参照群体、初级群体与次级群体。

2. 参照群体也可以称为参考群体，是指那些直接或者间接影响消费者的行为和看法的那类群体。对消费者而言参照群体是非常重要。该群体的观点和价值观被个人作为其当前行为的基础。参照群体可以分为主要群体、次要群体和渴望群体（相对的有厌恶群体或者规避群体）。参照群体主要从三个方面影响消费者：规范性影响、信息性影响以及价值表现上的影响。参照群体对消费者的影响程度主要受六个方面的影响：产品使用时的可见性、产品使用的必需程度、产品与群体的相关性、产品的生命周期、个体对群体的忠诚程度、个体在购买过程中的自信程度。根据参照群体对消费者的影响我们可以利用广告（例如名人效应、专家效应、普通人效应、经理代言人）来传递信息或者某种价值观。也可以利用广告传递每种社会规范。还可以利用人们的从众心理来进行推销产品。

3. 意见领袖又叫舆论领袖，是指从大众媒体或其他营销来源中获取信息，然后将它传达给他人，在传播信息的过程中同时对他人施加影响的人。高介入度的产品更可能会涉及意见领袖，低介入度的产品很少会征询意见领袖的意见。可以利用意见领袖使用户卷入进行广告，也可以利用意见领袖实现口碑营销和个人推销。

复习题

1. 群体是如何划分的？

2. 什么是次级群体并举例说明。

3. 参照群体是如何影响消费者行为的？在生活中的消费，你的哪些购买活动会受到参照群体的影响？又是属于什么类型的影响呢？

4. 哪些因素会影响参照群体对消费者影响的程度？

5. 对于以下产品或活动，参照群体影响其购买的程度如何？参照群体会影响品牌的选择吗？影响属于何种类型（是信息性、规范性还是价值表现上的影响）？①咖啡；②手提计算机；③自愿参加非营利组织活动。

6. 什么是高度介人产品和低度介人产品？

7. 你所在的群体对你购买产品有什么规范？

案例分析

林先生的购车原因

近几年在上海、广州等地做的消费者市场调查表明，中国消费者购车购房选择时的第一影响因素，不是价格和品牌，而是已购者朋友的推荐看法。

攀比消费的重要前提是消费者购买某种商品并非出于物质满足的需要，它的发生更多地来源于攀比而形成的心理落差。在中国文化的背景下，中国人的攀比消费更具普遍性。下面是一个典型的汽车购买攀比消费的真实故事。

林先生是广州某报负责股票版的编辑，1998 年，在私家车还不是很普遍的广州，林先生成为为数不多的有车一族。一般人都认为，私家车是一种奢侈性消费，只有在满足了基本的衣食住行，并且拥有较丰裕的存款的前提，才有可能成为私家车车主。通常的看法是，用于奢侈性消费的开支应不超过个人现金资产的 1/3。

但当时年仅 25 岁的林先生实际每年收入仅 5 万元左右，工作五六年后的储蓄不过七八万元，即使一辆 16 万元左右的中档车对于他也是一个可望不可即的梦想。

买车前半年的一次同事聚会后，林先生坐在了同事胡先生的顺风车上。胡先生是当时报社买车第一人。尽管胡先生收入水平并不比林先生高出多少，但胡先生已有 10 多年的工作经历，而且胡先生属于门路活络者，其他收入不少。林先生对胡先生的“壮举”颇为羡慕，但考虑到他与胡先生在收入上的较大差异，他只有望洋兴叹的份儿。

但是这次与私人汽车的亲密接触深深地拨动了林先生的心弦。一路上，胡先生向林先生展示自己私家车的音响系统，这使得平素喜欢音乐的林先生十分向往。在此后的日子里，购买私家车的想法在他心中开始萌生，而且日渐强烈。

三个月后，报社忽然一下子多出好几个有车一族。而且这些有车一族清一色是刚参加工作不超过 5 年的年轻人。他们有着年轻人群的共同特征：收入不高，积蓄甚少，消费感性，超前消费意识强烈。林先生打听了一下，这几个与他年龄、资历相仿的年轻人都是倾囊而出，并且都是向家里“借贷”部分资金来买车的。

同伴的超前消费意识和先“富”起来的生活方式让林先生受到震撼。他原来打算在 5 年后实现其心中的梦想，这批伙伴们的示范给了他冲击。他盘算了一下，自己手头已有 8 万元左右，每个月的收入虽不高，但应付生活还是有余，自己的父母是退休知识分子，手上有 20 来万的存款，向他们“借贷”10 万元应该没有问题。这两笔钱加起来，正好可以支付 1998 年时一辆中档车的车款和其他税费款。他说服了自己的父母，虽不容易，但父母在他的坚持下，唯有同意。

当时中档车主要有富康、捷达、桑塔纳几款，同事中有人买了富康，也有人买了捷达，而桑塔纳被大家公认大而无当且款式较老土。他比较了富康和捷达后，发现两者各有特色，富康外形较时尚，内饰较好，而且省油，而捷达最大的优点是动力强劲，这一点符合他对于好车的认同。最后他选择了一辆电喷型捷达王。当然，在他拿到车的第一周内，他就将车内的音响进行了改装。

正如他买车前所预计的那样，虽然买车一下子使他的存款变成了零，但林先生并没有感觉到因此而带来的压力，因为他吃住都在父母家里，暂时没有买房和结婚的打算，每月的工资足以支付自己交友和日常的支出。

当他开着自己的新车出入报社或者探亲访友的时候，他感到非常惬意。他提前 5 年实现了自己的梦想，而且也比大多数的同事和国人更早享受着拥有私家车的乐趣。事后他想，这个决定只不过来自同事购车行为的鼓励，没有他们的示范，他也许还下不了这个决心呢。

讨论题：

1. 根据本案例，讨论参照群体如何在消费者购买决策中起作用的。

2. 中国消费者购买奢侈品的决策特点是什么？

第八章
营销因素与消费者行为

学习目标

- 掌握产品策略与消费者行为；
- 掌握价格策略与消费者行为；
- 掌握渠道策略与消费者行为；
- 掌握促销策略与消费者行为。

引导案例

“肮脏牛排店”

在美国得克萨斯州有个“肮脏牛排店”，店堂里不用电灯，点的是煤油灯，天花板上全是脏的灰尘（人造的，不会往下掉）。墙上钉有很多的纸片和布条，还挂着几件破旧的装饰品，如木犁、锄头、印第安人的毡帽和木雕等。桌椅则是木制的，做工粗糙，椅子坐上去还会“咯吱”作响，厨师和侍者穿的是花格子衬衫和牛仔裤，看上去好像从来没洗过似的。侍者端上来的牛排一块足有250克，血淋淋的，但味道很好，而且完全符合食品卫生的要求。

最有趣的是，“肮脏牛排店”有个怪规定：消费者光临不准戴领带，否则“格剪勿论”。如果一位戴领带的消费者进门，就会有两位笑容可掬的服务员小姐迎上前去。她俩一人持剪刀，一人拿铜锣，锣响刀落，消费者的领带已被剪下了约5寸长一段。站在一旁的当班经理马上给消费者一杯美酒，敬酒压惊，以表歉意。这杯酒不收费，其售价足以赔偿消费者领带被剪的损失。那被剪下一段的领带则随即连同消费者签了名的名片，被钉到墙上留念。这一招数，从未惹过消费者的不快，反而使消费者感到颇有情趣。更有不少消费者为了一睹那满墙的领带残骸构成的特殊景致，不远千里来“肮脏牛排”店品尝牛排。

第一节 产品策略与消费者行为

产品是消费者满足需求和欲望的基本载体，也是企业进行各种营销活动和决策的基础，是市场营销组合策略中的中心，其他营销策略都是围绕产品策略开展的。它也是消费者的各种心理活动、动机、购买决策和购买行为产生的原因。而企业产品设计的成功与否，主要取决于消费者是否认可和接受。因此，企业必须围绕消费者的心理特点和行为来设计新产品，让消费者接受和喜欢。

所谓产品生命周期，是指产品从投放市场开始，到它失去竞争能力在市场上被淘汰为止的整个运行过程。产品生命周期一般分为：导入期、成长期、成熟期、衰退期四个阶段。

产品生命周期与消费者心理，就是研究各个阶段的产品具有各种不相同的特点，以及这些特点对消费者心理产生影响的规律，同时，研究新产品在消费者中扩散的规律等。

1. 产品生命周期与特点

（1）导入期。导入期是产品刚投入市场的试销阶段。在这一时期，由于产品刚刚由设计到制成销售，它在各方面还可能存在一定的缺陷。

（2）成长期。新产品被开发后投放市场，经过导入期的各种营销努力，产品终于站稳了脚跟，并以迅速发展、迅速扩大市场占有率的态势进入产品生命周期的第二阶段。

（3）成熟期。成熟期是产品生命周期中的“鼎盛”时期，指产品的销售达到了顶峰，然后进入销量增加缓慢甚至停滞的时期。在成熟期，产品各方面基本完善，消费者对产品予以肯定的评价，使消费者对新产品的需求猛增，表现在消费行为上，就是对新产品的蜂拥购买。

（4）衰退期。产品的衰退期，是指它在市场上失去竞争能力、陈旧老化、市场销售量下降，并出现被淘汰趋势的时期。

产品生命周期心理与设计

2. 产品生命周期心理与设计

表 8-1 研究消费者对待产品在导入期、成长期、成熟期和衰退期的态度和行为规律。这种研究表现在两个方面：一是把消费者作为个体现象，研究消费者对新产品的接受和拒绝的规律；二是把消费者作为消费群体，研究新产品的扩散过程。

消费者对待新产品的态度存在着个体差异，有些人在产品投入市场的导入期就很快接受，另一些人则需要很长时间，进入成熟期才能决定是否接受，还有些人更慢，可能是到了成熟期，甚至是衰退期才购进产品。产品生命周期与消费者类型的对应关系如表 8-1 所示。

表 8-1 产品生命周期与对应消费者的关系

产品生命周期	消费者组别	消费者个性特征
导入期	革新者	冒险性、独立性强
成长期	早期采用者	受其他人尊敬，经常是公众意见的领导人
成长期、成熟期	早期大众	服从性强、愿意照别人的路子走
成熟期	晚期大众	怀疑论者
衰退期	守旧者	遵从传统观念，当新事物失去新颖性时才肯接受

（1）导入期的消费行为和产品设计

产品一旦投入市场，便是产品生命周期的导入期。导入期的消费行为特点是购买人数极少，仅占消费者的 2.5%。

①购买动机：求新、求美、求异、求胜。

②购买个性：独立型。

③购买年龄：以青年人居多。

④购买性别：以男性居多。

⑤购买方式：带冲动性。

导入期产品设计策略主要强调以下两点：一是针对导入期消费行为规律，产品的设计应把握一个“新”字，因此导入期的产品设计就有全新型产品、革新型产品、改进型产品和部分改进型产品等；二是导入期产品广告宣传的重点在于介绍新产品的新意所在，以及使用要点等。

（2）成长期的消费行为和产品设计

成长期是产品能否生存、发展壮大，形成气候的关键期，把握成长期消费行为规律，可以指导产品设计师及时修正，扩大影响，占领市场。

成长期消费者消费心理主要体现在如下几个方面：

①趋优心理：因为市场上有了竞争产品，消费者会寻求性能更优的产品。

②疑虑心理所产生的比较性和选择性：产品种类的增加，消费者会增加产品、厂商之间的比较和选择。

③求廉心理：这时的消费者会对价格较为敏感，因此在成长期，企业作出了降价行为。

成长期产品设计策略主要强调以下几个方面：一是针对成长期的消费规律和行为，设计人员应当清楚，要巩固新产品的优越性，提高质量，保证信誉，以满足消费者的趋优心理；二是改进工艺，降低成本，降低价格，以满足消费者的求廉心理；三是加强新产品的宣传攻势，促使新产品扩散速度加快，使销售量不断增加。

（3）成熟期的消费行为与产品设计

成熟期消费者的消费心理和相应行为表现主要有以下三个方面：

①严格地挑选产品；

②求廉心理表现突出；

③产品饱和，对产品效能的要求更高更严。

成熟期产品设计策略：一是针对成熟期消费者的行为规律，产品设计的重点是尽可能地开发产品的新功能，在质量上更加精益求精，并设法改进产品的特色和款式，为消费者提供新的利益；二是增加产品的服务项目，以良好的售后服务来提升产品的形象；三是在产品广告设计中改变形式，采用对比性广告，更多地向基本消费大众介绍本产品的独创性、优越性。

（4）衰退期的消费行为与产品设计

产品进入衰退期，在消费者心理上产生了特定的影响，这个影响最典型的就是期待心理。

消费者的期待心理主要表现在以下两个方面：

①期待变化的心理；

②期待降价处理。

衰退期产品设计策略：一是积极开发新产品，满足革新者求新、求胜的心理需求，缩短产品生命周期；二是通过降低产品价格，满足消费大众和守旧者的求廉心理，尽快走出衰退期的低谷。

针对产品生命周期的营销策略如表 8-2 所示。

表 8-2　产品生命周期和营销策略

项目	导入期	成长期	成熟期	衰退期
营销目标	让目标顾客知觉注意并试用产品	尽量取得市场的占有率	从既有竞争者中取得市场占有率	稳固顾客
产品设计	新颖、新奇、独创	增加产品的花色、品种、形式，丰富功能	产品形式与产品功能 最多	删减没有获利的产品形式，开发新产品
价格	高价	价格下降，但幅度有限	价格可能降至最低	价格稳定，有时回升
渠道	有限渠道	渠道的数目和渠道的范围有所增加	渠道最广泛也最密集	删减无利可图的通路
推广	借助促销与试用，体现产品的新意所在	强调品牌差异，抢占新增客源	大量强调品牌差异，鼓励竞争者客户的品牌转换或维持自己的市场占有率	将整个推广活动维持最低，进行单纯的告知
主要顾客	革新者	早期接受者	普及后期接受者	守旧者

3. 影响新产品扩散的因素

在产品生命周期的四个环节中，成长期最为重要，倘若新产品顺利度过成长期，那么，这个新产品就是成功的，反之，则失败。

研究产品成长的规律，实际上就是分析新产品的扩散过程，这对企业开发新产品和设计人员的决策是至关重要的。

（1）影响新产品扩散的客观因素

①社会经济因素。经济繁荣，消费者收入水平提高，新产品扩散速度就快；反之，则变慢，甚至停滞不前。

②新产品本身的特征。新产品的优越性能非常明显，容易被消费者接受，它的扩散速度就比较快；产品使用方法的复杂与否，是影响产品扩散速度的又一因素，使用方法简单，有利于新产品的扩散，反之，则不利于新产品的扩散；产品是否可试用，是影响新产品扩散速度的又一因素，若允许试用则会增加新产品的扩散速度。

③新产品的传播渠道。主要有两种传播渠道：一是大众传播媒介物，如报刊、广播、电视等，选择广告宣传的侧重点和表现方式来达到目的；二是人际传播渠道，如家庭、同事之间的口碑信息，这将传播产品形象的优劣。

④从众现象。当一个人的活动趋向于其他人的活动时，这种行为便是从众现象，比如争相抢购的现象。有的商家雇人充当顾客，以诱发消费者的从众行为。

（2）影响新产品扩散的主观因素：消费者的知觉、动机、态度、价值观、尝试、评价

新产品主要通过新奇、独创、个性化的设计造型来吸引消费者的知觉注意，最终得到消费者的接受和认可。

4. 产品造型个性化设计

一个成功的造型设计，除了注意功能、结构和外形等共性外，还应该有其独特的个性，这样才能从许多同类产品中区别出来，引起消费者的注意和喜爱。基于消费者不同的需求满足，把产品设计分为六类：功能类产品设计、成人类产品设计、渴望类产品设计、威望类产品设计、地位类产品设计、娱乐类产品设计。产品分类如表 8-3 所示。

表 8-3　产品分类

产品设计种类	满足需求类型
功能类产品设计	主要是指满足消费者的生理需求，给人们以具体使用价值的产品；这类产品设计力求朴实、有效、经济耐用，在科学性和实用性上下功夫
成人类产品设计	产品个性应该具有成熟、智慧、大方的特点；这类产品的设计一般以结构严谨、质量上乘、色调淡雅、大方实用为原则
渴望类产品设计	满足消费者的安全、护身、防护等保护自我的需要；设计这类产品应针对具体的消费者，以使用方便、感觉舒适为原则
威望类产品设计	提高消费者的社会威望，表现其事业成功、个人成就的产品；设计这类产品时必须考虑选用高贵的材料，设计豪华的款式，体现出超群的产品个性
地位类产品设计	专供社会某一特定阶层使用，借此表示自己的地位和身份，成为某一阶层成员的共同标志，从而获得一种群体归属感；设计时应考虑消费者不同的生活环境、经济地位和消费习惯
娱乐类产品设计	为消费者提供某种娱乐感，以引起他们的某些冲动而去购买的产品，如成年人的零食、小孩的玩具、游戏娱乐用品等；这类产品的设计往往以新奇、有趣取胜

新产品设计时不仅要在外观做到新颖、美观，还要在满足消费者内在的需求上下功夫，满足消费者不同层次的需求，从而达到吸引消费者的目的。

第二节 价格策略与消费者行为

价格策略是4P营销组合策略中最活跃的因素，也是市场反应最灵敏的策略。但价格策略是一把“双刃剑”，企业要运用得当，不仅要考虑自身资源，还要预测竞争者的反应，以及消费者的反应，因此价格策略的运用是一门艺术，对企业市场营销价格策略的制定者素质要求较高。

一、消费者的价格心理和营销策略

1. 习惯心理

习惯心理是指消费者根据自己以往的购买经验，对某些商品的价格反复感知，从而决定是否购买的习惯性反应。虽然商品价格的制定具有一定的客观标准，但在实际生活中，由于各种因素影响，消费者很难对商品价格的客观标准了解清楚。

营销策略：对那些超出消费者习惯性价格范围的商品要特别慎重，弄清这类商品的价格在消费者心目中的上限和下限。

2. 敏感心理

消费者对价格的敏感性就是价格意识，是指消费者对商品价格变动的反应程度。对那些与消费者日常生活关系密切的商品价格，敏感性较高；对于一些高档消费品、奢侈品，价格敏感性较低。

营销策略：在对价格敏感性高的商品提价时，做好必要的宣传，采取渐进式、缓慢的提价方式。

3. 倾向心理

倾向心理是指消费者在购买过程中对商品价格进行选择的倾向。商品的不同价格，标志着商品的不同价值和品质档次。消费者会出自不同的价格心理，对商品价格档次产生不同的选择倾向。

营销策略：把握消费心理明显地呈现出多元化特征。

4. 感受性心理

感受性心理是指消费者对商品价格高低的感受和知觉程度。消费者对商品价格的高与低的认识和判断，不完全基于某种商品价格是否超过或低于他们认定的价格尺度，他们还会通过与同类商品的价格进行比较，以及与购物现场的不同种类商品价格的比较来认识。

消费者对商品价格的认识途径：①同类商品的价格比较；②购物现场不同类商品的价格比较；③通过商品本身的外观、质感、重量、大小、包装、使用特点。

营销策略：加强对销售环境、销售气氛、商品陈列、商品包装的研究。

5. 逆反心理

在某些特定情况下，商品的畅销性与其价格呈反向表现。

策略：善于运用逆反心理。

二、定价策略与技巧

定价策略与技巧

主要根据消费者心理的定价策略。

1. 整数定价策略

整数定价策略是企业将价格尾数去掉，舍零取整的定价策略。整数价格又称方便价格，适用于某些价格特别高和特别低的商品。

2. 尾数定价策略

尾数定价策略是指企业保留商品价格尾数，采用零头标价的策略。这种定价策略是利用消费者对商品价格感知的差异所造成的错觉，来刺激消费行为，给消费者留下定价精确的印象，造成价格偏低的感觉。

3. 习惯性定格策略

习惯性定价策略是指按照消费者的习惯心理制定商品价格的策略。尤其是消费者经常购买的商品，如日用品，由于消费者经常使用，对商品的功能、质量等有详细的了解，在心目中已经形成了习惯的价格标准。

4. 声望定价策略

声望定价策略是指利用消费者的求名心理，制定高价的策略。它主要适用于一些名牌商品、高档商品和技术性较强的商品等。消费者在选购这类商品时往往相信“高价格象征高质量”。

5. 分档定价策略

分档定价策略是指把不同品牌、规格、型号的同一类商品比较简单地划分为几档，每档定一个价格，以简化交易手续，便于顾客选购，节省顾客的时间。

6. 折扣定价策略

折扣定价策略是指企业为扩大销量，将商品的原有价格降低一定比例后售出。这种策略可以刺激消费者的购买欲望，起到增加购买或连续购买的作用。折扣价格的主要形式有数量折扣、贸易折扣、季节折扣、促销折扣等。

7. 招徕定价策略

招徕定价策略是指商品定价低于一般市价，个别的甚至低于营销成本，以招徕顾客的定价策略。

三、价格阈限与消费者行为

1. 绝对价格阈限

价格阈限是指消费者心理上所能接受的价格界限，即所谓的绝对价格阈限。绝对价格阈限可分为上绝对阈限和下绝对阈限。

绝对价格阈限的上限或下限会因不同的因素作用而不同，也可能因为消费者的不同而不同，不同商品其价格阈限的上限和下限也不同。这两种阈限虽然在一定条件下相对稳定，但又都可以通过市场力量加以改变。在现实生活中，价格阈限是一个随着时间变化而变化的动态心理因素。

2. 差别价格阈限

刚刚能够引起消费者差别感觉的两种价格刺激之间的最小强度差称为差别价格阈限或差异阈。研究表明，消费者对价格上涨要比下降更为敏感（这里不包括通货膨胀时期），并会因商品的不同而不同。价格的适应水平理论则认为，消费者价格知觉的基础是最后所付的实际价格，即可接受的价格或公平的价格。

四、影响价格判断的因素

（1）消费者的经济收入。消费者的经济收入是影响消费者消费的经济基础，也是影响消费者消费能力大小的重要因素，而其中个人可支配收入的多少是最直接因素。

（2）消费者的价格心理。消费者是哪种类型的消费心理在消费情境中也很重要。

（3）生产和出售地点。许多商品在生产地和出售地的价格是有差异的。

（4）商品的类别。是属于快速消费品，还是便利品、选购品等，消费者也会对其价格有个心理定位。

（5）消费者对商品需求的紧迫程度。对商品需求的迫切程度高，其对价格的敏感性就低；对商品的迫切程度低，消费者相对价格的敏感性就高。

（6）购买的时间。购买时间越充裕，消费者货比三家的时间就越充分，对价格对比较为敏感。

五、价格调整的心理策略

1. 一般反应

消费者面临产品价格变动时的一般反应表现为：当价格变动在价格阈限内，消费者心理处于可承受之中，反应不大；当价格变动超出价格阈限，消费者的一般反应是价格下降多购买，价格上涨少购买。

2. 消费者对调高商品价格的心理反应

（1）储备心理。认为商品很畅销，现在不买就快买不到了，甚至会对有些畅销商品出现囤积心理。

（2）早购心理。表现：商品涨价，说明它是热门货，有流行的趋势，应尽早购买。

（3）商品涨价，可能是因其具有特殊的使用价值，或优越的性能；商品已经涨价，可能还会继续上涨，先买来保值，如黄金、白银等有保值作用的商品，当消费者预期还会涨的情况下，就会买涨。

3. 消费者对调低商品价格的心理反应

（1）人们会认为便宜没好货，好货不便宜，因而对商品的质量质疑。

（2）购买便宜货有损购买者的社会形象或身份、地位。

（3）可能有新产品即将问世。

（4）可能是过时商品，其式样、款式等不流行了，或是过期商品、残次品或低档品，需要降价销售，回笼资金，减少库存。

(5) 消费者有买涨不买落的心理，认为降低价格，可能未来还会再降，持币观望。

(6) 削价商品肯定是质量下降了，拒绝购买。

4. 企业降价策略

(1) 企业降价的条件

①企业因产能过剩而需要扩大销售，但企业又不能通过产品改进和加强销售等工作来扩大销售。

②在强大的竞争者的压力下，企业的市场占有率下降。

③企业的成本费用比竞争者低。企业通过降低价格来掌握市场或提高市场占有率，从而扩大生产和销售量，降低成本费用。

(2) 降价调整的时机

一般认为，日用消耗品、弹性较小的产品可不定期地进行低价调整；季节性较强的产品可选择节令相交之时进行低价调整；与节日相吻合的产品可选择节日的前后进行低价调整；时尚和新潮的商品，进入模仿阶段后期就应降价；接近过期的产品、滞销品，要在最短的时间内进行低价销售。

(3) 降价调整的方式

明降、暗降、变相地降价。

5. 提价的心理策略

在现实生活中，由于多种因素的影响，企业常常不得不提高商品销售价格。这里有社会因素、自然因素、国家政策和企业内部因素等多个方面原因。

(1) 企业提价的条件

一是由于通货膨胀，物价上涨，企业的成本费用提高，企业不得不提高产品价格；二是企业产品供不应求，不能满足所有顾客的需要。

(2) 提价的时机

①产品进入成长期：当产品进入成长期，随着竞争者的加入、竞争产品的出现，通过技术优势不断增加产品的花色、功能、款式等，适当通过提价来增加商品的竞争力和与竞品的差异性。

②季节性商品达到销售旺季：当季节性商品达到销售旺季时，商品供不应求，可适当提价。

③商品在市场上处于优势地位，较竞争者有显著的优势地位和市场，可以适当地提价。

④竞争对手提价：在市场上由于竞争的需要，当竞争对手提价而紧紧跟随的市场提价策略。

(3) 提价调整的方式

明涨：价格明确，标价高了。

暗涨：如通过减少价格折扣的方式，采取一些灵活措施，如虽然产品价格不变，但劳务费等随行就市地上涨等。

(4) 商品提价的心理策略

①因商品价值增加而造成的商品提价，企业要尽量降低其幅度。

②因供不应求而造成的商品提价，积极发掘商品货源，适当提高商品价格。切忌大幅度提价，引起消费者的抱怨。

③国家政策需要而提高商品价格，多做宣传解释工作，同时积极做好替代商品的经营。

④进货环节而造成的商品提价，要积极说明原因，取得消费者的信任和谅解。

第三节 渠道策略与消费者行为

消费者需求和欲望的到达环节和接触环节，即消费者分销渠道形式的设计和渠道策略的制定需要考虑许多因素，而与消费者心理活动与购买行为密切相关的主要是终端销售点的选择。

企业对终端销售点的选择所遵循的主要原则：顾客对最方便购买的地点的要求；顾客对最乐意光顾并购买的场所的要求；商品最充分展现、让更多人认识的地点要求；树立商品形象的地点要求。渠道终端所具备的购物环境是指消费者实施购买活动的时候各类环境条件与影响因素，其中包括店铺的选址、商场的招牌、橱窗设计、商场内部装饰等微观环境。

1. 店铺选址

商店应处于商业圈内，人流量大、交通方便、店铺能见度高的地点，一般最好选择两面或三面临街的路口。交通便利，客流频繁，周边的功能设施配套齐全，能适应目前购物、观光、娱乐、餐饮等多方面的要求。

2. 商场招牌

店铺的招牌，是用来指示店铺的名称和标志，也是一种有效的广告形式。它具有引导顾客、反映经营特色与服务传统、引起顾客兴趣并加深记忆的作用。具有高度概括力和强烈吸引力的“门面”，对于扩大商品销售、增强顾客对店铺的亲切感有着至关重要的作用。门面招牌往往由标志、象征物、字体和装饰图案组成。对于寻找购买目标或游逛商场的顾客来说，在繁华的商业中心，最先吸引他们眼球的往往是那些大大小小、形形色色的店铺招牌。它在门面中起着指示、提醒的作用，让人们通过招牌了解、认识店铺。

在某种程度上，招牌的设计代表着店铺的形象。设计时应注重造型美观醒目、做工精良细致、字体端正易认、信息直观明确。随着生产技术的发展，现代店铺招牌的制作日趋多样化、艺术化、惊艳化。招牌始终是一种商业文化，无论它怎样变化，总是要符合顾客的心理，满足人们追求吉祥如意、幸福美满的愿望。

3. 橱窗设计与消费者行为心理

橱窗越来越占据店铺中最重要的位置。如今，不同类型的店铺在不同的时期都会推出不同的橱窗，较小的零售店铺橱窗多以展示商品销售信息为主，大型百货商店的一些橱窗则经过一定的艺术创作，以达到引起关注甚至引起轰动的效果。

（1）橱窗的作用

①与顾客沟通的桥梁：由于橱窗位于店铺最易让顾客看到的位置，橱窗几乎是店铺当中最能有效演示或展示商品的区域。当然橱窗不仅用于演示商品，有时也根据品牌或设计师的需要展示不同的内容，例如，陈列几件艺术品，展示活动的装置或者真人表演等。但不管橱窗展示什么内容，总体来说橱窗的最大作用在于与消费者沟通。许多奢侈品牌的橱窗很少见到商品促销或打折的信息，反而以各种富有艺术创意的橱窗展现在消费者面前，这种展示方法更注重展示品牌魅力与文化。

②品牌与店铺的广告：橱窗就如一个位置固定的广告，而且比起其他的广告形式，它离顾客更近且费用低廉。如果把店铺比作一个美丽的姑娘，那么橱窗就是它的眼睛，它是否存在与好坏决定店铺是否更吸引人。品牌广告往往体现品牌信息与品牌文化，橱窗设计师可以通过对橱窗风格的长时间把控，使受众经过长时间的信息接收后对品牌类型及其风格有一个深刻的印象，并能使品牌在消费者的心目中占有一席之地。

③店铺销售信息的窗口：销售信息是在橱窗中最常看到的内容。橱窗通过展示销售信息，让顾客及时了解店铺内待销商品的情况，如换季降价打折信息、新品上市信息等。这样也能直接刺激消费者的购买欲望，最快促成商品的销售。

（2）橱面设计原则

①突出主营商品，传递最新商品信息。

②构思巧妙，动感强。

③可创造意境，能激发联想。

④注意店外环境与店内经营的统一风格。

4. 商场内部装饰与消费者行为心理

（1）商场的布置要让消费者容易进入，让消费者在店内停留的时间更久，营造最佳的销售氛围和最有效的利用空间。一般从照明、色彩、音响、气味、通风调温、清洁卫生等方面充分调动消费者的感知觉，诱发兴趣，刺激需求。

（2）购物场所的音响：音量要适度，音响的音量都必须严格控制在一定的水平之下；还要根据经营特色和商品特点，运用适当的背景音乐来调节顾客的情绪，活跃购物的气氛，给购物环境增加生机，缓解一些顾客等待购物的焦躁心情，促使消费者产生与商品有关的联想，对商店产生良好的情感，激发购买欲望。同时还需注意音响播放时间要适度，不要造成对消费者的过分轰炸和干扰。

（3）灯光照明：商场内基本照明、特别照明、装饰照明互相组合设计，使得商品信息更加突出，容易引起消费者注意和兴趣，营造舒适、温馨、宽松的购物环境，让消费者以轻松、愉悦、兴奋的心情进行购物。

（4）色彩的选择：利用“错觉”，扩大营业场所的空间，如在狭窄的通道两旁安装镜子以扩展视野。主营商品色彩的不同，不同的商品分区配合不同的装修格调和色彩配合，达到最佳的视觉效果。

（5）优化环境设施：通过整洁明亮的环境、清新的空气，甚至是市场特有气味的选择来美化环境。

5. 商品陈列与消费者行为心理

（1）商品陈列的一般要求

商品陈列的一般要求：醒目化、丰富感、吸引力、说明性。

（2）商品陈列的主要形式

商品陈列一般有以下几种陈列形式：分类陈列、敞开陈列、专题陈列、季节陈列。

①分类陈列：指先按商品的大类划分，然后在每大类中，再按商品的价格、档次、产地、品质等不同分类方法进行二次划分。如纺织品类、服装类、化妆品类等都可作为大类，在纺织品大类中，可再细分为化纤、棉布、丝绸、毛呢等。这种分类便于顾客集中挑选、比较，也有利于反映门市的经

营特色，这种方法适应大多数顾客，特别是理性的顾客。

②敞开陈列：指门市采用自选售货形式。顾客可以直接从敞开展示的商品中选择所需购买的商品。这是一种现代通行的售货形式，它把陈列与销售合二为一了，它把商品全部悬挂或摆放在货架或柜台上，顾客不需要反复询问，便可自由挑选。这种方式既方便顾客，使其感到自然和随意，又容易激发顾客的购买情趣。这种陈列形式主要适用于服装、化妆品、大件耐用消费品、家具和袋装罐装食品等，而不适用于贵重商品、小商品，如金银首饰等。

③专题陈列：是结合某一特定事物、时期或节日，集中陈列展示应时适销的连带性商品，或根据商品的用途在特定环境时期陈列，又称为主题陈列。如中秋节，食品店中的月饼专柜；或时逢每学期初，门市开设的学生用具专柜等。这种陈列方式适应了普通顾客即时购买心理，大多数形成某种商品的购买热潮。这种陈列形式必须突出“专题”或“主题”，而且不宜搞得过多、过宽，否则容易引起顾客的反感，认为门市是在搞“借机甩卖”，造成顾客的逆反心理。

④季节陈列：可视为“专题陈列”的特例，是根据气候、季节变化，把应季商品集中起来陈列。这是经营季节性商品的门市最常用的方式。四季服装、夏季纳凉商品、冬季御寒商品等季节性特征突出的商品一般采用这种陈列方法。它主要是适应顾客应季购买的习惯心理。所以每逢换季，门市的季节陈列展销大都能收到较好的效果。

（3）商品陈列的心理要求

商品陈列的心理要求主要有以下几点：一是陈列高度适宜，易于消费者观看感受；二是适应购买习惯，便于寻找选购或引导消费者购买；三是突出商品的实用价值和特色，促进购买欲望；四是陈列方式应灵活多变，讲究创新。

第四节 促销策略与消费者行为

促销策略类型包括广告、公共关系、人员推销、销售促进。

广告与消费者行为

一、广告与消费者行为

在各种促销策略中广告是投入成本相对较少，而到达受众较为广泛的一种传播方式，也是企业较为重视的一种产品宣传方式。

1. 广告的功能

（1）认知功能：现代社会，商品琳琅满目，消费者通过广告信息了解许多新产品、新用途。

（2）诱导功能：如苹果公司在新产品上市之前不惜用10分钟的广告时间来告知人们这个高科技的产品如何给消费者生活带来意想不到的改变、快乐、享受，让苹果粉丝对其充满期待和渴望。

（3）教育功能：如吃火锅，通宵看球，吃油炸食品、薯条、烧烤等都容易上火，所以“怕上火——喝王老吉凉茶”。

（4）便利功能：广告介绍各种商品信息如名称、规格、性能、用途等，并告诉人们，如何利用这些产品去改善自己的生活。如白加黑感冒片："白天吃白片不瞌睡，晚上吃黑片睡得香。"

（5）促销功能：一些经典的广告词已经起到了促销作用。例如：最值得期待的古装历史大片——《花木兰》；灾难、危机、不幸突降人类，看一看好莱坞制造的引发人类"人性"危机——《第九区》；与紫禁城为邻——北京台湾饭店等。

2. 广告心理的 AIDMA 法则

AIDMA 是英文注意（attention）、兴趣（interest）、欲望（desire）、记忆（memory）和行动（action）这五个单词首位字母的缩写。

广告作用于消费者所经历的心路历程："引起注意—产生兴趣—激发欲望—强化记忆—促使行动。"

广告通过新颖的画面、新奇的创意，采用各种各样的表现手法来吸引消费者眼球，引起注意，让消费者对商品品牌产生兴趣，产生联想，甚至是积极的情感反应，形成了一定的品牌认知和品牌态度。这些信息会形成记忆储备，在未来的购物过程中，主要是在信息搜索阶段，消费者会较容易从大脑信息中回忆起和产品有关的信息，记忆中的品牌认知会影响到消费者的品牌选择和决策环节。如南方黑芝麻糊，以回忆的广告表现手法重现了小时候吃黑芝麻糊的甜蜜情景，让人不禁想重新尝尝小时候吃过的南方黑芝麻糊。这种广告表现手法就是以唤醒方式，让人们回忆起该品牌曾经给成长的自己带来的快乐、童年的满足，人们会对其充满亲切感和熟悉感。

二、公共关系与消费者行为

公共关系是一个社会组织为取得与其特定公众的双向沟通和精诚合作而进行的遵循一定行为规范和准则的传播活动。

公共关系的本质是组织与公众之间的一种社会关系。通过沟通的手段和借助于一定的媒介，积极开展一系列社会活动，目的是建立起组织在公众面前的良好形象。

1. 公众的含义及其特征

所谓公众，即与特定的社会组织存在某种现实的或潜在的利害（利益）关系，并对组织的生存与发展具有影响的个人、群体或组织的总和，是公共关系传播沟通对象的总称。公众包括内部公众和外部公众，内部公众包括员工关系、股东关系，外部公众包括顾客、媒介、政府、社区、名流、国际公众。

2. 公众容易形成的心理定式

（1）首因效应和近因效应：首因效应有时又称为第一印象的效应，指的是知觉对象给知觉者留下的第一印象对社会知觉的影响作用。具体来说，就是初次与人或事接触时，在心理上产生对某人或某事带有情感因素的定式，从而影响到以后对该人或该事的评价。近因效应指的是某人或某事的近期表现在头脑中占据优势，从而改变了对该人或该事的一贯看法。近因效应与首因效应是相对应的两种效应。首因效应一般在较陌生的情况下产生影响，而近因效应一般在较熟悉的情况下产生影响。两者都是对人或事的片面了解和主观臆断，使得决策信息失真。

（2）晕轮效应和刻板效应：晕轮效应是指某人或某事由于其突出的特征留下了深刻的印象，而忽视了其他的心理和行为品质。它有时会产生“积极肯定的晕轮”，有时会产生“消极否定的晕轮”，这都会干扰消费者对信息的评价。要克服晕轮效应就必须坚持客观，不掺杂主观成分。刻板效应是指那种用老眼光看人造成的影响。它是对人的一种固定而笼统的看法，从而产生一种刻板印象。

(3) 定式效应：定式效应就是一种固定不变的态度，如小品《配角》中朱时茂说陈佩斯：“就你那模样，一看就是个反面角色……”然后说自己：“看我穿上这身衣服，起码也是个地下工作者呀……”这就是从长相产生的定式效应。“疑人偷斧”也是这个道理，它是以逻辑推理的方式得出的定式效应。

(4) 移情效应：“爱人者，兼其屋上之乌。”“爱屋及乌”形容人们喜爱某人之深情延续至和这人有关的人和事。心理学把这种对特定对象的情感迁移到与该对象相关的人或事物上来的现象称为“移情效应”。

3. 公关关系的心理策略

公共关系通过积极的努力，树立良好的企业形象，增加和消费者交流和沟通的渠道，让消费者首先在首因效应方面形成对企业和品牌的积极的认知。企业通过长期的公关活动，积极参与各种社会公益活动，树立社会公民的公众形象，让消费者在晕轮效应方面对企业和品牌美誉度形成共识，并且企业要长期坚持，使消费者增加对企业和品牌的信任和忠诚。如果发生企业信任危机，消费者非常容易因为移情效应而转投竞争者品牌，企业这时要积极进行危机处理，通过危机公关来使得企业度过危机，重新树立消费者信任。而企业平时在产品质量方面、品牌认知方面，以及在消费者心目中形成的社会形象就起着非常重要的作用。和消费者平时的情感沟通和建立在危机面前是非常重要的，积极、正面的定型效应可能让企业安然度过危机，而平常没有积极、正面的定型效应可能会使消费者发生移情。当然在危机公关处理中，企业首先把勇于承担社会责任放在第一位，通过迅速反应机制、及时沟通原则等获取消费者的谅解和同情，重返对企业和品牌的信任和忠诚。具体要注重树立良好的企业信誉是引起消费者好感的基础，推广企业为顾客服务的形象是强化消费者信任的必要条件，注重社会整体效益是在消费者心目中培养企业具有社会责任感认知的有效方法，加强与消费者公众的信息交流从而避免消费者对企业的误解和一知半解，正确对待消费者的抱怨是培养消费者忠诚的基础，提供确实的保证是保证消费者权益的基石，联络消费者公众感情是培养消费者对企业良好态度的前提。要充分发挥参考团体的引导作用。

公共关系传播的一般步骤：知晓层次的传播、态度层次的传播和行为层次的传播。

(1) 知晓层次的传播：公共关系借助于各种传媒工具来充分传播企业文化、企业形象、企业理念、企业精神，其中，大众传媒工具包括印刷类、电子类、网络类，如域名设置、主页浏览、电子邮件、电子公告栏、聊天室、上网媒体、微博营销等，在较宽广的范围内让消费者通过经典性条件反射、操作性条件反射、认知性条件反射学习有关企业信息，选择性注意企业品牌，通过符号媒介如文字符号、图像标志等形成视觉上的冲击和影响，通过反复强化形成对企业形象的记忆。

(2) 态度层次的传播：通过实物媒介的传播，如产品及其劳务、公共关系礼品、象征物和模型等，进一步诱发消费者的购买动机。还可利用名人明星效应拉近品牌与消费者的情感距离，增加熟悉度，激发消费者的积极情绪，形成对企业的态度倾向。

（3）行为层次的传播：为了进一步加深消费者对企业整体形象的认知，在情感和态度上形成正强化，使消费者在消费决策中形成忠诚消费，可以策划各种让消费者参与、体验的活动，如新闻发布会、展览会、开放参观活动、沟通性会议、庆典活动、社会服务、赞助活动、联谊活动等。

三、人员推销与消费者行为

人员推销是企业运用推销人员直接向消费者宣传介绍商品的劳务，引起他们的兴趣，促成购买行为的一种促销活动。人员推销的优点：亲切感强，说服力强，针对性强，竞争性强；但其缺点是：支出较大，成本较高，对推销人员的要求较高。故人员推销又被称为昂贵的推销手段。

1. 人员推销的特点

（1）信息传递的双向性：推销人员和消费者面对面沟通，可以借助于表情、肢体语言等有效地达到信息传递和影响的目的。

（2）推销目的的双重性：一方面是带有目的性的推销产品，但更重要的是要建立情感关系，在情感交流的基础上再推销，才不至于让人反感。

（3）推销过程的灵活性：推销过程是考验推销人员各种综合素质的很好过程，包括对谈话内容的把握，谈话主题的引导，谈话氛围的营造，谈话技巧的运用等。

（4）协作的长期性：推销只是企业和消费者建立关系的开始，当顾客成为企业的消费者以后，还要注重和消费者建立长期的情感关系、服务关系。

2. 人员推销和消费者有效沟通的基本条件

（1）推销人员要注重仪表，形象稳重，值得信赖，文明礼貌，善于表达，知识广博，富于应变，推销技巧娴熟，态度热忱，勇于进取。

（2）具有专业素质：对企业知识积累丰富，对产品知识掌握全面，对优缺点如数家珍，市场营销知识丰富，灵活掌握；具备一定的心理知识，能够有效地和消费者沟通，建立关系；还要掌握一定的财务知识。

（3）推销人员要做好四个基本阶段的准备工作，充分有效地开展和消费者的沟通工作。一是在推销前的准备阶段，了解顾客的特点，制定具体的洽谈要点。二是在推销实施阶段要善于吸引消费者的注意力，并使之产生良好的反应，这是全部推销活动顺利开展的前提。三是善于诱导顾客的购买兴趣，最好办法是作示范。通过面对面的示范表演，让顾客耳闻目睹，或让顾客自己进行试验，直接体会产品的性能、特点。如果产品不便携带，可通过间接示范办法，如出示鉴定书等，以诱发其购买兴趣。四是掌握促成购买行为的技巧和方法：①优点汇集法，即把消费者感兴趣的商品优点与从中可得到的利益汇集起来，在推销结束前，将其集中再现，促成其购买。②假定法，即假定消费者已经购买，然后询问其所关心的问题，或谈及其使用商品的计划，以此促进购买。③优惠法，即利用消费者追求实惠的心理，通过提供优惠条件，促使其立即购买。④保证法，即通过售后服务保证，如包修、包换、定期检查等，克服消费者购买的心理障碍，促成购买行为的实现。

（4）推销人员还要掌握灵活的说服技巧来影响消费者，如自我评价法、经验说服法、事实说明法、以情感人法、以退为进法、共同语言法、逐步登门法、赞美奖誉法、连连称是法。

（5）推销人员在和消费者沟通过程中要善听。讲究礼仪，学会倾听。要用心听，耐心听，适时听，会心听，记住所听的要点并适当做些记录。巧问，如启发式询问，暗示性询问，商量式询问，有选择性询问。提问方式和内容要让对方乐于回答。以幽默而巧妙的回答化解对方的提问；灵活地选择恰当的方式委婉拒绝；用模糊不明确的语言应付对方发难提问，转移话题；以诚恳的解释和歉意来直抒己见。

（6）跟踪服务阶段：跟踪服务是指推销人员为已购买商品的消费者提供各种售后服务。这是人员推销的最后环节，也是新的推销工作的起点。跟踪服务能加深消费者对企业和产品的信赖，促使其重复购买，同时也可获得各种反馈信息，为企业决策提供依据。

四、销售促进与消费行为

销售促进（sales promotion）是企业在某一段较短的时期内采用特殊的手段对消费者实行强烈的刺激，以促进企业销售量迅速提高的一种促销策略。广告与人员推销提供购买理由，销售促进则鼓励人们立即购买。

迅速的召唤作用：销售促进能够快速地吸引消费者的注意力，起到引起关注的效果。

强烈的刺激作用：各种销售促进手段能达到强烈刺激消费者欲望的目的和效果，能够迅速激发消费者的购买兴趣、购买欲望，形成购买冲动。

明显的邀请性：销售促进具有明显的邀请消费者参与的作用，调动消费者增加体验感。

针对消费者的销售促进形式：赠送样品或优惠券、有奖销售、现场示范、组织展销、购物折扣等。

本章小结

1. 产品生命周期一般分为四个阶段：导入期、成长期、成熟期、衰退期。新产品扩散时：革新者在导入期接受产品，具有冒险性、独立性强的特点。

2. 早期接受者在成长期接受产品，一般具有受其他人尊敬、经常是公众意见的领导人的个性特点；早期大众在成长、成熟期接受产品，一般具有服从性强、愿意照别人的路子走的个性特点；晚期大众一般在成熟期的后期接受产品，具有怀疑的个性特点；守旧者在衰退期接受产品，一般具有遵从传统观念、当新事物失去新颖性时才肯接受的个性特点。

3. 影响新产品扩散的客观因素：社会经济因素、新产品本身特征、新产品的传播渠道、从众现象等。影响新产品扩散的主观因素：消费者的知觉、动机、态度、价值观、尝试、评价。

4. 消费者的价格心理分为习惯心理、敏感心理、倾向心理、感受性心理、逆反心理。消费者心理定价策略有整数定价、尾数定价、习惯性定价、声望定价、分档定价、折扣定价、招徕定价、习惯定价。促销策略类型包括广告、公共关系、人员推销、销售促进。

复习题

1. 什么是消费者心理中的价格阈限？
2. 消费者心理定价策略有哪些？
3. 价格调整对于消费者心理有哪些影响？
4. 广告的功能有哪些？
5. 公共关系传播的心理策略有哪些？

案例分析

有效的情绪营销：海底捞成功的秘诀

海底捞是一家川味火锅店，2004 年在北京开起了连锁店，生意异常火爆。海底捞以善待员工和为顾客提供超出想象的服务，在北京餐饮业引起轰动。进入北京市场初期，海底捞与所有的新进入者一样，根本没有引起关注。可是它慢慢地引起了顾客特别是同行的注意，更有趣的是，北京火锅店的老板几乎都去海底捞吃过饭——不为吃饭，只为学艺。不仅是同行，它还引起媒体的注意，中央电视台和北京几家报社都相继报道了这家火锅店。在大众点评网纯粹由顾客打分排名的前三名北京火锅店中，连续三年都有海底捞。

海底捞凭什么能引起这样的轰动？人们为什么喜欢海底捞火锅？很多人认为是因为服务。服务毋庸置疑是海底捞最大的功臣，但是，服务营销影响了消费者什么呢？海底捞的成功其实是充分点燃消费者情绪的最经典的例子。

家的感觉，朋友似的问候

当消费者到达海底捞电梯的时候，就会有一个服务生面带微笑热情地说："欢迎来到海底捞"，随后帮你按动电梯按钮。服务员表情自然，让你感觉好像朋友之间见面时自然的问候。而且服务生并没有说"欢迎光临"，不会让你有一种压迫感。

让等待变得不再枯燥和厌烦

当你进入就餐大厅之后，排队往往是在所难免的。这时候消费者需要做的首先是去取号，然后呢？服务人员会引导你去等候区。尽管等待往往带给大家的是不愉悦感，但是在海底捞，等待永远不会让你不开心、不耐烦。在等待过程中，海底捞提供了充足的水果、零食和各种茶水；同时，各种娱乐设施应有尽有，甚至还提供了亲子活动的场所和设施；另外，美甲服务、擦鞋服务更是让消费者心情大好。这些大大削弱了等待的不愉悦情绪，甚至消费者在这些服务中非常享受和开心。

把一切可能的负面情绪扼杀在摇篮中

如果你是一个人就餐，你是否会觉得孤独呢？在海底捞你不会有这种孤独感。如果你一个人点餐，服务员会拿一只玩具熊放在你对面，好像你在和它一起用餐，所以你不会觉得孤独。

大家都知道吃火锅是会状况不断的。衣服上、眼镜上、手机沾上了油渍，正准备吃，头发却总是找不到合适的位置，各种不听话等。为了避免各种尴尬，在就餐开始之前，海底捞的服务人员会给你提供围裙、眼镜布、手机套、皮筋。

就餐人数少，点多了吃不完，点少了感觉又会让人觉得自己很抠门。这怎么办？海底捞完全考虑到你的顾虑和你的难以启齿。服务人员把菜单递给你的时候，首先会建议你最好点半份，这样既不浪费，还可以多品尝几样。

吃完之后，当顾客要买单的时候，服务人员拿来的不仅仅是账单，还有薄荷糖、口香糖。让你避免了吃完火锅后一说话满口火锅味的尴尬。

具有感染力的招牌式微笑

在海底捞就餐的过程中，所有的服务人员都面带微笑，这种微笑是发自内心的，而且这种微笑是具有感染力的。

各种惊喜不断

海底捞的服务有些是固定动作，但是即使如此，也会带给你惊喜。我们把这种惊喜叫作固定惊喜。同时，海底捞基于消费者的需求会提供随机性惊喜，我们称为定制化惊喜。

固定惊喜：

惊喜1：当你点了一份拉面的时候，你可能认为服务员会给你端上一碗面。错了，这时候会有一个服务员当场给你“拉面”。服务人员会在“拉面”过程中做出各种姿势，引来在场的其他顾客的各种尖叫。

惊喜2：在结账的时候，海底捞的服务员会帮你随机免掉一个不是太贵的菜，并告诉你，这是他送给你的，让你对他形成好感。

定制化惊喜：

惊喜1：服务员倒错了汤后竟主动送上涂有“对不起”字样的玉米饼致歉。

惊喜2：曾经有位网友说，有次在海底捞吃完饭，要赶火车却打不到出租车。门口的服务人员看到他带着行李箱，问明情况后转身走了。紧接着海底捞的店长把自己的SUV开出来，说：“赶紧上车吧，时间不多了。”

惊喜3：微博上有网友称：“我在海底捞吃饭，忘带钱了。领班说，‘没关系，下次补。’又掏出50块钱，说，‘这个您拿着打车。’”

总体来说，海底捞在运营过程中充分认识到了消费者情绪的重要性，他们在努力地点燃消费者的积极情绪，将可能的负面情绪扼杀在摇篮中。同时，通过口碑传播使消费者感受到海底捞能带来积极情绪。

资料来源：周欣悦. 消费者行为学［M］. 北京：机械工业出版社，2019，有改动.

讨论题：

1. 用公共关系原则解释海底捞是如何赢得顾客的？
2. 你认为海底捞吸引顾客的秘诀是什么？

第九章 家庭环境因素与消费者行为

学习目标

- 了解家庭的含义与功能，以及家庭与其他社会群体的区别；
- 了解并掌握家庭生命周期各阶段的消费特点；
- 了解家庭成员的角色类型；
- 了解并掌握家庭决策类型及影响家庭决策类型的因素。

引导案例

家庭旅游的购买决策与营销策略

家庭旅游表现出的类型主要有以下三类：一是亲子型。对于核心家庭来说，我国现在的大部分家庭都是两代人构成的三四口之家，带孩子外出旅游主要是为了让他们增长知识，陶冶情操。但核心家庭外出旅游也有一定的限制，比如孩子太小的时候带出去不方便，读中学的孩子学业太紧也很少能舍得花时间出去玩。除此之外的时间段，家长都有可能带孩子去旅游。二是情侣型。这包括两种情况：一种情况是初婚期的情侣用旅游的方式开始自己的新生活；另一种情况是处于空巢期的老年夫妇，退休以后没有工作压力和生活负担，如果身体条件允许的话，很多人都愿意出去旅游（但他们一般选择在非节假日的时间外出）。三是孝敬父母型。中青年人平时工作忙，很少能与父母聚在一起，利用节假日陪父母出去旅游，既可以弥补感情歉疚，又可以回报父母的养育之恩，共享天伦之乐。

在我国，家庭旅游作为一种新趋势，对进一步发展旅游业、拉动内需将产生不小的影响。过去我国推出的旅游产品一般是大众型的，以为普通游客提供服务为主，这显然不适合现阶段我国家庭旅游发展的要求。而且，与国外旅游业相比，在家庭旅游这个项目上，我们做得还很不够。比如，美国的一些大型旅游企业，开始将儿童作为一个重要的市场来对待了。他们想方设法来满足小朋友的需求，即使是豪华酒店也增加了白天照顾孩子的项目。他们已经认识到必须让父母放心地玩，同时也必须让和父母一起来的小朋友们感到满意。

第一节　家庭生命周期与消费者行为

对大多数产品和服务来说，家庭是基本消费单位。住房、汽车和一些大型家用电器等产品，大多是为家庭所消费的。家庭是消费者个人所归属的最基本团体，对消费者的购买模式具有很大的影响。一个人从父母那里学习到许多日常的消费行为，即使在长大以后，父母的消费模式和消费习惯仍然对其有明显的影响。本节我们将从家庭的含义、功能以及它与其他社会群体的区别等方面入手，探讨家庭对消费者行为的影响。

一、家庭的含义

一般认为，家庭指建立在婚姻关系、血缘关系和收养关系基础上的接触关系密切、共同生活的社会基本单位。一般情况下，家庭应该由两个或两个以上的成员组成，单身一人为单位的家庭尚不能成为完整意义上的家庭。

社会学家一般将家庭分为四种形式或类型。①核心家庭。指一对夫妇或其中一方与其未成年子女所组成的家庭，也包括只有一对夫妇的家庭。②主干家庭。父母和一个已婚子女或未婚兄弟姐妹生活在一起所组成的家庭，通常指一个家庭中至少有两代人，且每代只有一对夫妇（含一方去世或离婚）的家庭，这种家庭的最典型形式是包括祖父母、父母和未婚子女等直系亲属三世同堂的家庭。③联合家庭。指由父母双方或其中一方和多对已婚子女组成的家庭，或兄弟姐妹婚后仍不分家的家庭。这种类型是核心家庭同代横向扩展的结果，它突出表现为人口较多，关系较为复杂。④其他类型的家庭。指上面三种类型以外的家庭，如空巢家庭、丁克家庭、单亲家庭以及未婚兄弟姐妹组成的家庭。

在不同的文化观念影响下，甚至同一文化观念下的不同区域，占主导地位的家庭类型是不同的，不同文化观念之间、不同区域之间是存在一定差别的。例如，在美国，核心家庭在家庭总数中所占比例相对较大，而在宗族色彩比较浓厚的泰国，主干家庭所占比例相对较大。在我们国家，城市里的家庭，多以父母及其子女组成的核心家庭为主，而农村的家庭，多以祖父母、父母及其子女组成的三世同堂的主干家庭为主。

二、家庭的功能

家庭作为社会的基本单位，对人类生存和社会发展所具有的功能是多方面的，能满足人和社会的多种需求。与消费者行为研究关系比较密切的功能主要有家庭的经济功能，情感沟通功能，生育、赡养与抚养功能，教育功能或家庭成员的社会化功能。

1. 家庭的经济功能

家庭的经济功能包括家庭中的生产、分配、交换、消费，是家庭功能其他方面的物质基础。家庭要满足家庭中每个成员的食、衣、住、行等需要，因此有工作能力的成员需要工作赚钱，以维持家中的开销。在过去的小农经济社会，家庭既是一个消费单位，同时又是一个生产单位，发挥着重要的经济功能。而在现代社会条件下，家庭的经济功能中的生产功能有所削弱，但并不是说家庭已不具备经济功能，它仍要通过其他方式，如参加工作等，为每个家庭成员提供生活福利和保障。因此，经济功能依然是家庭的一项主要功能。在过去传统的小农经济社会，丈夫是生产中的主要劳动者，也是家庭的主要经济来源，因此，他在家庭中占有主导性地位。而现在，越来越多的妇女参加工作，她们对家庭所作的经济贡献也在逐渐增大，因此，她们在家庭中的地位也在不断提升。

家庭是一个基本的消费单位，它可以在某段时间里把家庭成员贡献的大部分经济资源集中起来，为了家庭成员的共同利益或主要为了某一个家庭成员的利益而使用，这在我国很多家庭是很常见的。例如，在我国农村地区，子女在成家之前所得到的经济收入并不能自由支配，基本上是由父母代为保管。把家庭成员的个人经济收入集中起来，使那些并不宽裕的家庭也能尽全家之力，完成一些仅凭个人经济能力短期内无法实现的活动，如大型购物或购房。

2. 家庭的情感沟通功能

家庭是思想、情感沟通最充分、最真实、最便利的场所。当消费者在工作、生活、情感等方面遇到困难和挫折时，家庭成员能够给予充分的安慰、鼓励和帮助，使其对家庭有较高的归宿感。家庭成员之间的亲密交往和真实情感，是以血缘关系和亲缘关系为坚实基础的。当前，社会竞争日益激烈，消费者对于获得家庭的关爱、鼓励和帮助有更为强烈的要求。但是，由于生活节奏的加快，以及大多数家庭夫妻双方均参加工作，家庭成员之间用于感情沟通的时间越发显得宝贵，特别是父母与孩子之间，常常由于缺乏时间资源而导致情感关系较为紧张。因此，一些能够有利于增强家庭成员之间情感交流，能够缓解因情感交流不畅所产生的不安、迁就等情绪的产品和服务一定会受到消费者的欢迎。

3. 家庭的生育、赡养与抚养功能

生、老、病、死是人的一生必经的阶段，有生必有死，所以生育功能也是家庭功能中的一项。它是指男女双方经过公开仪式，达到法定年龄而结婚，生儿育女，延续下一代。对于父母来说，未成年儿童需要抚养；对于子女来说，年老的父母需要赡养；家庭成员受到伤害时，需要其他成员给予照顾。抚养未成年家庭成员，赡养年老的家庭成员和照顾丧失劳动能力的家庭成员，这是人类基本的生存和繁衍的需要。当子女还不具备独立生活能力的时候，父母有抚养他们的责任和义务，否则他们就无法生存下来，人类社会也就难以延续。当父母年纪大了，也会丧失劳动能力和独立生存的能力，这时子女也负有赡养老人的责任和义务。随着国家社会保障制度的不断完善，社会将会部分地代家庭承担一定的赡养与抚养功能，但它不可能完全承担家庭的赡养与抚养功能。

4. 家庭的教育功能

对家庭成员的教育特别是对未成年儿童的教育，是家庭的主要或核心功能。消费者从刚出生时的一无所知，到其世界观、人生观、价值观和行为模式的逐渐形成和稳定，这一过程大部分是在家庭通过家庭成员尤其是父母的言传身教完成的。消费者在儿童时期通过接受父母的教育，或通过模仿父母的行为，获得一些待人接物、适应社会的观念和技巧。消费者在儿童时期所习得的行为、观念，对消费者的整个一生都将产生较为深远的影响。从这个意义来说，家庭所履行的教育功能，对消费者的成长和各种观念的形成是非常关键的。

家庭履行儿童教育功能的一个重要内容，是把儿童放在消费者的立场对其进行社会化教育，即教育儿童如何获得作为消费者所必需的技能、知识和态度。国外的一些专家和学者研究发现，学龄前儿童主要通过观察父母或家庭其他成员的行为获得有关的消费规范，但当孩子进入少年时期，他们更可能从朋友身上学习什么是可以接受的行为。儿童从第一次与父母上街，就开始了有关购物知识和购物技能的学习。也许此时他或她还不会说话，不会表达自己的意思，但跟随父母购物的体验会在其幼小的心灵中留下深刻的印象。随着年龄和心智的成长，儿童的消费知识和技能也会逐步增长。根据麦克尼尔（McNeal）的理论，很多儿童在 2～3 岁就会在家里或商店里向父母提出购物要求，到 3 岁半的时候就可以记起他们所喜欢的东西放在超市的哪个位置，到 5 岁左右就明白了买东西要付钱这一事实，而到 8 岁左右就已经具有独立地在商店购买某些产品的能力。

家庭的教育功能并不是仅仅针对未成年儿童，很多成年人同样需要接受家庭的教育。例如，新婚夫妇建立起单独的家庭，就要学习如何相互协调、相互妥协才能使家庭生活过得美满幸福，这也是家庭的教育功能的一部分。同样，当一对夫妇逐步迈进退休年龄，他们也会面临很多需要学习的消费问题。因此，很多人认为，家庭教育过程始于儿童期，基本上贯穿于消费者的整个人生。

三、家庭与其他社会群体的区别

以婚姻关系、血缘关系和收养关系为基础的家庭，作为基本的社会群体，既具有一般社会群体

的基本特征，又具有其自身独特性。

第一，家庭的构成基本上是以婚姻关系或血缘关系为基础，而其他社会群体的形成往往是以工作或任务为基础。其他社会群体可能是因某种共同的目标而联系在一起的，他们的很多行为可能较侧重于该目标的实现，一部分群体还会随着目标的实现而解散。但家庭较多地侧重成员之间的经常性互动和交流，情感关系、亲缘关系是家庭构成的基础，所以家庭成员之间的关系一般较其他社会群体更为稳定、持久。父母与孩子之间以血缘为基础的亲情关系可以说毫无任何功利色彩，即使他们彼此之间存在一些矛盾、冲突，也基本上不会或很少使这种亲情受到影响。其他的社会群体大部分是一种契约式的关系，群体成员之间的关系大多是偏重利益，情感基础较差，很可能会因利益上的冲突或既定目标的达到而终止、解散。

第二，家庭群体成员之间具有较为稳定和持久的情感沟通，而其他社会群体成员之间的联系则具有更多的理性成分。由于夫妻之间有着浪漫的爱情关系，父母和子女以及兄弟姐妹之间有着以血缘关系为基础的亲情关系，因此，家庭成员之间充满着爱情、亲情等较为真诚的情感关系。这种情感是人们在其他群体中难以体会的。

第三，家庭群体对内在的价值追求较为注重，而其他社会群体对外在的价值追求较为注重。随着经济的发展和社会的进步，纯粹为了经济条件、经济利益等而组建的家庭逐渐减少，更多家庭的组建是以情感为基础。家庭的主要功能由经济功能转向情感和教育功能，人们在家庭群体中获得的更多的是家庭成员之间的关爱和亲情，而不是经济利益上的索取或名利上的追求。

第四，家庭群体成员之间强调更多的是合作，而其他群体成员之间强调更多的是竞争。无论是同学之间、朋友之间、同事之间还是邻里之间，总存在着一定程度上的攀比和竞争。在学校读书时同学之间比谁的成绩好；在工作单位时同事之间比谁的工作能力强，谁升职较快：在生活小区里，邻里之间比谁的汽车档次高；等等。虽然家庭成员之间有时也存在一定的攀比和竞争，但相对于其他群体来说，家庭成员之间体现更多的还是彼此的关心和关爱，家庭的和谐、温馨可以说是每个家庭成员所追求的。

四、家庭群体的发展及变迁

家庭群体的发展及变迁

随着生产力的不断发展和社会的不断进步，人类家庭也在不断发生变化。但人类家庭的发展变化也有其自身的客观规律。在生产力水平极为落后的原始社会，人类只有依赖群居才能生存，没有现代意义上的家庭群体。生产力的发展、私有制的出现，促使以夫妻为主的家庭出现。在生产力水平较为低下的农业社会，以几代同堂的大家庭较为常见。在当代社会，工业化和城市化使由一对夫妇及其未成年的孩子所组成的核心家庭，成为当代家庭的主要形式。随着社会的进步、生产力的发展，以及家庭观念的变化，当代家庭的形式再度发生变迁和延伸，出现了一些传统生活中较为少见的家庭形式。如在西方发达国家，单亲家庭、未婚同居家庭、同性恋家庭等非传统的家庭形式大量涌现。

1. 家庭结构

家庭作为一个社会群体，也有其自身的结构。按照人口变量可以将家庭结构分为人口结构、年龄结构、关系结构和教育结构。家庭结构的不同对家庭的消费行为具有一定的影响。家庭的人口结构是指家庭中家庭成员数量的多少，即家庭规模。家庭的人口结构对其家庭的消费数量、消费决策过程、消费水平和质量都具有一定的影响作用。一般来说，家庭人口越多，家庭消费数量就越多，家庭购买决策就越复杂。在家庭经济收入不变的条件下，家庭人口数量的增加必然会导致家庭消费水平和消费质量的降低。家庭的年龄结构对家庭的消费行为也存在一定程度的影响。在我国大多数家庭中，往往是由父母作决策，孩子一般处于从属地位，很少有发言权，但随着孩子年龄的增长和阅历的不断丰富，其在家庭中的决策能力和决策机会都会随之增加。家庭的关系结构是指家族内各个家庭成员之间购买行为的关联性。一般情况下，孩子成家之后组成的小家庭的消费行为会与其原来所在大家庭的消费行为之间存在一定的相似性。家庭的教育结构是指家庭成员所受教育的程度。一般情况下，家庭成员所受的教育程度越高，其购买行为就越理性，越注重和倾向于商品品质等相关信息的搜集。

2. 家庭规模

家庭规模是指家庭中所包含的家庭成员数量的多少。家庭规模的大小主要取决于家庭的教育水平、控制生育的有效性和宗教信仰等因素。近几十年来，家庭规模总体上呈小型化的趋势。造成家庭规模小型化的原因是多样的，晚婚、生育数量减少，人口迁移流动以及分家等可能是促使家庭小型化的重要因素。全国第 7 次人口普查数据显示，家庭人口规模小型化已经成为主流。总体上看，7 人以上的大家庭所占的比例有所下降，人口少的家庭所占比例不断上升。在我国家庭中，成员在 2 人、3 人和 4 人的家庭所占比重较大，它们大约占我国全部家庭总数的 76%。此外，家庭成员在 2 人与 3 人的家庭呈持续增长趋势，成员在 5 人以上的家庭数量则持续下降。这表明，在我国，由一对夫妇及其未成年孩子所组成的核心家庭，成为当代家庭的主要形式，所占比重也日益增加。联合家庭所占比重逐渐减少，而主干家庭所占比重则相对稳定。非传统的小型家庭日益多样化，如单身家庭、单亲家庭、丁克家庭、空巢家庭等。随着家庭规模的变化，家庭的购买行为也在不断发生变化，主要表现为：家庭消费的数量下降而质量不断提高；对适合小型家庭的小包装食品及包装精美的馈赠礼品的需求量不断上升；对住房的卫生间、厨房面积及配套设施的要求有所提高；对快餐食品、熟食品和半成品的需求量大大增加。

五、家庭生命周期与消费者行为

1. 家庭生命周期的概念

家庭生命周期是反映一个家庭从组建到解体呈循环运动过程的范畴。美国学者 P. C. 格里克最于 1947 年从人口学角度提出比较完整的家庭生命周期概念，并对一个家庭所经历的各个阶段做了划分。就家庭而言，从一对夫妻结婚建立家庭、生养子女、子女长大就学、子女独立到夫妻终老而使家庭消失，就是一个家庭的生命周期。一般来说，根据标志着每一阶段的起始与结束的人口事件，可以将家庭生命周期划分为单身期、新婚期、满巢期、空巢期和鳏寡期五个阶段。在家庭生命周期的不同阶段，家庭成员数量、家庭成员的心理状况与心理需要都具有不同的特点，由此使家庭消费呈现不同的模式。而且，在家庭消费品购买过程中，不同家庭成员往往扮演不同的角色，对决策产生的影响也有所不同。家庭生命周期概念对消费者行为的研究虽然非常有用，但也受到了不少批评，原因是不同的个体所经历的家庭生命周期并不相同。另外，由于离婚和再婚等各方面的缘故，同一个体也许还会经历几种不同类型的家庭生命周期。尽管如此，很多专家和学者仍然认为用它来表述人生所经历过的那些可识别的历程或时期，具有很高的价值。

家庭生命周期这个概念综合了人口学中占中心地位的婚姻、生育、死亡等研究课题。由于婚姻、生育、死亡等人口过程都是发生在家庭里的，对家庭生命周期的研究可以对这些人口过程的机制进行更深入的认识与剖析，避免传统的人口学把婚姻、生育、死亡等人口过程分离开来孤立地进行研究的弊端。家庭生命周期的概念在社会学、人类学、心理学乃至与家庭有关的法学研究中都很有意义。例如，通过对家庭生命周期的分析，可以更好地解释家庭与家庭成员的收入、妇女就业、家庭成员之间的关系、家庭耐用消费品的需求、处于不同家庭生命周期的人们心理状态的变化等问题。

传统的家庭生命周期概念反映的是一种理想的道德化的模式，与社会的现实状况有较大出入。有不少学者已认识到这一概念的局限性。他们认为把家庭生命周期分为 5 个阶段，只适用于核心家庭，而不适用于亚洲许多国家及其他发展中国家中普遍存在的核心家庭与三代家庭或其他形式的扩大家庭并存的情况；传统的家庭生命周期概念也忽略了离婚以及在孩子成年之前丧偶的可能性，即未包括残缺家庭；还忽略了由于无生育能力或其他原因造成的“无孩家庭”；对于有不同孩子数量的家庭，含有再婚与前夫或前妻所生子女的家庭的差异也未予以反映。

一般情况下，大多数家庭都会经历单身、形成、扩展、稳定、收缩、空巢与解体 7 个阶段，家庭发展过程中所经历的这一系列不同阶段被称为家庭生命周期（FLC）。形成是指从结婚到第一个小孩出生；扩展是指从第一个孩子出生到最后一个孩子出生；稳定是指从最后一个孩子出生到第一个孩子离开父母；收缩是指从第一个孩子离开父母到最后一个孩子离开父母；空巢是指从最后一个孩子离开父母到配偶一方死亡；解体是指从配偶一方死亡到配偶另一方死亡。6 个阶段的起始与结束，一般以相应人口事件发生时丈夫（或妻子）的均值年龄或中值年龄来表示，各阶段的时间长度为结束与起始均值或中值年龄之差。例如，如果一批妇女的最后一个孩子离家时（空巢阶段的起始），她们的平均年龄为 55 岁，而她们的丈夫死亡时（空巢阶段的结束），她们的平均年龄为 65 岁，那么这批妇女的空巢阶段为 10 年。

2. 家庭生命周期与消费者行为

消费者的家庭状况，因年龄、婚姻状况、子女状况的不同，可以划分为不同的生命周期，在生命周期的不同时期，消费者的行为呈现出不同的主流特性。我们可以发现，在家庭生命周期的不同阶段，家庭的人口结构、年龄结构、关系结构和教育结构等都存在一定的差别。因此，在家庭生命周期的不同阶段，其消费行为也有所不同。

（1）青年单身期

从参加工作到结婚这一段时期，一般为 1～5 年。这段时期的经济收入比较低，消费支出较大。这是提高自身、投资自己的大好时光，重点是培养自己未来的获得能力。这一阶段的财务状况是资产较少，可能还有负债（如贷款、向父母借款），甚至净资产为负。随着结婚年龄的推迟，这一群体的数量正在逐渐增加。虽然收入不高，但由于没有其他方面的负担，所以他们通常拥有较多的可自由支配收入。收入的大部分用于支付房租，购买个人护理用品、基本的家庭器具以及用于交通、度假等方面。这一群体比较关心时尚，崇尚娱乐和休闲。

（2）新婚期

从新婚夫妇正式组建家庭到第一个新生儿诞生的时期，一般为1～5年。这一时期是家庭的主要消费期。经济收入增加而且生活稳定，家庭已经有一定的财力和基本生活用品。为提高生活质量，往往需要较大的家庭建设支出，如购买一些较高档的用品。为了形成共同的生活方式，夫妻双方均需要作出很多调整。一方面，共同作决策和分担家庭责任，对新婚夫妇来说是一种全新的体验，另一方面，还会遇到很多以前未曾遇到和从未考虑过的问题，如购买家庭保险，进行家庭储蓄等。建立一个家庭，需要购买很多家用产品，如各种电器、家具、地毯、床上用品、厨房设备和用具等。由于缺乏购买这些产品的足够经验，新婚夫妇很可能要征求已婚者的意见和建议。不过，这类家庭大部分有双份收入，相对于其他群体较为富裕。他们是剧院门票、昂贵服装、高档家具、餐馆饮食、奢侈度假等产品和服务的重要市场，因此他们对营销者颇有吸引力。

（3）满巢期

从第一个孩子出生，到所有孩子长大成人和离开父母，被称为满巢期。由于这一阶段持续时间很长，一般超过20年，所以一些研究人员根据孩子的年龄将它进一步分为满巢期Ⅰ、满巢期Ⅱ、满巢期Ⅲ。

①满巢期Ⅰ是指由年幼（6岁以下）小孩和年轻夫妇组成的家庭。第一个孩子的出生往往会给家庭生活方式和消费方式带来很多变化。处于这一时期的消费者往往需要购买住房和大量的生活必需品，常常感到购买力不足，对新产品感兴趣并且倾向于购买有广告的产品。在西方，夫妻中的一方通常是女方会停止工作，在家照看孩子，因此家庭收入会减少。我国有祖父母或外祖父母照看孙子、孙女的传统和习惯，有了孩子后大多不需要夫妻一方辞掉工作来专门照料孩子。然而，孩子的出生确实会带来很多新的需要，从而使家庭负担有所增加。在满巢期Ⅰ，家庭需要购买婴儿食品、婴儿服装、玩具等很多与小孩有关的产品，同时，在度假、用餐和家具布置等方面均要考虑小孩的需要。

②满巢期Ⅱ是指最小的孩子在6岁以上的家庭。在这一时期，最小的孩子已超过6岁，多在小学或中学念书，因为孩子不需要大人在家里照看，夫妻中原来专门在家看护孩子的一方也已重新工作，家庭经济状况有所好转，已经形成比较稳定的购买习惯，极少受广告的影响，倾向于购买大规格包装的产品。在我国，这一时期基本上是以孩子为中心。家庭不仅要为孩子准备衣、食、住、行等方面的物品，还要带孩子参加各种培训班，以提升孩子各方面的能力。

③满巢期Ⅲ是指已经上了年纪的夫妇和仍需要抚养的未成年子女组成的家庭。处于这一阶段的消费者，孩子中有的已经工作，家庭财务压力相对减轻，家庭经济状况明显得到改善，消费习惯稳定，可能购买一些大型的耐用消费品，还可能花很多钱接受牙医服务、在外用餐等。

（4）空巢期

①空巢前期是指子女已经成年并且独立生活，但是家长还在工作的家庭。这一时期，小孩不再依赖父母，也不与父母同住。对一些父母来说，孩子不在自己的身边，会产生落寞感，而对另外一些父母来说这可能是一种“新生”、一种“解脱”。很多父母可以做他们以前想做但由于孩子的牵累而无法做的一些事情，如继续接受教育、培养新的爱好、夫妻单独出外旅游等。处于这一阶段的消

费者经济状况最好，可能购买娱乐品和奢侈品，但对新产品不感兴趣，也很少受到广告的影响。

②空巢后期是指子女独立生活，家长退休的家庭。处于这一阶段的消费者收入大幅度减少，消费更趋谨慎，倾向于购买有益健康的产品。由于很多人是在身体很好的情况下退休，而且退休后可自由支配的时间比较充裕，所以不少老年消费者开始追求新的爱好和兴趣，如参加老年人俱乐部等。这一时期，家庭支出更多地侧重于健康类产品与服务。年纪大一点的消费者花相当多的时间看电视，电视成为他们主要的信息来源和娱乐方式。

（5）鳏寡期

鳏寡期是指夫妻配偶中的一方去世后的家庭。在这一时期，如果在世的一方身体尚好，有工作或有足够的储蓄，并有朋友和亲戚的支持和关照，家庭生活的调整就比较容易。由于收入来源减少，在世的一方会过一种更加节俭的生活方式，消费量减少，集中于生活必需品和医疗用品的消费。

第二节 家庭消费购买决策

一、家庭成员角色的划分

一般情况下，消费者的购买与消费活动是以家庭为单位的。但是在以家庭为单位的购买与消费活动中，很多情况下产品或服务的购买者与使用者并不相同，大多数情况下只涉及家庭中的一个或一部分成员。因此，以家庭为单位的购买和消费活动的决策者，通常不是家庭这个集体，而是家庭中的某一成员或某几个成员。不同的家庭成员对购买不同的商品具有不同的实际影响力。在家庭成员内部，为了使其功能得到正常发挥，各家庭成员在购买和消费过程中承担不同的角色。在家庭作出购买决策的过程中，我们通常可以发现家庭成员主要扮演着 5 种主要角色。

①倡议者：首先想到或提议购买某种产品或服务，并促使家庭其他成员对该商品或服务产生购买兴趣的家庭成员。

②影响者：为所购产品或服务提供评价标准，以及符合该标准的产品、服务或品牌的相关信息，从而影响挑选产品或服务的家庭成员。

③决策者：有权单独或与家庭其他成员一起作出购买决策的家庭成员。

④购买者：实际到商店从事购买活动或参与购买活动的家庭成员。购买者与决策者可能是同一个家庭成员，也有可能是不同的家庭成员。

⑤使用者：在家庭中实际消费或使用所购产品或服务的家庭成员。

在个人的购买活动中，这些角色可能是由同一个人担任，但是在家庭的购买活动中，不同的家庭成员往往会担任不同的角色，并有可能担任多个角色。至于家庭中有多少成员担任这些角色，哪些成员担任哪些角色，则要根据家庭的不同和他们所买产品或服务的不同而定。

在这里值得提醒的是，家庭中很多产品的使用者和购买者通常不是由同一个家庭成员担当。例如，很多儿童用品，孩子是产品的最终使用者，而其母亲才是该产品的决策者和购买者。在有些购买活动中，大部分角色都由某一个家庭成员来担任：在另外一些购买活动中，这些角色则可能由多个家庭成员分别担任。因此，在家庭中产品的使用者一般不是购买者。例如，家庭中由部分成员决定并购买一台空调，但所有的家庭成员都是该产品的使用者。一般情况下，产品购买活动的倡议者和使用者多为同一家庭成员，而倡议者所提供的相关信息是否会被采纳，主要取决于该成员在家庭中的地位或影响力。影响者则决定了家庭在购买活动中接触到的信息，他们对信息作出分析，分析结果将是决策者及购买者作出决定和实行购买的重要依据。购买者有时也会承担一定的信息收集任务，因为他们对所购产品相对比较熟悉。

二、家庭购买决策的类型

家庭购买决策是指由两个或两个以上家庭成员直接或间接作出购买决策的过程。家庭购买决策过程属于一种集体决策，在很多方面与个人独立作出的决策存在一定的差异。如在很多购买活动中，成年人与儿童所考虑的购买目的、产品特点以及对产品信息的处理方式是不同的，因此，他们共同作出的购买决策可能与他们各自单独作出的购买决策大相径庭。

家庭购买决策与组织购买决策相比，虽然这两者都属于集体决策，但他们之间存在很大的不同。家庭购买决策不像组织购买决策那样具有较为客观的标准（如利润最大化等）和明确的、整体的目标。另外，大多数家庭购买活动会直接影响家庭中的每个成员，而组织关于大多数工业品的购买对那些没有参与购买活动的组织成员影响较小。

家庭对于不同产品的购买，其购买决策是以什么方式作出的，哪些成员在购买决策中具有较大的影响力，都是家庭购买决策研究中的重要问题。戴维斯（H. Davis）等在比利时做的一个研究识别了家庭购买决策的 4 种方式。

①妻子主导型：家庭在购买决策活动中，最终决策权掌握在妻子手中。

②丈夫主导型：家庭在购买决策活动中，最终决策权掌握在丈夫手中。

③自主型：每个家庭成员在购买决策活动中，都有权相对独立地作出有关自己的决策。这种类型一般是所购产品只与某个成员有关，而且是不太重要的购买决策。

④联合型：丈夫和妻子协商，共同作出购买决策。

该研究发现，对于不同的商品，家庭成员在购买决策中发挥的作用也有所不同。如家庭食品、日杂用品、儿童用品、装饰用品等，女性在购买决策中影响作用较大；五金工具、家用电器、家具等，男性在购买决策中影响作用较大；价格高昂、全家受益的大件耐用消费品，文娱、旅游方面的支出，往往通过协商作出购买决策。家庭中孩子可以在家庭购买特定类型产品的决定上产生某些影响，如对购买点心、糖果、玩具、文体用品等商品就有较大影响。在我国当今的很多城市家庭中，妻子与丈夫有平等的经济收入，她们有工作，又承担了更多的家务，家庭经济大权多为她们控制，家庭的大部分日用品及耐用消费品的购买决策大多是由她们作出的，这种现象在城市家庭中已经较为普遍。

拓展阅读

经过长达10年的打拼，爸爸终于升到营业部经理的职位了。作为一个管理着50名员工的领导，爸爸觉得该买一辆车子了。当天晚上一家四口吃饭的时候，爸爸说："我升职了，不如我们家买辆车子吧。"其他三人突然眼睛一亮！妈妈接着说道："好呀，就买辆商务车吧，这样我们有空就可以自驾游，有时候带上爸妈也完全没问题。"这时儿子小明说话了："肯定要买一辆跑车帅气，我要跑车，我要跑车。"作为姐姐的小丽则说："买奔驰可以，我才不要坐其他车。"最后，爸爸说话了："你们各人有各人的道理。"首先否决的就是弟弟的，跑车只有两个位置，你也为其他人想一下啊。"弟弟扁了一下嘴。"还有啊，小丽你这个想法也不行。虽说爸爸现在赚了点钱，能买得起车了，做人有追求是好的，但是像奔驰这样的名贵车还是不适合我们这样的中等收入的家庭。"姐姐惭愧地点点头。当妈妈正以为爸爸决定了要买商务车而暗喜的时候，爸爸又说："老婆，商务车好是好，但是你看爸妈都不能坐车，只有我们一家四口人坐，而且商务车也不便宜，我们还是选择一些实惠的吧。""这样，我看买一辆国产轿车应该比较经济实惠，我想我们就在奇瑞和比亚迪里面选一辆吧。"经过家人一晚上的讨论和分析，最后爸爸和妈妈决定买一辆比亚迪G6。从此，这一家人过上了幸福快乐的生活。

分析提示：家庭消费决策的5种角色分别是倡议者、影响者、决策者、购买者、使用者。通过分析案例我们可以知道，爸爸作为提议买车的成员，属于家庭消费决策的5种角色中的倡议者；同时，虽然爸爸在家庭讨论中询问大家的意见，但是最终的决定权还是掌握在爸爸手中，因此爸爸也是家庭消费决策的角色中的决策者；爸爸买车主要是为了上班的时候用，属于家庭消费决策的角色中的使用者；其他家庭成员纷纷为爸爸买车提出自己的意见，从而影响产品消费的决策者爸爸的选择，属于家庭消费决策角色中的影响者。

三、影响家庭决策类型的因素

家庭购买决策究竟会采取哪种决策类型？家庭购买决策类型的选择会受到哪些因素的影响？这些是研究人员一直努力研究和思考并试图找出相关答案的重要问题。奎尔斯（W. Qualls）的研究识别了3种影响家庭购买决策的因素：家庭成员对家庭的经济贡献、购买决策对特定家庭成员的重要性以及夫妻性别角色取向。一般来说，家庭成员对家庭的经济收入贡献越大，该成员在家庭购买决策中的话语权也越大；购买决策对某个特定家庭成员越重要，该成员对购买决策的影响就越大，原因是其他家庭成员一般都会愿意放弃在与自己无关紧要的购买决策中的影响力，而争取在与自己相关性较强的购买决策中拥有更大的影响力；性别角色取向对家庭购买决策的影响，是指家庭购买决策会在多大程度上受到传统的关于男、女性别角色的影响。部分研究表明，一般情况下较少传统观念和更具现代观念的家庭，在家庭购买决策中会更多地采用联合型决策。除了上述3种因素以外，以下几种因素也会对家庭购买决策产生一定的影响。

1. 家庭所在城市区域中的文化和亚文化

文化和亚文化中关于性别角色的态度是否一致，是否存在性别歧视，很大程度上决定着家庭购买决策的主导者是男性还是女性，是丈夫还是妻子。一些家庭受传统的封建思想观念的影响，重男轻女意识比较严重，家庭购买决策的主导者多为男性。在重男轻女的观念影响下，父母会给予男孩更多的受教育机会，对家庭购买决策的影响自然就更大。而在我国受传统家庭观念的影响相对较小的大城市，家庭成员的地位较为平等，很少存在性别歧视现象，因此在家庭决策过程中出现自主型决策、联合型决策甚至妻子主导型决策的可能性就更大。然而，生活在同一地区或城市的不同家庭，其家庭成员的来源及其自身成长的文化背景也会有所不同，他们对于性别角色地位的认识理所当然地会存在一定差异，因此也会导致男女在家庭购买决策中的影响力存在差别。

2. 角色专门化的形成

随着社会的发展及其思想观念的变迁，夫妻双方在家庭购买决策中会逐渐形成专门化角色分工。传统上，丈夫负责购买机械和技术方面的产品，例如，他们负责评价和购买汽车、保险、维修工具等产品，妻子通常负责购买与抚养孩子和家庭清洁有关的产品，如孩子的食物与衣服、厨房和厕所的清洁剂等。随着社会的发展和人们思想观念的变迁，婚姻中的性别角色不再像传统家庭中那样明显，丈夫或妻子越来越多地从事以前被认为应由另一方承担的工作或责任。尽管如此，家庭决策中的角色专门化仍然是不可避免的。从经济和效率角度来看，家庭成员在每件产品上都进行联合决策的成本太高，而专门由一人负责对某些产品进行决策，效率会提高很多。

家庭中的角色分工与家庭生命周期中所处的阶段密切相关。由年轻夫妻刚刚组成的家庭会较多地进行联合型决策。随着孩子的出生和成长，家庭内部会形成较为固定的角色分工。当然，随着时间的推移，孩子的不断成长，这种分工也会发生相应的改变。

3. 家庭购买决策的具体阶段

在家庭购买决策中，也存在着不同的阶段。家庭成员在购买决策中的相对影响力，与购买决策的具体阶段有关。戴维斯等在比利时的研究，识别出家庭决策的 3 个阶段，即问题认知阶段、信息搜集阶段和最后决策阶段。家庭决策越是进入后面的阶段，角色专门化通常变得越模糊。在一个关于谁在汽车和家具购买中影响最大的研究中，研究者将家庭购买汽车的决策分为 6 步：①何时购买。②花多少钱。③购买哪个厂家的。④购买哪种型号。⑤购买哪种颜色。⑥在哪里购买。同样，对于家具购买，决策也可分为 6 步：①购买什么家具。②花多少钱。③在哪里买。④何时购买。⑤购买什么式样的家具。⑥购买什么颜色和质地的家具。就汽车的购买而言，在大多数购买决策阶段丈夫都占主导地位，而妻子一般只参与或主导颜色的选择。对于家具的购买则不同，妻子在所有阶段都占主导地位，只有在花多少钱的决策上更多地由丈夫决定。

4. 家庭成员的个人特征

家庭成员的个人特征对家庭购买决策的类型也存在很大的影响。如前所述，一般情况下，夫妻双方谁对家庭的经济贡献大，其在家庭购买决策中的影响力就大。因此，拥有更多经济收入的一方，在家庭购买决策中就拥有更大的影响力。

个人特征的另一个方面是家庭成员的受教育程度。妻子所受教育程度越高，她所参与的重要的家庭购买决策也就越多。美国的一项研究表明，在美国受过大学教育的已婚妇女中，有70%认为她们在选择汽车时有着与丈夫同等的权利，而在只受过高中教育的妇女中，这一比例是56%，在学历不足高中的妇女中，这一比例就更低了，仅为35%。家庭成员的其他个人特征，如年龄、能力、知识等，也都会直接或间接影响其在家庭购买决策中的作用。

5. 家庭成员的介入程度及所购产品特点

不同的家庭成员对特定产品的关心程度或介入程度是不同的。例如，对玩具等儿童用品的购买，孩子们可能特别关心，因此在购买这些产品时他们的影响力可能较大；而对于父亲买什么牌子的剃须刀，母亲买什么样的厨房清洗剂，孩子可能不会特别关心，所以在这些产品的购买上他们的影响力就非常小，或者就没有任何影响力。

家庭购买决策的类型因产品的不同而异。如果某个产品对整个家庭都很重要，且购买风险很高，家庭成员倾向于进行联合型决策；如果产品为某个家庭成员使用，或其购买风险不大，自主型决策相对较多。另外，一些情境因素也会影响购买决策的方式，如当购买产品的时间充裕时，联合型决策出现的可能性增大，而当时间压力较大时，丈夫或妻子主导型以及自主型决策就较为常见。

四、家庭购买决策与营销策略

家庭购买决策与营销策略

针对家庭购买决策的特点，企业要了解不同的家庭成员在购买决策和消费活动中所扮演的角色、相关产品的家庭购买决策程序，以及不同的家庭成员在家庭购买决策中的影响力大小。如果细分市场的目标消费者所处的文化、亚文化不同，或者细分市场的目标消费者处于家庭生命周期的不同阶段，家庭购买决策程序往往是不同的。因此，我们必须在确定的目标市场范围内，对家庭购买决策过程进行分析。具体来说，在每个细分市场内，市场营销者需要对一些问题进行把握：在家庭购买决策的每个阶段，有哪些家庭成员参与？他们的动机和兴趣是什么？制定什么样的市场营销策略能够满足每位参与者需要？

例如，对于新型玩具及零食等产品，儿童往往会参与问题的确认阶段。他们可能会因为注意到玩具包装上带有卡通人物（如海绵宝宝等）而对玩具产生浓厚兴趣，并要求购买该玩具；或者因为注意到其他小朋友在吃某种零食而产生对零食的购买欲望。这时，家长（通常是母亲）可能会因孩子的要求对相关产品产生兴趣，但是，她更倾向于关注玩具的安全性、零食的营养和相关产品的价格。因此，市场营销者在推销商品时，应当向孩子传达一种有趣和使其兴奋的信息，而向父母传达玩具的安全性、零食的营养等方面的信息。对孩子可以通过周末的卡通片或其他适合儿童接触的媒体传递信息，而要与母亲进行沟通，则可以通过杂志广告或包装信息。

在上述分析的基础上，美国消费心理与行为学家霍金斯提出了建立在家庭购买决策过程基础上的营销策略分析框架，如表 9-1 所示。

表 9-1 建立在家庭决策过程基础上的营销策略分析

决策阶段	涉及的家庭成员	家庭成员的动机和兴趣	营销战略与战术
认识问题			
搜集信息			
评价选择			
购买			
使用与消费			
处置			
评价			

本章小结

1. 家庭是消费者个人所归属的最基本团体，对消费者的购买模式具有很大的影响。一般认为，家庭是指建立在婚姻关系、血缘关系和收养关系基础上的接触关系密切、共同生活的社会基本单位。家庭作为社会的基本单位，对人类生存和社会发展所具有的功能是多方面的，能满足人和社会的多种需求。与消费者行为研究关系比较密切的功能主要有经济功能、情感沟通功能、赡养与抚养功能、教育功能或家庭成员的社会化功能。

2. 家庭生命周期是反映一个家庭从组建到解体呈循环运动过程的范畴。家庭从组建开始，随着时间的推移，会经历一系列不同的阶段。在家庭生命周期的不同阶段，家庭的人口结构、年龄结构、关系结构和教育结构等都存在一定的差别，因此，在家庭生命周期的不同阶段，其消费行为也有所不同。一般情况下，消费者的购买与消费活动是以家庭为单位的。在一般家庭作出购买决策的过程中，我们通常可以发现家庭成员主要扮演着倡议者、影响者、决策者、购买者和使用者 5 种主要角色。在个人的购买活动中，这些角色可能是由同一个人担任，但是在家庭的购买活动中，不同的家庭成员往往会担任不同的角色，并有可能一个人担任多个角色。至于家庭中有多少成员担任这些角色，哪些成员担任哪些角色，则要根据家庭的不同和他们所买产品或服务的不同而定。

3. 家庭购买决策是指由两个或两个以上家庭成员直接或间接作出购买决策的过程。家庭购买决策过程，属于一种集体决策，在很多方面与个人独立作出的决策存在一定的差异。

4. 家庭对于不同产品的购买，其购买决策是以什么方式作出的？哪些成员在购买决策中具有较大的影响力？这些是家庭购买决策研究中的一个重要问题。戴维斯（H.Davis）等在比利时做的一个研究识别了家庭购买决策的 4 种方式：妻子主导型、丈夫主导型、自主型和联合型。家庭消费决策倾向是指家庭在进行消费时对不同消费类型的资金投入倾向。家庭作购买决策时究竟会采取哪种决策类型？家庭购买决策类型的选择会受到哪些因素的影响？奎尔斯（W. Qualls）的研究识别了3种影响家庭购买决策的因素：家庭成员对家庭的经济贡献、购买决策对特定家庭成员的重要性以及夫妻性别角色取向。除了上述3种因素以外，家庭所在城市区域中的文化和亚文化、角色专门化的形成、家庭购买决策的具体阶段、家庭成员的个人特征、家庭成员的介入程度及所购产品特点等因素也会对家庭购买决策产生一定的影响。

复习题

1. 家庭与其他社会群体在哪些方面有区别？
2. 什么是家庭生命周期？它包括哪些阶段？
3. 家庭生命周期各阶段的消费特点有哪些？
4. 家庭成员的角色类型有哪些？
5. 影响家庭决策类型的因素有哪些？

案例分析

改变客户购买决策，将成为最具挑战的课题

如果一个营销人员都感动不了自己，那如何去打动客户？营销是一门技术，要用心钻研。首先是理性的思考，其次是感性的表达。它可能是一次冲锋，也可能是一场持久战争，任何成功的营销案例背后，都有操盘手非常清晰的逻辑思维，例如可口可乐主打传统配方，而百事可乐则想尽办法争取年轻一代。在竞争中相互借鉴，相互促进。

在新的经济模式下，从产品生产到传播渠道，一切营销环境都已经发生变化。如何连接更多有效客户，影响客户认知，从而改变客户购买决策，将成为最具挑战的课题。营销是在产品和客户之间架设一座交易的桥梁，一头连接的是客户，另一头连接的是产品，让产品匹配客户，或者找到客户匹配产品，都是同一个营销逻辑。失败的营销，往往是“说就天下无敌，做就有心无力”，再高大上的方案，再系统的策略，如果没有扎扎实实的落地执行，结果必然毫无悬念——竹篮打水一场空！要想改变消费者购买决策，首先要分析好家庭成员在购买过程中扮演的角色。

家具是一种家庭成员长期共同使用的商品，A家庭由于生活并不富裕，家具使用了很多年，有些老旧，家中大女儿参加工作后想为家中更换家具，于是跟其他家庭成员提议。爸爸、妈妈还有弟弟非常赞成，并且就购买家具风格进行了讨论。爸爸、妈妈喜欢中式风格，弟弟喜欢西式风格，经过一番讨论，大女儿决定购买父母喜欢的家具。

讨论题：

案例中各家庭成员在家庭消费决策中扮演着怎样的角色。

第十章 消费者决策过程

学习目标

- 了解消费者购买决策过程的五个阶段；
- 熟悉各个阶段消费者购买的特点及影响因素；
- 掌握营销者在各个阶段的任务及营销策略。

引导案例

阿雯的购车决策过程

阿雯是上海购车潮中一位普通的上班族，35岁，月收入上万元。阿雯周边的朋友与同事纷纷加入了购车者的队伍，看他们在私家车里享受音乐而不必忍受公交车的拥挤与嘈杂，阿雯不自觉地开始动心。另外，她工作地点离家较远，如果交通拥挤，来回在路上的时间要近3个小时。阿雯的购车动机越来越强烈，只是这时的她对车一无所知。

"我拿到驾照，就去买一部1.4排量的A品牌车。"一位MBA同学对A品牌车情有独钟。虽然阿雯也蛮喜欢这一款车的外形，但她不想买，因为她有过不好的体验。那一次是4个女同学上完课，一起坐A品牌车出去吃午饭，回校时车从地下车库开出，上坡时不得不关闭了空调才爬上了高高的坡，这影响了阿雯对A品牌车的热情。

"B品牌车不错。"问周边人的用车体会，都反馈了这样的信息：在差不多的价位上，还是B品牌车好。阿雯的上司恰恰是B品牌车主。阿雯尚未体验驾驶B品牌车的乐趣，但对后排拥挤的印象却已先入为主了。想到自己的先生人高马大，B品牌车的后座不觉成了她"胸口的痛"。不久，一位与阿雯差不多年龄的女邻居买了一辆F品牌车，便自然地向阿雯做了详细介绍。阿雯很快去了专卖店，她被展览厅的车所引。此时的阿雯还不会在意动力、排量、油箱容量等抽象的数据，配合销售人员热情的介绍，令阿雯在这一刻已锁定F品牌车了。阿雯回家征求先生的意见，先生说，为什么放着那么多大品牌不买，偏偏要买小品牌？它在上海的维修和服务网点是否完善？这两个问题马上动摇了阿雯当初的方案。

阿雯不死心，便想问问周边驾车的同事的看法。"F品牌车还可以，但是车壳太薄。"阿雯此时有一种无所适从的感觉。好在"一介书生"的直觉让阿雯关心起了精致的汽车杂志。通过阅读越来越多的试车报告，阿雯开始明确自己的目标了，8万～15万元的价位，众多品牌的车都开始进入阿雯的视野。此时阿雯已对每个厂家生产哪几种品牌，同一品牌不同的排量与配置、基本的价格等都如数家珍。阿雯常用的文件夹开始附上了各款车的排量、最大功率、最大扭矩、极速、市场参考价等数据，甚至包括4S店的配件价格。经过反复比较，阿雯开始锁定K品牌车和D品牌车。

阿雯进入K品牌车的车友论坛。随着对K品牌车论坛的熟悉，她很快发现，费油是K品牌车的最大缺陷。想着几乎是D品牌车两倍的油耗，在将来拥有车时时刻刻要为这油耗花钱，阿雯的心思便又活了。D品牌车精巧、独特、省油，发动机的强劲动力，活灵活现的试车报告，令人忍不住想说"就是它了"。阿雯精心地收集着有关D品牌车的资料，并由此对其印象分不断增加。

经过再三比较，最后阿雯选购了D品牌车。

每天，每个消费者都要面临着各种各样的购买决策。由于购买对象的不同，所需要花费的时间和精力是不一样的，有时几秒、几分钟就可决定购买，有时却要花几个月甚至几年的时间，消费者的介入程度也随之发生变化。但无论消费者的介入程度如何，其中都有一定的规律及特点。消费者的购买决策过程一般可分为 5 个阶段，如图 10-1 所示。

图 10-1 消费者购买决策过程

从图 10-1 可以看出，消费者的购买过程在实际购买前就已经开始，而且延伸到实际购买以后。因此，营销人员应该注意购买过程的各个阶段而不仅仅注意销售。需要强调的是消费者的整个购买决策过程，而不单单是购买决策阶段。

第一节 问题认知

一、问题认知过程

问题认知过程

问题认知是指消费者意识到理想状态与实际状态存在差距，从而需要采取进一步行动。例如，自己想过个愉快的周末，当发觉在周末孤孤单单、心情烦躁时，你会把这当作一个问题看待，因为自己的实际状态（心情烦躁）与理想状态（快乐而充实）之间有差距。作为对此问题的反应，你可以去电影院看电影、去舞厅跳舞、去拜会朋友或干别的能让自己摆脱不良心境的事情。

消费者在意识到某个问题以后，是否会采取行动取决于两个方面的因素：一是理想状态与感知的现实状态之间差距的大小或强度；二是该问题的相对重要性。举例来说，假设某位消费者希望拥有一套 150 平方米的住宅，而现在的住宅面积是 140 平方米。此时，理想状态与现实状态之间存在差距，但差距比较小。如果没有其他促动因素，这一差距可能不会导致消费者采取购买新住宅的决策行动。另外，即使现实状态与理想状态之间存在较大差距，但如果由此引起的问题相对于其他消费问题处于较次要的位置，此时该问题也不一定会进入下一步的决策程序。例如，某位消费者希望拥有的是一台 29 英寸的彩色电视机，而现在使用的是一台 18 英寸的电视机。此时，理想状态与现实状态之间的距离是比较大的，但如果该消费者面临更为紧迫的消费支出，如担负儿子自费上大学的费用，该消费者恐怕只有将购买新电视机的计划暂时搁置起来。

图 10-2 描绘了消费者对问题的认知过程。消费者所追求的生活方式和现在所处的情境决定了他的理想状态和现实状态。理想状态与现实状态是否存在差异、差异的性质及其大小决定了消费者对现实状态是否满意。在不满和喜出望外的情况下，都可能引发问题认知，从而触发进一步的决策活动。

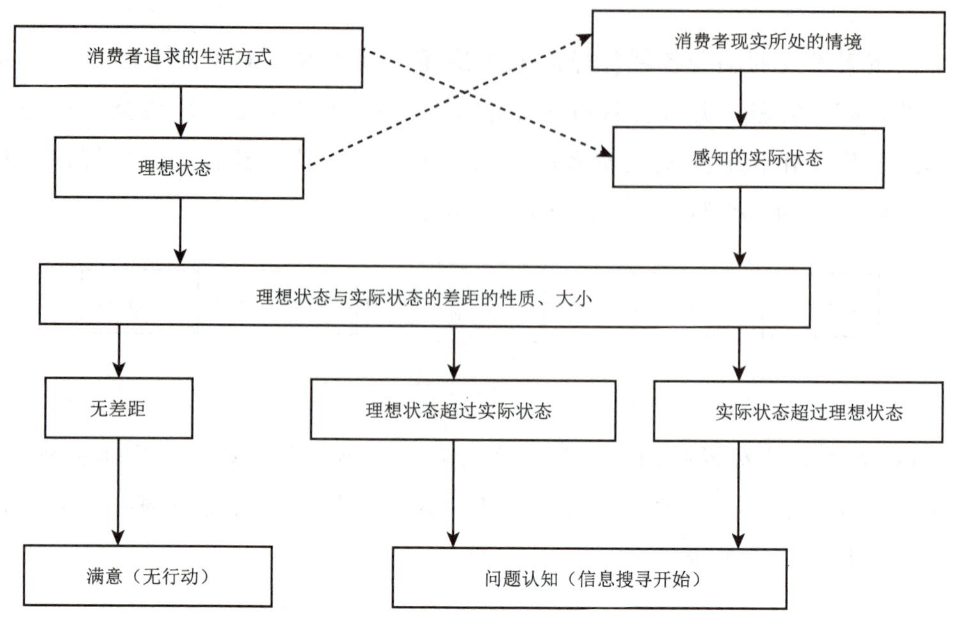

图 10-2　问题认识过程

对于图 10-2，有 3 点需要特别强调。首先，消费者的生活方式和现在所处的情境不仅决定了消费者的理想状态，也决定了他对实际状态的认知。例如，将户外活动作为其生活重要组成部分的消费者，会有频繁参加旅游、登山、滑雪等活动的愿望，高山上的积雪、海边宜人的气候会使他们的这类愿望更加强烈。受现实资源条件的约束，有这类愿望的消费者不一定都能美梦成真。此外，当前状况，如孩子生了病、手头一个项目即将交付等，均会对消费者如何认识其所处的实际状态产生重要影响。其次，导致问题认知的是消费者对实际状态的感知或认识，而并非客观的现实状态。最后，实际状态超越理想状态也会激发或导致问题认知。参加了一个周末舞会，你的激奋状态超过原来的预期，这可能导致你对周末不能老待在家里看书或看电视的认识。

二、影响问题认知的因素

如前所述，消费者的理想状态与实际状态之间的差距是产生问题认知的必要条件。因此，凡影响消费者的理想状态与实际状态的因素均会影响消费者对问题的认知。这些影响因素包括以下几个。

1. 时间

时间的流逝本身就是激发需要和问题认知的一个重要因素。从上次用餐到现在的时间越长，你就会越发意识到去饭堂用餐或到商店买些食品这一问题的迫切性。在上述情况下，时间直接作用于现实状态使之逐步偏离理想状态，从而引发问题认知。时间也可以以间接方式影响理想状态。随着年龄的增长，消费者的趣味和价值观会发生变化，这反过来会影响消费者的理想状态。很多人在年轻时喜欢蓄长发，但步入中年后头发刚刚触及耳边就要去理发店理发。

2. 产品消费

产品的实际消费也会引发问题认知。很多情形下，消费者意识到某一购买问题仅仅是由于产品已经或即将用完，如电池快用尽了，油、盐快用完了，均会促动消费者去购买这些产品。消费过程中的愉快体验，如一次令人难忘的郊游，会激起下次邀朋友或家人前往同一地点或附近其他地方郊游的打算。

3. 不满意

对现有的东西不再满意也会引发问题认知。如衣服旧了，或者款式不合潮流了，要买新的；对过去买的普通电视机不满意了，要换台液晶彩电等。

4. 新产品的需求

社会在不断地进步，技术在不断地发展，新产品不断地涌现。看到丰富多彩的消费品，消费者会产生强烈的购买欲望。当新的一款手机出现时，消费者了解了它的主要功能，就会产生新的购买欲望。

5. 配套产品

当拥有了一件商品时，为了更好地实现其使用价值，消费者就会产生对其配套产品的需求。例如，消费者买了西服就要买领带、衬衫、皮鞋和皮包等配套产品，买了计算机要买打印机、扫描仪等配套设备。

6. 环境的变化

一个人生活环境的变化会激起许多新的需要。很多刚毕业的大学生在走上工作岗位以后，会发现需要添置许多新衣服。平时在大学校园里十分得体的那些服装，在新的环境里会变得不协调和使人感到不适合。同样，家庭的变化也会激发问题认知。比如新婚夫妇要买家具、室内装饰品，孩子的出生会要求添置新的衣服、购买新的家具和对房间作出新的布置。

在此阶段，营销人员的任务是搞清楚引起消费者问题认知的因素。可以通过消费者调研来回答如下问题：所引起的是哪种需求？这种需求由何而生？这些需求是如何把消费者引向购买某一特定产品的？除此之外，营销人员还必须注意两点：①了解与本企业产品的销售有实际和潜在关系的驱动力，即是什么原因驱使消费者来买本公司的产品；②消费者对某产品的需要程度会随时间而变化。也许某种诱因使需求变得更强烈，也许会变得更淡漠。掌握了这些情况，营销者就可以在适当的时间用适当的策略，设计诱因，增强刺激，唤起需求，最终影响人们采取购买行动。

第二节　信息搜集

当消费者察觉到能够通过购买和消费产品来满足需求时，信息搜集就开始了。对过去经验的回忆，能够给消费者提供充足的信息，帮助其作出现在的选择。另外，当消费者没有购买经验时，就可能要参与对广泛的外部环境的搜索，以便寻找到对作出决策有用的信息。

一、消费者的信息来源

（1）个人来源：主要指从家庭成员、朋友、邻居及熟人那里获得有关购买的信息。

（2）商业来源：指通过广告、推销员、经销商、包装、展览的方式获得有关购买的信息。

（3）公共来源：从大众传播媒体、消费者评审组织那儿获得有关购买的信息。

（4）经验来源：指消费者直接使用该产品得到的经验。

以上这些信息来源的影响随着产品的类别和购买者特征而变化。一般来说，就某一产品而言，消费者最多的信息来源是商业来源，即营销人员所控制的来源。另外，最有效的信息展现来自个人来源。不同信息来源对于购买决策的影响会起到不同的作用。商业信息一般起到通知的作用，个人信息来源起到对作出购买决定是否合理或评价的作用。

二、信息搜集过程中的影响因素

消费者信息搜集过程中，会受到一系列因素的影响。对于一些产品和服务而言，消费者可能会根据已有的经验来判断采取何种购买行为，例如，高尔夫选手总是会购买一套“更好的”高尔夫球具，或者有些购买本身就是可以判断的，因此不需要着急作出决定。

三、信息搜集过程中的品牌考虑

信息搜集过程中的品牌考虑

通过信息搜集，消费者熟悉了市场上的一些竞争品牌和特征。如图 10-3 左边第一个方框表示消费者可能得到的全部品牌，而某个消费者只熟悉整批品牌中的一部分，这就构成了知晓品牌组。在知晓品牌组中，只有某些品牌能适应最初的购买标准，这便是可供考虑的品牌组。当消费者收集了这类品牌的大量信息之后，只有少数品牌被作为重点选择，这些被重点考虑的品牌集合形成了选择品牌组。最后消费者根据自己经历的决策评价过程，从选择组中作出最后决策。

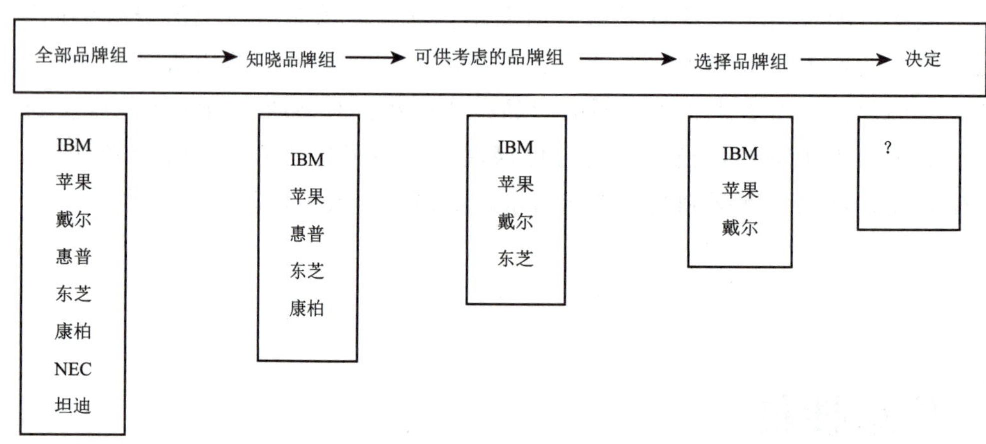

图 10-3　消费者决策过程中相继考虑的品牌

图 10-3 表明，公司必须有战略地使它的品牌进入潜在顾客的知晓的品牌组、可供考虑的品牌组和选择的品牌组。公司应该深入研究有哪些其他的品牌留在消费者的选择品牌组中，以便制订具有竞争吸引力的计划。另外，营销者应该对消费者的信息来源加以识别，并评价它的相关重要性。同时，还应该询问消费者最初听到有关品牌信息时有什么感觉，以后又得到什么信息，以及各种信息来源的重要性等。这些答案将会帮助公司为目标市场准备有效的传播计划。

四、信息超载和消费者反应

信息超载是消费者作出“什么也不做”决定的另外一个原因。对于消费者来说，选择和信息的超载会导致困惑，从而导致放弃购买，延期购买，寻找更多信息或者让其他人代买。图 10-4 显示了消费者困惑的基本模型。消费者困惑被定义为“消费者无法在信息获取过程中对产品或服务的各个方面作出正确的评价”。近期一项基于互联网的大规模定制研究（研究计算机制造商所具有的提供个性化定制服务的能力，例如计算机制造商网站首页所提供的大量可能配置）认为，互联网经销商应该向消费者提供默认配置，这样能够帮助他们面对配置超载问题。其他减少困惑的方法还包括提供之前购买商品的可靠证书等。

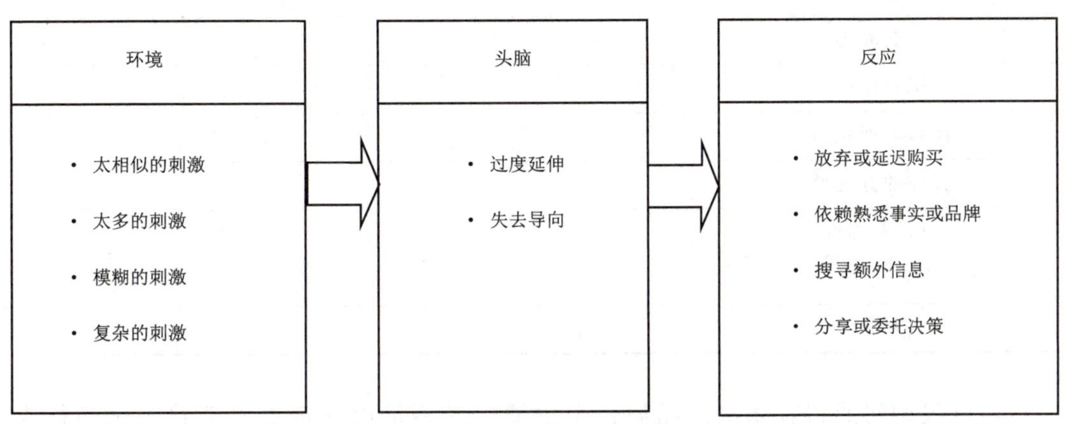

图 10-4　信息超载下的消费者反应

第三节　备选方案的评估

一、分析产品属性和确定评价标准的重要性程度

产品属性是指产品所具有的能够满足消费者需要的特性。消费者一般将某一种产品看成一系列属性的集合。对一些不同的产品，他们关心的属性有些差异。如照相机：照片清晰度、摄影速度、相机大小、价格；旅馆：位置、清洁度、气氛、费用；漱口液：颜色、效力、杀菌能力、价格、味道；服装：式样、颜色、面料、价格、做工；流行性计算机：信息储存量、图像显示能力、软件适用性。

一旦了解消费者所采用的评价标准，接下来要确定的是各种评价标准的相对权数，即建立产品属性等级。对于某一具体的购买，如购买个人计算机，不同消费者赋予同一产品属性的权数是不一样的。有的最看重质量，有的最看重价格，有的则十分注重某些特殊的功能。表 10-1 描述了计算机和网络领域泰斗戴夫对个人计算机主要评价标准所赋予的重要权数。从表 10-1 中可以看出，戴夫对存储能力有较高要求，同时对运行速度也比较敏感。

确定各评价标准的相对重要性，既可以采用直接测量法，也可以采用间接测量法，表10-1中采用的是使用十分普遍的一种直接测量方法——恒和量度法（constant sum scale）。该方法要求消费者根据每种产品属性的相对重要性赋予其相对的权数，并使权数之和为100。目前，确定重要权数最流行的间接测量方法是相关分析法（conjoint analysis）。该方法要求消费者对具有相同属性但不同水平的一系列产品作出整体偏好评价，然后对数据进行分析，得出各种属性及各种水平的相对重要性。

表10-1　戴夫购买个人计算机时的评价标准及重要权数

评价标准	重要权数
大小与重量	10
价格	5
存储能力	20
运行速度	20
图像处理能力	15
操作的方便性	15
软件兼容性	10
售后服务	5
总分	100

应当指出，仅仅询问消费者哪些产品属性最重要，尚不足以确定决定消费者选择行为的真正因素。例如，在选择乘坐哪一家航空公司的飞机时，安全无疑是最重要的考虑因素，但如果消费者认为各家航空公司在这一属性上并无本质差异，此时决定其选择行为的可能并非安全属性而是其他因素。因此，采用直接方法询问消费者时最好分两步走。首先是询问消费者在购买决策时考虑哪些重要因素，接下来再询问不同品牌之间在哪些因素上差异不大、哪些因素上存在显著差异。表10-2提供了运用该方法的一个实际例子，表中数据来自对美国一个小城市的银行新储户的调查。

表10-2　银行客户的评价标准与选择行为的决定因素

A. 银行属性重要性评价	
属性	平均评价值
服务速度与效率	4.44
银行职员的友好态度	4.39
信用的可获性	4.07
营业时间长短	4.06
“全面服务”的提供	3.96
支票账户的服务率	3.86
银行的位置	3.76
支票账户透支优待	3.42
朋友或亲戚的推荐	3.26

表续

A. 银行属性重要性评价	
24 小时自动柜员机	3. 09
停车的方便性	3. 09
收费卡的可获性	2. 61

· 量度值介于 1 和 5 之间。1＝根本不重要，5＝极为重要

B. 银行属性差异性评价	
属性	平均评价值
朋友或亲戚的推荐	2. 66
银行职员的友好态度	2. 54
支票账户透支优待	2. 43
信用的可获性	2. 40
24 小时自动柜员机	2. 35
支票账户的服务费	2. 36
停车的方便性	2. 36
服务速度与效率	2. 34
银行的位置	2. 27
“全面服务” 的提供	2. 17
收费卡的可获性	2. 10
营业时间长短	1. 91

· · 量度值介于 1 和 4 之间。1＝非常相似，4＝极为不同

C. 选择行为的决定属性排序	
属性	平均评价值
平均评价值	
银行职员的友好态度	11. 5
服务速度与效率	10. 39
信用的可获性	9. 77
支票账户的服务率	9. 11
朋友或亲戚的推荐	8. 67
“全面服务” 的提供	8. 59
银行的位置	8. 54
支票账户透支优待	8. 31
营业时间长短	7. 75
24 小时自动柜员机	7. 32

表续

C. 选择行为的决定属性排序	
停车的方便性	7. 29
收费卡的可获性	5. 48

· · · 决定分值＝平均重要性评价值×平均差异性评价值

表 10-2 的结果表明，虽然某些属性如银行的营业时间非常重要，但消费者认为不同银行在这些方面差别很小，因此，这些因素并非选择银行的决定因素。某些属性如支票账户的透支优待，虽然各银行在规定上有很大不同，但它们对消费者选择在哪家银行开户影响也很小。只有那些被大多数消费者视为非常重要、同时各家银行又存在差别的属性，如员工的友好态度、信用的可获性等才是选择的决定性因素。

二、确定评估产品各属性的绩效值

消费者会根据各品牌的属性及各属性的参数，建立起对各个品牌的不同信念。如果以 10 分为满分，戴夫对个人计算机的各个属性给予打分，如表 10-3 所示。

表 10-3　戴夫购买个人计算机时的评价标准和绩效值

	戴尔	宏基	惠普	微星
大小与重量	10	9	6	4
价格	4	3	5	3
存储能力	8	9	8	7
运行速度	6	8	10	8
图像处理能力	7	8	6	7
操作的方便性	6	7	6	7
软件兼容性	5	6	6	6
售后服务	7	8	7	7

对于较为复杂的评价标准，一般消费者是很难就其绩效水平作出直接判断的。例如，对于汽车的质量、耐用性等难以直接观察的属性，普通消费者在进行比较、选择时，可能并不具备判断、评价的技能和知识。此时，消费者可能会借助制造商的声望、价格、汽车坐垫的舒适程度等一类替代性指标作出推断。这些可被消费者觉察且能用来指示或判断另一类不易观察属性的属性，被称为替代指示器。常用来判断产品质量的替代指示器有价格、品牌、原产地和保证。另外，包装、色彩、样式也会影响消费者对质量的知觉。

消费者使用替代指示器是基于如下信念：两个属性如价格水平和质量水平通常是关联的或“匹配”的。调查发现，很多消费者认为，轻和坚固、味道好和热量低、高纤维和高蛋白质是不会共存的。企业如果试图同时传递两个被消费者视为互斥的信息，一般情况下是很难成功的。所以，企业在传递信息时，一定要对消费者关于产品各属性之间具有何种联系有充分了解。

第四节　购买决策

在评价阶段，消费者会在选择组的各种品牌之间形成一种偏好。消费者也可能形成某种购买意图，即偏向购买他们喜爱的品牌。然而，在购买意图与购买决策之间，有两种因素会相互作用。

一、从购买意向到实际的购买

从购买意向到实际的购买

对于复杂购买或介入程度很高的购买，消费者将按照前面介绍的决策程序搜集信息并对备选品进行评价、比较，在此基础上形成对某一品牌的购买意向。然而，在形成购买意向之后，消费者不一定马上采取购买行动。他可能会做一些购买准备工作，如决定到哪个商店购买、筹集资金、决定购置哪些配套的产品等。总之，形成购买意向与采取购买行动之间有一段时滞。一般来说，在购买意向形成之后有 3 类因素影响消费者的最终购买。图 10-5 列出了这些因素。

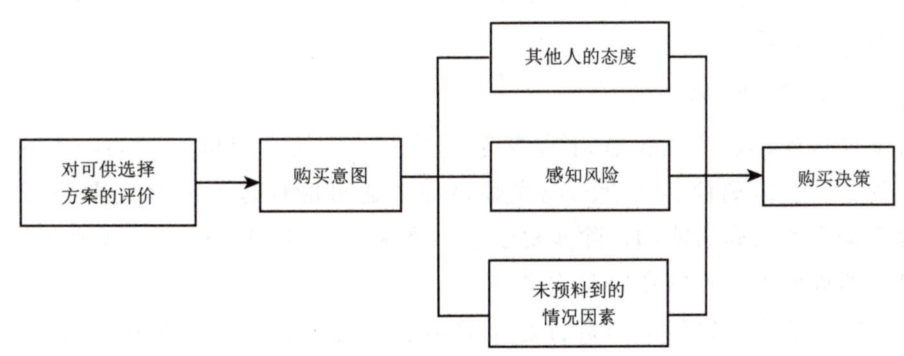

图 10-5　对可供选择方案的评价和购买决策之间的步骤

1. 其他人的态度

另一些人的态度，会影响消费者对一个品牌的喜爱程度。其程度主要取决于 3 个要素：①他人否定态度的强烈程度。否定态度越强烈，影响力越大。②他人与消费者的关系。关系越密切，影响力越大。③他人的权威性。此人对产品的专业知识了解越多，对产品的鉴赏力越强，则影响力越大。由于许多产品具有在他人面前自我表现的作用，因而人们在购买时会更加在意他人的看法。他人看法与消费者意见相悖，将会导致消费者犹豫不决，很难在短期内作出购买决策，甚至会放弃购买意图。其他人的态度影响购买的例子如下：

酒吧常客所选人头马往往集中在两三个品牌内，其中轩尼诗公司（Hennessy）认为品牌的选择会受女招待的影响。因此，最近在新加坡的促销中，轩尼诗酒瓶附以封签，它可以赢得钻石首饰。公司寄希望于女招待能影响客人选择轩尼诗，因为她们希望客人会将赢得的钻石赠给她们。这是很有可能的，因为客人常常有固定的女招待，他们与这些女招待有密切关系，因而常送礼物给她们。

2. 感知风险

一般而言，购买风险越大，消费者可采取最后购买行为的疑虑就越多，或者对购买就更谨慎。这样，就更容易受他人态度和其他外部因素的干扰和影响。

消费者修正、推迟或者回避作出某一购买决定受到可认知风险的重大影响。可觉察风险的大小随着冒这一风险所支付的货币数量、不确定属性的比例以及消费者的自信程度而变化。消费者为避免风险而采取了某些常用的办法，诸如：回避作出购买决定；从朋友处收集信息；喜欢全国性品牌和有保证的产品。营销者必须了解消费者有风险感觉的这些因素，为他们提供信息及帮助以减少那些可察觉的风险。

3. 未预期到的情况因素

某些突发事件可能会改变购买意图，如收入、预期价格、预期质量、预期服务等。甚至，购买意图都不能作为购买行为的可靠预测因素。

决定实施某项购买意图的消费者作出 5 种购买决策：品牌决策、卖主决策、数量决策、时间决策、支付方式决策。当然对日用品的购买，相比之下较少涉及这些因素，而且也不做慎重购买。例如，在购买食盐时，消费者几乎不考虑谁是出售方或使用什么支付方式。

二、店铺的选择

在消费者作出购买决策后，店铺选择是购买过程中非常重要的一环。目前，消费者能够选择的店铺有实体店铺和线上店铺。

1. 影响实体店铺选择的因素

（1）商店的位置与规模。商店位置对消费者是否和在多长时间里光顾某一商店具有重要影响。一般来说，消费者的居住地离商店越近，他光顾该商店的可能性越大，反之则越小。同样，商店的规模也影响消费者是否到该商店购物。除非对快速服务和方便特别在意，在其他条件相同的情况下，消费者通常更愿意到规模大一点的商店购物。

（2）商店的形象。商店形象是指消费者基于对商店的各种属性的认识所形成的关于该商店的总体印象。这种印象的获得不仅来自消费者对商店的功能性特征，如价格、方便性和商品选择范围的感知，也来自他对非功能性特征，如建筑物、商店内部装修、气味、广告灯的感觉与体验。表 10-4 列出了构成商店形象的 9 个层面及每个层面所包含的具体内容。例如，商品这一层面需考虑品质、选择范围、式样和价格，而服务层面则包括信贷、送货、销售人员等。

表 10-4　商店形象的构成层面及具体内容

构成层面	每个层面的构成内容
商品	品质、选择范围、式样、价格
服务	分期付款计划、销售人员、退货、信用、送货
主顾	顾客类型
硬件设施	洁净、商店布局、购物便利、吸引力
方便性	店铺位置、停车条件
促销	广告、人员推销、公共关系、销售促进
店堂内的气氛	温馨、有趣、兴奋、舒适
机构	声誉
交易后感受	满意

由于构成商店形象的组成成分多而复杂，消费者对每个组成成分的感知又不是完全由被感知对象的实际状况决定的，所以，不管商店自身是否有意识地塑造其形象，消费者都会逐步形成关于该商店的总体印象。最近的研究还发现，消费者构建商店形象所运用的店铺属性还因形象构成成分的不同而异。例如，品牌名是形成产品品质印象最重要的线索，而每个柜台营业员的数目似乎对服务品质的感知具有最大的影响。

对零售商来说，重要的是衡量消费者对其店铺的感知或总体印象。如果消费者运用的店铺选择标准能够被识别，零售商就能够据此确定消费者在哪些重要的标准上是如何评价该商店的。这样，就可以考虑强化或改变商店形象的策略。

应当指出，不仅单个商店具有形象，不同类型的商店如百货店、折扣店、二手店，以及不同的商业区和购物方式（如邮寄购物、电话购物）均有其各自的形象。因此，零售商不仅要关注其店铺形象，而且还应关注其所在的商业区域的形象。

（3）零售店广告。很多零售商运用广告向消费者传递店铺特性尤其是促销价格方面的信息，目的是吸引顾客进店购买。一项涉及报纸广告的调查发现，零售广告的影响随产品类别而异。例如，由于受机油广告吸引而进店的消费者中，88%的人购买了广告中的机油产品，而在受服装广告吸引而进店的消费者中，这一比例只有16%。整体而言，由于受零售广告吸引而进店的消费者，约有50%的人会购买广告中的产品。

2. 影响网上购物的因素

虽然大多数购买发生在商店内，但研究显示，日益增多的购物活动在消费者家里进行。这一类在家里发生的购物或购买活动被称为非店铺购买或直接营销。非店铺购买包括电视购物、电话购物、目录购物、上门推销、直接邮寄、网上购物等。目前，在电子商务的影响下，网上购物成为非店铺购买的主要形式。影响网上购物的因素如下：

（1）消费者受传统的购物观念束缚。网上购物缺少身体多种感官知觉的参与和协调，消费者体会不到真实的环境气氛，触摸不到商品的质地，长期形成的"眼看、手摸、耳听"的购物习惯使消费者不愿意接受网上虚拟购物这种消费形式。

（2）隐私权得不到保证。随着电子商务的兴起，商家不仅要抢夺已有的网上客户，还要挖掘潜在的客户，于是人们在网上的各种活动都被不知不觉地记录下来，汽车商可能知道客户什么时间需要更换汽车，银行可能知道客户需要什么样的贷款。隐私权得不到保障，使消费者不愿或尽量少参与网上购物。

（3）网络的可靠性和安全性。目前人们普遍认为影响网上购物的主要因素是网络的可靠性和安全性。网络的可靠性、安全性是指数据存取的安全、通信的安全、操作权限的安全以及在意外情况下正常工作的能力。网上购物的支付方式主要包括密码支付、指纹支付、刷脸支付等。支付方式越来越便捷，安全风险也越来越高。因此，消费者担心自己的账户或密码被盗。消费者选择网上购物面临的安全威胁有：①虚假订单。假冒者会利用消费者的名字来订购商品，而真正的消费者却被要求付款或返还商品；②机密性丧失。在支付过程中，消费者的个人资料和银行卡密码可能会被窃取盗用；③信用体系不健全。消费者对网上的信息并不完全信任，担心付款后收不到货物。

（4）产品的类型和特点。消费者是否在网上进行购买还取决于产品的类型、风险的大小。一般而言，产品类型决定了网上购买风险的大小。在网上购买书籍等低价商品被认为是风险比较小的，人们在谈论网络优势时，把亚马逊书店的成功当作一个经典的案例，认为传统的名牌培育需要很长的时间，而现代商务模式下的名牌可以迅速铸就，亚马逊成功的重要原因就在于产品的类型。如果从网上购买高价商品，消费者的潜在风险就非常大。

(5) 企业形象。企业形象是企业通过外部特征和经营实力表现出来的被消费者和公众认同的企业总体形象。企业的知名度、信誉度、美誉度是传统营销模式下的企业资产，在网络营销环境下同样如此，它们对消费者的购买行为同样产生重要影响。一般而言，消费者比较倾向于购买传统企业的名牌产品，主要是因为消费者认为这些企业的信誉较好。

第五节 购后行为

一、购后使用和处置

消费者在购买所需商品或服务之后，会进入使用过程以满足需要。有时只是一个直接消耗行为，如喝饮料、看演出等；有时则是一个长久的过程，如家电和家具等耐用消费品的使用。营销人员应当关注消费者如何使用和处置产品，如图 10-6 所示。

如果消费者将产品搁置一边几乎不用，那它就是一种不太令人满意的产品，消费者对产品的口头传播也不会强烈。如果他们将产品出售或交换，那么就会阻碍公司新产品的销售。如果消费者对一个产品发现了新用途，营销者就应该用广告来宣传这种用途。

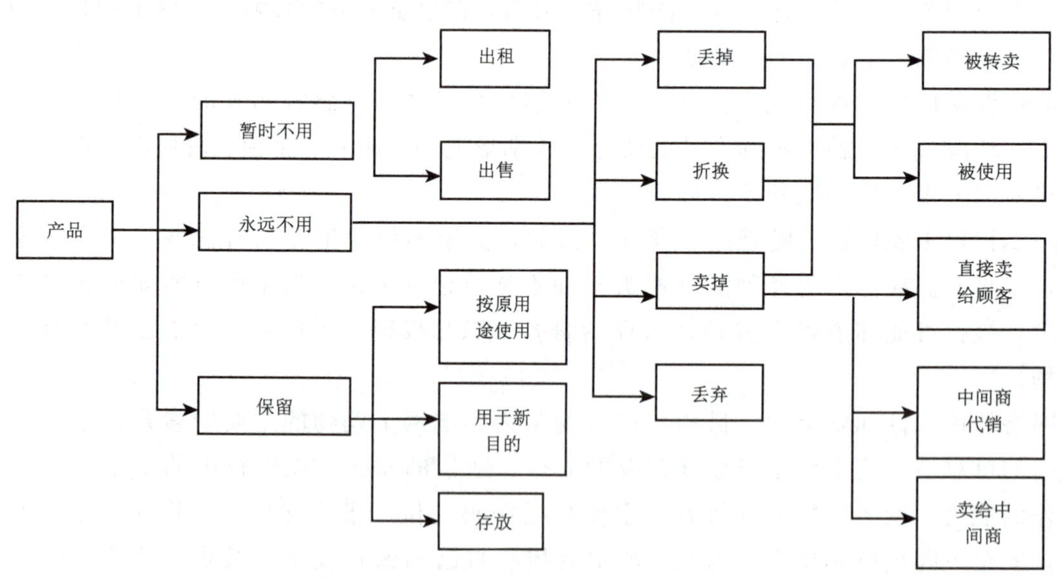

图 10-6　消费者对产品的使用和处置

比如雅芳（Avon），许多年来，雅芳公司的顾客布满全球，它的肤舒软沐浴油和保湿液是可以驱虫的。有些消费者用这种有香气的沐浴油，但另一些则放在他们的后背包里驱蚊，或放在沙滩房屋的木板上，把瓶盖打开。现在，经过环境保护机构的批准，雅芳推出了有三重功能的肤舒软保湿防晒产品，以及驱虫和保湿的 SPF15 防晒油。乔·格林（Joey Green）是一位写了 5 本关于日常用品在居家生活中怎样被利用到特殊用途的作者，他发现肤舒软沐浴油可以用来去除门上的黏胶。

如果消费者要丢掉产品，营销者应了解他们是怎样丢掉它的，特别是会造成环境污染的产品（如饮料容器和一次性尿布）。由于再利用公共意识的增强、经济上的考虑和消费者抱怨把美丽的瓶子丢掉太可惜，法国香水制造商罗加斯在设想引进一条香水重灌生产线。

需要指出的是，消费者经常会在经过整个购买决策过程后，决定不购买或者不转换品牌和服务。事实上，近期有一项关于面对当前服务提供者（如银行、电力公司、牙科医生）"消费者为什么停留"的研究。研究发现，原因伴随着服务种类和文化的不同而不同。服务提供者被分为 3 类：高接触型提供定制的个人服务（如机车修理工、健美中心）、中等接触型和标准化非个人服务（如电话、网络服务提供商、手机）。提供服务者种类不同，消费者停留的原因不同。新西兰和中国消费者表示的原因也不相同。

二、消费者满意与不满

1. 消费者满意与不满的形成过程

消费者在使用产品时，尤其在尝试性购买的情况下，通过产品性能同自身期望之间的差距来评价产品。这样的评价会产生 3 种可能的结果：

（1）实际情况与消费者的预期相匹配，消费者持中立态度；

（2）实际超出预期，导致消费者满意；

（3）实际低于预期，结果是与积极性预期不匹配以及消费者不满意。

在这 3 种情况中，消费者的预期同满意度紧密相连。也就是说，在进行购后评价时，消费者倾向于通过预期判断他们的购买经验。如图 10-7 所示。

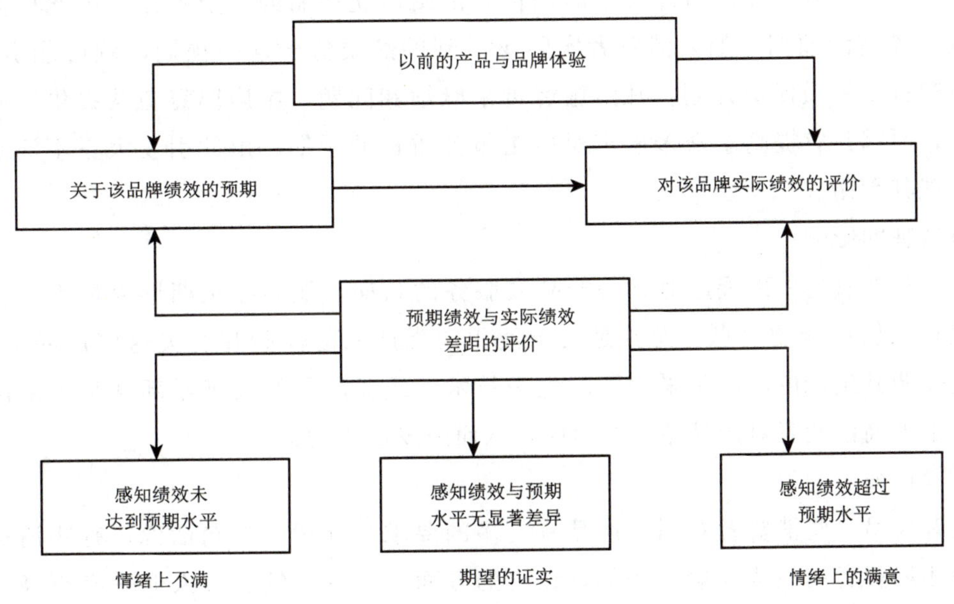

图 10-7　消费者满意与不满的形成

由于期望的绩效水平与实际绩效是消费者满意与否的主要决定因素，因此，企业应对产品和服务的绩效予以了解。一项关于消费者转换服务提供商的原因的研究表明，绝大多数消费者不会从一个满意的服务商转向更好的服务商，相反，他们转换服务商是因为现有服务商不能令他们满意。

对于很多产品，绩效包括两个层面：工具性绩效和象征性绩效。工具性绩效与产品的物理功能的正常发挥有关，象征性绩效与审美或形象强化有关。运动衣的耐用性属于工具性绩效，而它的款式、颜色则是象征性绩效。评价一个产品时，是工具性绩效还是象征性绩效更重要呢？这一问题的答案无疑随产品类别和消费者群体的不同而异。

然而，一项关于服装的研究，对了解这两种绩效如何相互作用提供了帮助。服装有五大主要功能：保护身体免受环境伤害、增强对异性的吸引、审美与感官满足、身份与地位的标志、自我形象的延伸。除了保护作用外，其余功能都属于象征性绩效范畴。然而，通过对退回的衣服、购买抱怨和被扔掉的衣服的研究，人们发现，服装的物理缺陷是导致消费者不满的主要原因。另一项关于期望绩效、实际绩效与购买满意之关系的研究，得出了以下一般性结论："不满意由工具性绩效令人失望造成，而完全满意同时要求象征性绩效达到或超过期望水平。"虽然这一结论不一定能推广到服装以外的其他类别的产品上，但它却提醒企业，应将导致不满的属性绩效保持在最低期望水平，同时尽量将导致满意的属性绩效保持在最高水平。

2. 影响消费者满意的因素

（1）产品因素

消费者过去对产品的体验、产品的价格、产品的外部特征均会影响消费者对产品的预期。如果本产品较竞争品价格高，过去体验和口碑均好，消费者自然会期待该产品满足较高的绩效与品质标准。

（2）促销因素

企业如何宣传其产品，用什么样的方式与消费者沟通，也会影响消费者对产品的预期。例如，企业在广告中大力宣传其产品的可靠性、耐用性，试图树立产品的优质形象，由此可能使消费者对产品品质产生比较高的预期。如果消费者实际感受到的品质低于这一预期，就可能引起不满情绪。美国一家旅馆曾推出一项促销计划：凡给旅客带来麻烦和问题，旅店愿意免费提供一晚的住宿。这一计划失败了，原因是它提高了众多旅客对旅馆服务质量的预期，由此引发大量不满意的旅客，致使旅店无法兑现其承诺。

（3）竞争品牌的影响

消费者并不是在真空中发展起对某一产品或服务的预期，他们在预期形成过程中会充分利用过去的经验和现有一切可能的信息，尤其是关于使用同类产品的体验和有关这些产品的信息。目前，国内一些企业强调其生产的产品是采用国际先进技术，或者产品的关键零部件是由某国外厂商提供的，其目的在于提高消费者对产品品质的预期，从而激发试用的欲望。

（4）消费者特征

一些消费者较另一些消费者对同一产品有更多的要求与期望。换句话说，有些消费者对产品较为挑剔，另一些消费者则较为宽容。例如，在吃的方面，南方人较北方人似乎有更高的期待；在穿的方面，女性较男性似乎更为讲究和有更高的要求。

（5）产品的品质与功效

产品的实际表现与消费者对产品的认知在很多情况下是一致的，但有时也存在不一致的情况，因为除了产品的实际功效与品质外，还有一些其他因素影响消费者的认知。然而，在一般情况下，消费者对产品的认知是以产品的实际品质为基础的。如果产品货真价实，那么，不管原来预期如何，消费者迟早会调整其预期，逐步对产品产生满意感。相反，如果产品实际品质很差，即使原来对产品质量不能确定，一旦买到了质量很差的廉价品，仍会表达其抱怨和不满。

（6）消费者对产品的态度和情感

基于过去经验形成的态度和情感，对消费者评价产品有很大的影响。消费者对产品的评价并不完全以客观的认知因素为基础，而带有一定的情感色彩。所谓“爱屋及乌”“晕轮效应”等，都反映了态度因素对主体判断、评价和认识事物所产生的影响。

（7）对交易是否公平的感知

消费者对产品是否满意，不仅取决于对产品预期与实际功效的比较，还取决于消费者认为交易是否公平合理。一旦消费者认为自己是受剥夺或受“剥削”的一方，心理就会不平衡，从而导致不满情绪的产生。消费者对“公平”的感知，与消费者所处的文化背景、所受的教育程度以及消费者的价值观念等多种因素有关。

3. 消费者不满情绪的表达方式

消费者表达不满的方式一般有以下几种：

（1）自认倒霉，不采取外显的抱怨行为。消费者之所以在存在不满情绪的情况下，采取忍让、克制态度，主要原因是他认为采取抱怨行动需要花费时间、精力，所得的结果往往不足以补偿其付出。很多消费者在购得不满意的产品后，未见其采取任何行动，大多恐怕是抱有这种“抱怨也无济于事”的态度。尽管如此，消费者对品牌或店铺的印象与态度显然发生了变化。换句话说，不采取行动并不意味着消费者对企业行为方式的默许，这一点企业也应当谨记。

（2）采取私下行动。比如转换品牌；停止光顾某一商店：将自己不好的体验告诉熟人和朋友，使朋友或家人确信选择某一品牌或光顾某一商店是不明智之举。

（3）直接对零售商或制造商提出抱怨，要求补偿或补救。如打电话或直接找销售人员或销售经理进行交涉，要求解决问题。

（4）要求第三方予以谴责或干预。比如向地方新闻媒体写抱怨信，诉说自己的不愉快经历；要求政府行政机构或消费者组织出面干预，以维护自己的权益；对有关制造商或零售商提出法律诉讼等。

4. 消费者满意的表达方式

如前所述，不满的顾客不大可能继续使用同一品牌，而且很可能向同事、亲友表达不满。相反，满意的顾客则可能向他人推荐产品，重复选择产品甚至形成品牌忠诚。

（1）向他人推荐产品。在“购买行为的决策阶段”中曾经介绍过，消费者获得信息的来源分为内部信息和外部信息，而个人来源是外部信息获得的主要来源。个人来源包括家庭、朋友、邻居、熟人。在消费者购买某一产品或服务且满意的情况下，他就会向他的家人、朋友、邻居和熟人推荐此产品，成为产品信息传播的渠道。

（2）重复购买。在满意的顾客中，相当大的一部分可能成为重复购买者。重复购买是指在相当长的时间内选择一个品牌或极少几个品牌的人。重复购买者可分为两种类型：习惯型购买者和忠诚型购买者。前者重复购买某种产品是由于习惯，或者他们购物的地方没有更好的备选品，或该品牌是最便宜的。忠诚型购买者则是对某种产品或某个品牌产生了一种特别偏好，甚至形成了情感上的依赖，从而在相当长的时期内重复选择该品牌。

（3）品牌忠诚。重复购买者中，有相当一部分对某一产品或品牌产生了忠诚。所谓品牌忠诚，是消费者对某一品牌形成偏好、试图重复选择该品牌的倾向。理解品牌忠诚应把握以下几点：①品牌忠诚是一种非随意性的购买行为反应，偶然性连续选择某一品牌，不能视为品牌忠诚。②消费者在长时间内对某一品牌表现出强烈的偏好，并将这种偏好转化为购买行动或购买努力。单纯口头上的偏好表示，不能作为确定品牌忠诚的依据。这同时也意味着，确定消费者对某一品牌是否忠诚，仅凭通常采用的问卷法是不够的，历史数据才是衡量它的基础。③品牌忠诚是某个决策单位如家庭或个人的行为。④品牌忠诚可能涉及消费者选择域中的一个品牌，也可能涉及一个以上品牌。当然，在同一产品领域，消费者选择的品牌越多，其品牌忠诚程度越低。⑤品牌忠诚是决策、评价等心理活动的结果。

本章小结

1. 问题认知是指消费者意识到理想状态与实际状态存在差距，从而需要采取进一步行动。影响问题认知的非营销因素很多，主要有时间和环境的变化、产品获取与消费、个体差异、不满意与配套产品等。

2. 当消费者察觉到能够通过购买和消费产品来满足需求时，信息搜集就开始了。消费者的信息来源有个人来源、商业来源、公共来源、经验来源。

3. 信息搜集过程还会受到产品、环境、相关的价值、消费者本身的影响。信息搜集过程中关于品牌的考虑顺序如下：全部品牌、知晓品牌、可供考虑的品牌、选择品牌、决定品牌。

4. 在搜集信息的基础上，消费者将采用一定的评价标准对他所考虑到的备选品进行评价和比较。消费者采用的评价标准有时比较多，有时比较少，而且各评价标准的相对重要性也不一样。在运用评价标准对各备选品作出评价后，消费者将运用一定的选择规则从中选择他认为合适的产品或品牌。常用的选择规则有5种，即连接式规则、重点选择规则、按序排除规则、编纂式规则和补偿性规则。一旦确定了要购买的产品或品牌，接下来消费者很可能采取实际的购买行动。然而，也有一些因素如他人态度、购买风险、意外情况使消费者改变购买意向。

5. 在购后行为阶段，消费者在使用产品时，尤其在尝试性购买的情况下，他们通过产品性能同自身期望之间的差距来评价产品。这样的评价会产生3种可能的结果：①实际情况与消费者的预期相匹配，消费者持中立态度；②实际超出预期，结果是积极性预期匹配，形成消费者满意；③实际低于预期，结果是积极性预期不匹配以及消费者不满意。

6. 消费者对产品的满意或不满意感会影响以后的购买行为。如果他们对产品满意的话，则在下一次购买中，他们将尽可能继续采购该产品。有不满意感的消费者可以放弃或退货或寻求某些维护其自尊的手段，如进行产品投诉。

复习题

1. 哪些原因促使消费者认知问题、产生需求？
2. 搜集信息过程中的影响因素有哪些？
3. 零售店的规模和距离是如何影响消费者对商店的选择的？
4. 影响消费者满意的因素有哪些？
5. 消费者对企业不满和抱怨时作出了哪些反应？这些反应措施有效吗？

案例分析

选购 A 品牌非 B 品牌的真实原因

信任！对品牌的信任是消费者选购一个品牌的原因！

信任度的比较！这是消费者选择一个品牌而不选择另一个品牌的原因！

当一个行业处于发展的初期，新产品寥寥无几，消费者只有两到三个品牌可以选择，那么他们的选择标准就是知名度。我们常说一个品牌的传播推广需要经历知名度、认知度、美誉度、忠诚度等各个阶段，也就是说行业刚起步、品牌刚发展的时候，需要先打知名度？结果是对的，逻辑是错的！因为在行业初期，许多企业不打广告或量很小，消费者没有机会接触到许多产品的差异化、独特定位、情感特征、品牌内涵。我们说过，消费者选购的原则是信任度的比较，这个阶段，信任度不基于产品特点、情感诉求，而是基于知名度——谁打过广告，我听说过谁，那我自然就会买谁的产品（同一个价格区间）。

当一个行业进入成长期，参与竞争的品牌数量越来越多。此时消费者接触到该品类的品牌、广告信息越来越多，他们的选择标准也不再仅仅限制于知名度，因为至少有若干个品牌都是耳熟能详的。对于品牌而言，要在众多的竞争中脱颖而出，也必须强化自身的特色，或者说是独特的销售主张，以区别于其他竞品，让消费者能最快地认识自己、接受自己。那么此时信任度的比较，是基于消费者对产品认知的比较，一个产品对自己描述的越清楚、产品越具备独特性，或者人群的针对性越强，那么对消费者而言，就越值得信任。

当一个行业进入成熟期，市场经过充分的细分，不同的需要、不同的人群，该满足的需求也都被满足了。此时的品牌营销就越发困难，企业不得不寻找各种方式去赢得消费者的好感，更准确或更归根结底地说是信任感。这个时候高明的操盘手通常不再纠结于功能层面的比较，因为消费者太过于精明，他们深知产品基本都是同质化，于是，“情感”在这个阶段就表现出了强大的沟通力和感染力。这个时候信任度的比较，是哪个品牌更“懂我”。每类人群或者每类产品的目标群体，都能找到一条有特征的情感线，包括他们的情感特征、情感恐惧点、情感渴望点。哪个品牌能够准确地抓住消费者的情感线，自然就拉近了彼此之间心灵的距离，而基于心灵的信任，自然也就是最牢不可破的信任。

消费者的购买决策十分复杂，他们会考虑到价格、产品品质、体验的好赖、渠道的便利性、有没有特价、广告打得好不好、企业是不是有实力等。消费者的购买决策却又十分简单，不管在任何的市场环境下，他们只需要做个简单的对比，哪个品牌让我感觉到更可以信任，我就购买哪个。事实上，消费者在本质上是无法评判品牌的价值高低的，他们能做到的只有比较。在比较中，消费者才能评判出哪个更值！

所以，信任度的打造是品牌营销工作的核心，而取得竞争胜利的关键，则是永远比对手领先那么一步，让自己成为“更值得信任”的那个。比如在行业初期，比竞争对手多做一点知名度的宣传；在成长期，则应当赶在竞品之前，充分放大产品特性；当行业进入成熟期，则应当比对手快一步，把注意力放在消费者的情感需求上。

可见，品牌营销也并不需要领先时代、领先竞争对手太久、太多！领先市场 1 年。可以逐鹿中原；领先市场 3 年，可以独步天下；领先市场 10 年，可能就成为先驱！在营销实践中要懂得做到“适度领先”，针对特定的市场环境，建立起相对于竞争对手的信任度优势，若即若离、拿捏得度。

讨论题：

1. 为什么对某品牌的信任能够成为消费者选购该品牌的理由？这种信任能否与情感因素相提并论？

2. 从消费者角度看，品牌的信任度是否属于品牌差异的重要因素？从商家角度看，品牌的信任度是否属于品牌差异的重要因素？如果不是，商家应该从哪些方面努力才能使自己的品牌与其他品牌具有明显的差异化？

参考文献

[1] 迈克尔·所罗门. 消费者行为学 [M]. 12 版. 杨晓燕译. 北京：中国人民大学出版社，2018.

[2] 江林，丁瑛. 消费者心理与行为 [M]. 北京：中国人民大学出版社，2018.

[3] 王曼，白玉苓. 消费者行为学 [M]. 北京：机械工业出版社，2018.

[4] 曹旭平，唐娟. 消费者行为学 [M]. 北京：清华大学出版社，2017.

[5] 周斌，王雪飞. 消费者行为学 [M]. 北京：清华大学出版社，2013.

[6] 何时修. 智能技术引领消费新时代 [J]. 中国质量万里行，2017 (11)：54-55.

[7] 杜丹清. 互联网技术对消费升级的影响研究 [J]. 中国物价，2017 (9)：14-17.